北京三万里

重大时刻来华的那些人，那些事

北京日报特别报道部◎著

北京联合出版公司

Beijing United Publishing Co.,Ltd.

图书在版编目（CIP）数据

北京三万里 : 重大时刻来华的那些人，那些事 / 北
京日报特别报道部著 . -- 北京 : 北京联合出版公司，
2024.4（2024.7 重印）
ISBN 978-7-5596-7484-5

Ⅰ . ①北… Ⅱ . ①北… Ⅲ . ①文化交流－文化史－北
京 Ⅳ . ① K291

中国国家版本馆 CIP 数据核字（2024）第 039104 号

北京三万里：重大时刻来华的那些人，那些事
作　　者：北京日报特别报道部
出 品 人：赵红仕
责任编辑：牛炜征
封面设计：仙境设计
版式设计：豆安国
责任编审：赵　娜

北京联合出版公司出版
（北京市西城区德外大街 83 号楼 9 层 100088）
北京华景时代文化传媒有限公司发行
北京中科印刷有限公司印刷　　新华书店经销
字数 242 千字　　880 毫米 ×1230 毫米　　1/32　　12.25 印张
2024 年 4 月第 1 版　　2024 年 7 月第 2 次印刷
ISBN 978-7-5596-7484-5
定价：78.00 元

前　言

破冰者的『北京印象』

　　自元代以降，外国人源源不断地走向北京。

　　作为进入中国后的首要目的地，北京的城市文化、风土人情、建筑园林都成了他们考察、记录的对象。围绕这座古城和享誉世界的大都市，来京的外国人撰写了数量众多的纪实作品，"北京印象"在中外文化交流史中并非"奇货"。

　　然而，正如著名汉学家史景迁所言，"不同文化的相遇、碰撞与互动是多么的错综复杂，时常还惊心动魄，比虚构小说还要离奇"。我们所要寻找的，就是那些比小说还要离奇的细枝末节，是那相遇中的偶然，碰撞中的纠结，互动中的复杂。

　　意大利人马可·波罗至死都不忏悔；德国传教士汤若望在北京打擂台；

古巴领袖切·格瓦拉因中苏矛盾左右为难；美国记者斯诺听说午夜谋杀案后惴惴不安；法国人皮尔·卡丹被嘲有伤风化……在"忽如远行客"的匆匆之后，那些时过境迁后浮现出来的点滴，让"北京印象"不仅是故宫、长城，更多了真实的张力、沉淀的醇厚。

中国有句古话：有朋自远方来，不亦乐乎？从马可·波罗算起，700余年来，古都北京接纳的外国友人数不胜数。各路人士留下深浅不一的痕迹，但有些人注定与众不同，他们不仅丰富了自己所处的时代，而且可以向所有时代诉说，他们的旅程是"破冰之旅"，他们的使命是"凿空"。

为了"重拾"这些故事，我们这个写作小组，或请当事人踏入记忆深处，或"皓首穷经"地打捞资料，或实地考察历史现场，"不唯书"几乎是记者的本能。

循着这些智者的足迹和目光，我们重回、重温、重走，最终重新叙述了他们的"北京印象"，如同在讲述一场流动的盛宴。

从中，我们可以窥见西方近千年中国观的演变过程——从极为倾慕，到逐步渗透。通过解析这一过程，我们将看到中西关系演变的一个侧面——西方视野里的北京形象。更重要的是，我们试图探寻那些交流中的改变和挫折，以及一个个转折时刻，北京的变与不变。

因此，这些故事并不局限于"北京印象"，笔者试图用回望者的全能视角，揣摩破冰者一路走来的感触与纠葛：

1924 年，泰戈尔明知会卷入中国的东西文明之争，仍写信给法国文学家罗曼·罗兰，问他："是作为诗人去中国敬香呢，还是要给中国带去好的忠告和健全的常识？"

日本乐坛指挥大师小泽征尔童年在北京胡同里长大，"作为半个中国人"，他不仅为战争道歉，还想着，怎样带着勃拉姆斯、贝多芬回家？

作为 20 世纪 70 年代到中国的第一位时尚大师，皮尔·卡丹梦见在中国卖纽扣。此后，他把秀场、模特和霓裳、美食都带到了中国。但"烧钱"如何变现？这一等就是十年。

这些破冰者，哪怕同时面对来自东西方的冷眼，仍创造出了自己的时间组合，他们对北京的凝视，跨越了历史和未来。对北京来说，他们的到来尤为可贵。因此，每个故事的基调里，都少不了热爱与欣赏：

泰戈尔获诺贝尔文学奖后，不但主动来华，还对演讲酬劳分文不取；在他之后获奖的大江健三郎，做出了相同的选择。他们都是"来报信的人"，他们表达的勇气全赖知识分子难以泯灭的良知。

和泰戈尔、大江健三郎不同，萨特、波伏瓦并不是被学界请来的，而是作为共产党的"同路人"，"到中国来看一看"。他们曾那样接近国人的灵魂，却又在下一个时代悄然退场，因缘际会的相遇后，相望成了一种守护。

尚未出版《时间简史》的霍金，也许听说过"不到长城非好汉"，表示宁愿死在中国，也要去长城。虽然普通人尚且不知他为何方神圣，负责接待的学生，还是连人带椅将霍金抬上了八达岭。

小提琴大师斯特恩早在 20 世纪 60 年代就向往中国，1971 年写信请求基辛格帮他实现"长久以来的热切愿望"，但看到中国的一抹亮丽春色时，已经是改革开放之初。

1972 年后，世界级电影大师安东尼奥尼再也没有来过北京，但他晚年的画作"带有东方韵味"，他的书架上散落着研究《周易》和针灸的草稿。

这些破冰者到北京来寻求共识，寻找知音，寻觅商机，自然免不了直面中西方文化的碰撞与隔阂。

中国历史上第一位主管钦天监的洋人官员汤若望，利用西方天文学知识修订了中国历书，成为顺治皇帝尊敬的"洋玛法"，最终却因中西历法之争身陷囹圄。

"文革"时期来到北京的安东尼奥尼，试图展现中国美好的一面。但他反而从"我们的客人"一下子成为众矢之的，连流行的儿歌都唱道"气死安东尼奥尼，五洲四海红旗飘"。

当然后来也有了他"正名"的机会，可惜他已看不到了。

"指挥帝王"卡拉扬率柏林爱乐乐团来中国时，音乐圈以外的人，甚至不曾听过他的大名。直到抵京前三个小时，中方负责接待的同志好说歹说，才从北京饭店要来 10 间贵宾房。

　　萨马兰奇把北京申奥看成"我的申办"。世纪之交，当北京以两票之差惜败悉尼，他和国人一样难过。后来北京申奥成功，他的老朋友罗德斯说："萨马兰奇为北京2008 年奥运会所付出的艰辛努力，远远超过对自己的家乡巴塞罗那。"

　　在这场"流动的盛宴"里，凝聚着古人与今人、中国人与外国人诉不尽的体验、想象和记忆。我们在创作本书时，每每打捞到名人光环外的那些日常，也忍不住莞尔一笑。

　　斯特恩是一个美食达人，曾自述"我好吃好喝，喜欢满足口腹之欲。我热爱生活，这是我演奏的动力"，可他在北京竟然没吃到烤鸭。

　　霍金第三次游览北京时，已是世界科学界"顶流"。在祈年殿前，导游吴颖问他："有什么想法？"记者们等待良久，霍金轮椅上的语音合成器发出了带有金属质感的声音："I like you（我喜欢你）。"

　　不是在北京最美的时光，而是在一些微妙时刻，他们到北京来，或安家，或短游，但都活过、爱过。对北京来说，他们不仅是过客，还是报信的人，是破冰者，是中国时代的观察者、记录者、传播者。

目　录

霍金初次访问中国时还在撰写《时间简史》，为了登上长城威
胁要自杀。3次中国之行，跨越二十余年，霍金领略了中华文
化的精华，而他和他的《时间简史》则在中国掀起了一波又
一波"无边界"的热度。

第一章

东方探险：
马可·波罗究竟是骗子还是大探险家？

孙文晔／文

在威尼斯，大运河的东头就是望不到边的亚得里亚海。1271 年，马可·波罗从这里出发，穿过陆上丝绸之路来到中国。24 年后，才从海上回到家乡。

在热那亚监狱，由他口述、狱友记录成书的便是《马可·波罗行纪》（以下简称《行纪》）。如果把他讲述的地名串起来，就会发现两条重要的驿路，和今天倡导的"一带一路"几乎一模一样。

不过，马可·波罗真的来过中国吗？这个问题，争论了几个世纪，就连他的绰号"马可百万"也一度成了骗子、小丑的代名词。正是这些质疑，让专家们各显其能，从不同角度不断丰富着马可·波罗的故事，至今仍有新的发现。

马可·波罗到过中国吗？

2023 年，人民教育出版社出版的初中历史教材这样描述马可·波罗，说他"在元朝生活了 17 年……反映了中国的富庶和先进。马可·波罗游记激起了欧洲人对东方世界的极大向往"。

这也反映了国人对他的第一印象：一个对于东方无限向往、

不吝夸赞甚至有些过誉的西方旅行家。在近年流行的一些网络视频里，他还被扭曲、颠覆为一个文盲、妄人、吹牛大王，"韦小宝"式的人物。

马可·波罗的马赛克镶嵌画，1867年在意大利热那亚多里亚－图尔西宫展出。

即便在自己的家乡，马可·波罗也常被质疑和讽刺。1324年，70岁的马可·波罗临终时，他的朋友们要求他删除书中那些令人难以置信的"谎言"，并称唯有如此，灵魂才能前往天堂。尽管如此，他的回答仍是："我所说的，还未及我亲眼所见的一半。"

16世纪后，西方传教士大批东来，看到封建专制下日益衰败的明清，远不如《行纪》中描述的富饶，越发不相信此书。

1871年，英国学者亨利·玉尔在其翻译的《行纪》导言里说，马可·波罗遗漏了长城、茶叶、缠足、鸬鹚捕鱼、印刷术、汉字等中国的标志性事物，这是不正常的。

从此，这一悬案将诸多鼎鼎有名的学者卷入其中。最令他们不安的是，在素有"汗牛充栋"之誉的中国史籍内，居然未能寻见马可·波罗的名字和事迹，也就是没"铁证"。

一筹莫展时，一个研究生却意外地发现了"孤证"。1941

年夏，杨志玖在西南联大攻读研究生，无意间从《永乐大典》的残片中，找到了至今仍是独一份的典籍证据。

那是一份关于元朝驿站的公文，记载了坐船护送阔阔真公主远嫁伊利汗国的三位波斯使臣的名字——兀鲁䚟（dǎi）、阿必失呵、火者；《行纪》曾记载此事，说马可·波罗一家搭乘那条船顺道回国，并将三位使臣的名字写作 Oulatai、Apuscah、Coja。

马可·波罗还说三位使者最后只有火者（Coja）活着，另两位死于海难；波斯语写的《史集》中，的确只提到火者一人的名字。信息对上了，基本算是"铁证"。

不过，这份公文并未提及马可·波罗的名字。对此，杨志玖的解释是："此文既系公文，自当仅列负责人的名字，其余从略。由此可想到，他在中国的官职，大概不太高贵，亦不为其同时人所重视。"

时逢"二战"，许多西方学者没能及时看到杨志玖的论文。但令人欣慰的是，大汉学家伯希和用西方史料，印证和支持了杨志玖的结论。

20 世纪 60 年代，又有德国的蒙古学家傅海波提出质疑：马可·波罗自称在扬州做过官，并吹嘘自己提供了投石机技术协助蒙古大军攻陷襄阳，前者没有史料可以佐证，后者已被证明是不实之词（《元史》记载，献回回炮的是波斯人亦思马因与阿老瓦丁）。据此，可怀疑"马可·波罗一家长期住在中国"不属实。

已经成为元史学家的杨志玖，为了解释和回击，学了多种语言，写了数篇文章，列出种种证据。然而，风波一浪高过一浪，1997年，大英图书馆东方部主任吴芳思出版《马可·波罗到过中国吗？》一书，以畅销书形式，把质疑论升级成了否定论。

吴芳思的论据有三：一是中文文献中找不到直接证据；二是书中漏写了许多被视为中国特征的事物，如长城、缠足、汉字、印刷术与茶叶；三是记载失误，如助攻襄阳等。由此，"马可·波罗可能从来没有到过，此书不过是道听途说"。

吴芳思这么笃定，是因为她到过中国。1971年，她第一次来中国。所属的代表团没有去参观名胜古迹，而是参观红旗渠，去公社采访赤脚医生。1975年，她又来北京大学学习一年。和中国学生一样，她每天早上要做广播体操，白天去四季青公社劳动，夜里还要在北京大学挖防空洞。这样的中国，在吴芳思眼中，有一层挥之不去的浪漫。进入大英图书馆后，她开始进行通俗历史写作。

"她的立场源于对古代中国的想象。"北京大学的党宝海教授认为，吴芳思某些证据源于"中国印象"。比如长城，元朝之前，中国确实多次建造过长城。但是，当马可·波罗来到中国时，长城的绝大部分都已成为荒芜的遗址。将长城看成中国的象征，是明长城修筑之后的事。

关于缠足，学者黄时鉴收集了出土的元代女鞋资料，考据认为：元代女子缠足的主流是"窄足"，也就是将脚的前掌与足趾缠窄，而非后世广为人知的"三寸金莲"。直到明代后期，"三寸金莲"才引起来华传教士的注意。

茶叶与汉字在游记中的缺失，也大体可以做相似的解释——马可·波罗来中国时，茶叶还没有在蒙古人当中真正流行开来；马可·波罗一家主要依靠波斯语在华经商，不懂汉语，所以他对汉人的饮茶习俗和汉字缺乏关注。

别看吴芳思的论证在"圈内人"眼里是外行话，但公众却更愿意相信"抄袭者""大骗局"这类说法。为澄清是非，杨志玖在 1999 年专门撰写了《马可·波罗在中国》一书，展开新一轮论辩。

"若说是抄自波斯文指南，试问，哪有如此内容丰富的指南书可抄？"对此，吴芳思无言以对。2000 年夏，杨志玖在南开大学发起"马可·波罗与 13 世纪中国国际学术讨论会"，特邀吴芳思来商榷。然而，剑拔弩张的交锋场面并没有出现，吴芳思说，自己并非否定马可·波罗来华，只是提出一些疑问。

这一轮世界范围内的交流，使真相越辩越明。怀疑论者"迫使"中外学者又举出了大量证据，罗沙比在《剑桥中国史》中评述："诸如此类的怀疑都已被杨志玖永久地否定了。他最终证实马可·波罗在忽必烈统治时期曾经到过中国。"

"马可百万"是吹牛大王吗？

马可·波罗到过中国已成定论，但《行纪》的可信度仍存疑。毕竟，失实内容有着人为加工或夸大的痕迹。

在 2000 年这次会议上，吴芳思提交了论文《马可·波罗的读者：抄本复杂性的问题》，这又给学者们出了个难题——

《行纪》是如何在流传中被添油加醋的？

《行纪》成书于印刷术流行之前，原始版本早已失传，流传中产生的抄本、翻译本、印刷本近150本，内容也不完全一致。如何确认哪些是马可·波罗的原意，哪些是后人增删，在欧洲，这几乎成了和"红学"一样的学问。

哪些内容是马可·波罗的原话？这还得从此书诞生谈起。专家们通过史料，还原了1298年热那亚监狱的情景。

在狱中，一个威尼斯商人和一个骑士文学作家邂逅了，他们就是马可·波罗和鲁斯蒂切洛。前者刚从东方归来，在威尼斯和热那亚的海战中被俘，后者则因卷入比萨的战争，在狱中已住了十多年。

当时，热那亚为了与意大利其他城邦争夺海上霸权，抓了很多人，这些人必须出钱赎身方能出狱，狱中的伙食也要自掏腰包。

鲁斯蒂切洛赚钱心切，看到经常有人请马可·波罗讲东方见闻，就拿出多年前把《亚瑟王传奇》转译成意大利语的热情，鼓动马可·波罗合作写书。作为专业人士，鲁斯蒂切洛在执笔过程中，把枯燥的商旅笔记装进了更受欢迎的骑士小说和百科全书体裁。因此，在现存最早的版本中，这本书的书名是《寰宇记》，意思是"对世界的描述"。

1299年，书稿完成。同年夏，威尼斯与热那亚议和，马可·波罗获释回家。冥冥中仿佛有天助，马可·波罗进监狱就是为了完成这本书。

此书面世即大热，人们在威尼斯街头朗读它，就像中国的

"说书人"一样。不过，遭遇了黑死病、十字军东征失败等打击的欧洲人并不愿相信，在东方竟有如此灿烂的文明。

在意大利方言版本里，这本书叫《百万》。

一百多年前，学者还以为，这个名字来源于马可·波罗的绰号，因为他爱吹牛，说起元朝的人口、物产、税收，都是百万级，所以叫"百万"。甚至在化装舞会上，都会有个叫"马可百万"的来讲荒诞笑话。

现代学者通过档案研究发现，马可·波罗祖上就有这个绰号，这可能是因为，他们家是威尼斯的"百万富翁"；也可能和他家祖宅的发音有关。抄书者或许因为马可·波罗家是当地的商业大佬，为吸引粉丝，而把《寰宇记》改成了《百万》。

这本书传到法国，又被叫作《惊异之书》。因为它无所不包，还提到了一些奇闻逸事（虽然只是书中的一小部分），浮

Il Milione（《百万》）的缩影

夸的名字有助于"炒作"。

16世纪，也就是大航海时代之后，航海、旅行成了最受欢迎的话题。意大利学者在编辑"航海旅行丛书"时，又改名《马可·波罗行纪》。

这个版本后来被翻译成英文，现在流传最广的就是这个名字。目前中国最好也最方便阅读的版本，由著名翻译家冯承钧所译。1307年，一个法国骑士到威尼斯，马可·波罗把手

《马可·波罗行纪》手抄本，抄写于1298—1299年。

抄本赠送给他，骑士的儿子又做了多个抄本，冯承钧所译的版本由此而来。

冲着书名去阅读，可能会失望，因为这不是一本关于远东大冒险的游记。书里没有九死一生的悬疑，没有性格鲜明的主人公，只有一条一条不厌其烦的客观描述，掺杂着商业笔记、地理信息和政治秘闻。

有人戏称《行纪》是《三国演义》和《鹿鼎记》的结合。其实，这部书像百科全书一样结构简洁。

书的第一部分简介了马可·波罗的家世，而后开始分地名描述他与父亲、叔叔从威尼斯到元上都（今内蒙古锡林郭勒盟

正蓝旗境内）的沿途见闻。

　　第二部分记载了蒙古大汗忽必烈的相貌、家庭、都城、宫殿、起居、节庆、游猎、战争，以及元朝的政府部门、驿站交通、经济商贸、社会事务、民族关系等。

　　接着写马可·波罗在中国旅行的两条线路：一是西南行，自大都经河北、山西、陕西、四川、云南到缅甸等地；二是沿京杭大运河到杭州，然后继续向东南，到福建泉州等地。

　　第三、第四部分用叙事手法，记载了蒙古宗王之间的战争。记载了中国以外的地区，包括日本、越南、东印度、南印度、西亚、东北非、北方地带（今俄罗斯一带）等。

　　相对于游记，此书更像地理志，几乎涵盖了 13 世纪所知的全部世界，因而称为《寰宇记》更适合。

　　一个人怎么能有如此丰富的阅历和惊人的记忆呢？遗憾的

马可·波罗来中国、在中国以及回威尼斯的路线图。

是，除了开头部分，书里很少提及主人公，也很少使用第一人称，仅凭此书，人们对马可·波罗知之甚少。

"每个人心里都有一个马可·波罗。"正因为面目模糊不清，发挥空间大，他在各种创作中显现着完全不同的样子。

如果不了解一个人，又怎能判断他讲的东西到底有几分真？连书名都改得面目全非，内容上会不会也随意增删？《行纪》饱受质疑，和版本变迁及马可·波罗隐身都有关系。

《行纪》的细节可信吗？

很多人认为，《行纪》是狱中回忆之作，不能苛求严谨，对细节不要太较真儿，那些动辄百万的数字更不可信。但德裔美籍汉学家傅汉思偏要较真儿，他要核查马可·波罗那些屡受质疑的经济数据，是不是信口胡说。

北京大学出版社 2022 年出版这部著作的中文版，题目鲜明地体现了作者的观点——《马可·波罗到过中国：货币、食盐、税收的新证据》。

傅汉思曾担任李约瑟主编的《中国科学技术史》盐业卷执笔人，对中国钱币史、盐业史关注已久。

他认为，威尼斯商人的重要财产来源就是盐的专卖和贸易，马可·波罗作为一个威尼斯人，并且是商人后代，必然对跟盐业相关的事情非常敏感。

《行纪》中也的确有很多关于元代盐业的记录。比如，马可·波罗写下如何通过煮沸卤水制盐的过程，这种技术当时别处都没有，一定是他在中国亲眼所见。

《行纪》中还有杭州地区纳税情况的记载，详细到具体数字：

> 行在（今杭州）当时上报的有160万户。大汗从行在以及行在所属的各地每年征收数量庞大的税收。排在第一位的是盐税，大汗每年可收得80万个货币单位。除盐税外，大汗每年还可收到210万货币单位的其他税收，相当于1680万金萨吉。

马可·波罗自言在扬州做官三年，并在杭州检查地方税收，这些统计都是他本人亲眼所见。为了验证这些数据的合理性，傅汉思先耐心地研究出元、波斯、威尼斯的货币、度量衡换算关系，而后将不同手稿和版本中的数据，与《元史》等中方史料对照，最终认定马可·波罗记载的数据不仅可靠，而且能精确到具体年份。

要知道，马可·波罗在中国时，税收数据并不为公众所知，《元史》要到元朝灭亡之后才编纂、出版。他根本不可能从其他途径找到蓝本，要么直接介入过杭州的行政事务，要么就是从当事人那里了解到的。

在货币方面，马可·波罗的观察更为精准。在中世纪西方、阿拉伯或波斯文献中，唯独他提到云南和藏族聚居区使用并流通贝币和盐币。

至此，悬案已破，马可·波罗不仅到过中国，而且在很多领域，他所描述的历史信息是最全面、最详细和最准确的。

傅汉思这项研究旁征博引，非常考验多语言能力，而他刚好天赋异禀，除了德语，还能够熟练掌握英文、法文、意大利文、西班牙文、葡萄牙文、荷兰文、拉丁文，以及中文、日文和满文。这使得他能够读到多种一手材料和二手研究文献。

马晓林是傅汉思课题研究项目的翻译者之一，也是元史研究的后起之秀，著有《马可·波罗与元代中国》一书，他非常肯定地说："最新研究不断证明，马可·波罗虽然在一些细节上有错误，但总体上与已知历史非常符合。他的绝大部分数字资料（如时间的起始点和持续状况、年龄、距离、城市的建筑、地理数据、行政单位、人、军队、动物、船只、服装、度量、价格等）根据当前的历史研究，被证明是非常可靠的。"

为什么马可·波罗能记得这么多、这么准？马晓林认为，他可能在口述时就参照了旅行笔记。又或者，在出狱后，通过笔记对《寰宇记》做了修订和补充。

例如，在记述"行在城"之前，马可·波罗说他"数次来到这座城市，曾留心城中的事情，把自己的见闻一一做了记录。下面的描述就是从笔记中摘录下来的"。

马可·波罗在中国是什么身份？

《行纪》一书中，最不可靠的，大概就是马可·波罗对自己身份的吹嘘。他能出入皇宫与大汗对谈，手持金牌在中国及海外行走，但到底做的是什么官，却没有明确写。人们也不知道，他在中国有没有妻儿，住在哪里，有什么朋友。

专家们用《行纪》和威尼斯当地资料，包括马可·波罗家的遗嘱和财产登记，威尼斯法庭审判记录等，像拼图一样，才得到一份他的简历：

马可·波罗 1254 年生于意大利威尼斯的一个商人家庭，父亲和两个叔叔在君士坦丁堡、地中海、黑海北岸一带从事国际贸易。

那时，蒙古帝国被成吉思汗的子孙们分裂为元朝、金帐汗国、察合台汗国、窝阔台汗国、伊儿汗国几部分，东起太平洋、西到地中海的辽阔地域，终于迎来了短暂和平。

马可·波罗的同乡、佛罗伦萨商人裴哥罗梯曾在 14 世纪前期写了一本《通商指南》，提到从塔纳（今俄罗斯亚速海岸边的亚速城）至甘州（今甘肃张掖）的行程，共需 270 多天，而且"无论白天黑夜都很安全"。

在蒙古铁骑缔造的"全球化"下，马可·波罗家的生意开始向东方探索。

1260 年，马可·波罗的父亲、叔叔去金帐汗国出售珠宝，返乡时恰逢战乱，兄弟俩阴差阳错地与波斯使团一起，到了元朝的上都，受到忽必烈的接见。

大汗命他们出使罗马教廷，请教皇选派教士来元朝，并把耶稣圣墓的长明灯油带到上都。但他们返回欧洲时，正值教皇去世，两年后，为了向忽必烈复命，他们带着 17 岁的马可·波罗重启东方之旅。

在历时三年半的漫长旅途中，他们经地中海、巴勒斯坦、小亚细亚、亚美尼亚、伊朗高原、帕米尔高原，走过丝绸之路

1271 年马可·波罗从威尼斯起航。来自泥金手稿的细节，牛津大学博德利图书馆收藏。

马可·波罗随着商队旅行。来自《加泰罗尼亚地图集》（1375 年）的插图，法国巴黎国家图书馆收藏。

上的荒漠绿洲，终于在 1275 年到达上都。尽管没有完成大汗的使命，但马可·波罗一家还是得到谅解和重用。

在《行纪》中，马可·波罗说自己在很短的时间内就学会了四种文字（不包括汉字），能够顺利地读书、写作。大汗见他如此聪敏，便派他前往缅甸、印度等地执行重要公务。

在元代，马可·波罗一家并不是唯一的意大利人，更不是唯一的欧洲人。扬州文物工作者发现，卡特琳娜 1342 年卒于扬州，她的墓碑用拉丁文书写，碑上镌刻着圣母圣婴像和圣女殉教图。从种种迹象推测，在扬州水门一带曾有一座天主教堂，可能还有一个意大利商人的聚居区。

元朝根据种族特征和降顺时间，把臣民分为四等：蒙古人、色目人、汉人、南人。马可·波罗作为色目人，虽然地位低于蒙古人，但比汉人（华北、四川、云南等地的汉、契丹、女真人等）、南人（原南宋的臣民）的地位高得多。

至于具体职务，学者蔡美彪认为，他是享有特权的斡脱商人（官商）；李治安则认为，他是忽必烈的近侍。

斡脱商人替皇室、贵族放高利贷或经商，到各地包括域外采办商货、珍宝等物，这或许就是他能接近高层，却不被史料记载的原因。

回朝复命时，他发现大汗喜欢听臣下讲述各地的风俗民情和奇闻逸事，因此，每到一处便用心收集这类资料，对于所见所闻的一切趣事，都记录下来，以满足大汗的好奇心。

从文本看，马可·波罗记录的主要是各地区的物产、贸易、集市、交通、货币、税收等与商业有关的事物，对名山大川、文物古迹、行政事务、官场纠葛记载得不多。

用有趣有料的内容，讨忽必烈欢心，这或许就是《行纪》如此丰富详尽的原因吧。

鲜活的丝路记载

连忽必烈都好奇的内容是什么呢？让我们跟随马可·波罗的足迹，去游历一下 13 世纪的东亚大地。

在帕米尔高原，马可·波罗看到一种特殊的野生绵羊：羊体肥大，羊角长达 6 掌。牧羊人甚至还用这种羊角围成篱笆，作为羊群过夜的遮护。

欧洲人没见过如此硕大的绵羊，将其称为马可·波罗羊。

实际上，这是对帕米尔高原上独有的大角盘羊的真实写照。

和田一带给他留下深刻印象的，是"有一条河流经过，在河里可以找到大量珍贵的石头，人们把它们称作碧玉和玉髓"。和田玉在中国久负盛名，近年却因过度采挖，在原产地几乎绝迹。

在沙州（今甘肃敦煌），马可·波罗说，那里的人们崇拜偶像（佛像），有许多寺庙和各种偶像，居民对之极为崇敬。举世闻名的莫高窟就在敦煌，它曾被中国人遗忘了几个世纪，但马可·波罗笔下的敦煌，商旅纵横，并不荒凉。

在酒泉，马可·波罗发现一种怪现象："商人们经过这里时，只能雇用习惯当地水土的牲畜，不能使用其他牲畜。因为此处山中长着一种有毒植物，外来的牲畜一旦误食，会引起脱蹄的悲惨下场。"

现代兽医学研究表明，这是一种硒中毒现象，马可·波罗很可能是世界上第一个记录此种病理现象的人。

西凉（今甘肃武威）人取麝香的方法如下：麝每月分泌一次麝香。在月圆之夜，这种动物的肚脐处会有一个血袋，血袋处于皮肉之间。专门猎取此物的人，把血袋连皮割下，袋中的血就是麝香，能发出很浓的香气。

麝香体积小、价值高，是丝路上的抢手货，马可·波罗的遗产里就有为数众多的麝香，显然，他做过这个买卖。

马可·波罗一家到天德（今内蒙古呼和浩特一带）时，这里的织造被称作"纳石失的金锦"。近年的考古发掘，终于使我们能够欣赏到这种极为精巧的织物，而在威尼斯的财产清单中，马可·波罗家的毯子就是这种稀罕物。

元上都是忽必烈的夏都，他们到达时，21 岁的马可·波罗已褪去青涩。在《行纪》中，他激动地描述了"上都竹宫"的壮美：

> 草原的中央有一片美丽的树林。在那里，大汗建了一座亭子，全用竹竿结成，内部涂上黄金。……竹亭的好处，在于搭建和拆卸不会用太长的时间，而且可以根据大汗的命令，完全拆成散片，运到别的地方，重新组装。

2015 年，考古人员采用无人机进行地貌考察时，发现了一处圆形的建筑遗存，足以容纳 1000 人左右，发掘时还找到了 11 根基柱，基柱周围有竹子的残留物。原来，此地就是马可·波罗记录的竹宫，它的高度约为 30 米，总面积上万平方米。

上都是忽必烈的龙兴之地，大汗每年夏季，都会率群臣来此避暑。马可·波罗在上都，刚好赶上忽必烈过生日。他用中世纪历法记下忽必烈生于"九月那个阴历月的 28 日"，即中国阴历的八月二十八日，与《元史》完全一致。

"在这天，大汗会穿上华丽高贵的金袍。同时足有 12000 名贵族和武官由他赐予同样颜色和样式的袍子，只不过料子没有那么富丽罢了。"马可·波罗描述的华服，在元代文献中被称为"质孙服"，由刘秉中按照等级设计，专门用于增加仪式感。

马可·波罗还记录了张北草原上一个叫白城子的地方。1999 年，这个传说已久、扑朔迷离的地方被确定为元中都遗址。一个仅仅存在 50 年的城池，因为马可·波罗的记载而栩栩如生。

元大都的真与假

要说马可·波罗着墨最多的，必定是元大都（今北京）无疑。这位意大利旅行家至少在这里度过了 9 年时光，对大都的历史、掌故以及风土人情等颇为熟悉，大都见闻占《行纪》篇幅的十分之一。

"无与伦比"是马可·波罗描述大都时最常用的词语之一。他在《行纪》中对"汗八里"（突厥语，意为皇帝之城）的描述，常使人觉得大都宛如"人间仙境"。

"城是如此美丽，布置得如此巧妙，我们竟不能描写它了！"他说，此城位于辽南京城的东北端，从外到内，分别由大都城、皇城、宫城三重城墙，套合而成。大都外城墙为"土墙"，由黄土板筑而成，十分坚实。城墙四周，建有雄伟高大的城门，"形如大宫，壮丽相等"。

对皇城，《行纪》记述得更为详尽。皇宫环列于琼华岛（今北海白塔山）和太液池（今北海）的东西两岸。宫殿建筑，堪称奇观，"满涂金银、并绘龙兽、骑士形象及其他数物于其上"。殿顶皆以红黄蓝绿之琉璃瓦铺砌，"光泽灿烂，犹如水晶，致使远处亦能见此宫光辉"。

　　这与元末陶宗仪《南村辍耕录》中记载的元代大明殿非常相似，《行纪》所述的"顶瓦涂以彩釉"，也与后来发掘元宫所得的材料一致。

　　《行纪》特别提到，琼华岛之巅，建有一座宫殿，被青山绿水环抱，构成一幅"美丽堪娱"的人间奇景。马可·波罗虽然未道出这座宫殿的名称，但根据其记载方位，所指应为始建于元、毁于明代的广寒殿。

　　在后英房遗址中，就出土了绘有广寒宫的漆器。今北海团城玉瓮亭中陈放的"渎山大玉海"，俗称玉瓮，是当年忽必烈在广寒殿中大宴群臣时使用的酒器。而饮酒时的场景，被马可·波罗写在书里，又被欧洲人画在了画里。

　　元大都的胡同，同样引起马可·波罗的好奇和赞赏。"大都

后英房遗址出土的广寒宫图嵌螺钿黑漆盘。

的街道，给人以横平竖直、整齐划一，犹如棋盘的感觉。街道两旁，绿树成荫，华屋巨邸，鳞次栉比"，见此情景，他的仰慕之情不能自已："设计得如此精巧美观，简直非语言能尽述。"

13 世纪中期，当世界上大多数国家还不知道煤为何物时，大都居民已经以煤代薪了，马可·波罗稀罕地称煤块为"黑石头"。"凡是世界上最稀奇最有价值的东西，都会集中在这里。"

马可·波罗还向西方首次披露了纸币的秘密，称大汗通过发行纸币，"获得了超过全世界一切宝藏的财货"。1982 年，在维修呼和浩特市辽代白塔时，考古人员发现元代中统元宝交钞一张，该钞为灰黑色麻桑皮纸，在忽必烈时期印制，大都子民用的，应该也是这种钱。

1368 年，元朝灭亡时的一场大火，让这座曾被描述为黄金铸就的城市，沦为焦土。人们开始怀疑，那个犹如"天方夜谭"的元大都，是不是真的存在呢？

1964 年，由中国科学院考古所和北京市文物管理处（现北京市文物局）联合组建的"元大都考古队"成立，当年不到 30 岁、日后成为中国考古学会理事长的徐苹芳担任队长。

"一米一个孔，足足钻探了三年。"全面的考古钻探，使考古队基本上弄清了元大都街道的布局：九纵九横的大街构成元大都的主干道，全城应有东西向胡同八十八条。"自南以至于北谓之经，自东至西谓之纬。大街二十四步阔，小街十二步阔。"马可·波罗又说对了。

1969 年，修环线地铁时，在西直门城墙里发现了"包着的"元代和义门。关于和义门的结构、规模，史籍记载很少，仅在《行纪》中有记载："每门之上及城角之上，均有宏丽之殿……"

20世纪80年代，蒋忠义负责考察维修中的古观象台，他发现台下的元代夯土基础，与曾经发掘过的元大都东北角角楼几乎一样，因此断定古观象台所在地在元代就已经有角楼了。"可见，马可·波罗的描述是对的。"

元明清时，虽然留下了一些关于元大都的文献，但古人对司空见惯的事多不记录，关于元大都的记载多是片段的，有些地方反而不如马可·波罗这个外国人时时猎奇，全面生动。

当然，他也留下一些仍待解答的谜题，比如卢沟桥，因《行纪》的描写而在西方广为人知，被叫"马可·波罗桥"。马可·波罗说元代的卢沟桥有24个拱，但留存至今的却只有11个拱。

还有一些不可思议的地方，比如，马可·波罗说元大都的城墙是白色的，皇宫的窗户上有玻璃。这是真的吗？蒙古人的确崇尚白色，但也不排除后世在传抄时出现了错误。

马可·波罗的遗产

在元朝待了17年，马可·波罗的父亲和叔叔都老了，他也快40岁，应该考虑回家了。但马可·波罗说忽必烈太喜欢他，一直不让他走。

直到从印度办差事回来，他才遇到了一个返回欧洲的绝佳契机。

伊儿汗国皇后去世前留下遗言，如果阿鲁浑汗要续娶的话，一定要娶她本氏族的姑娘，于是阿鲁浑就派三位使臣来元朝求婚。忽必烈选了一位叫阔阔真的蒙古少女出嫁，和亲使团本来想走陆路，由于战争此路不通，只好走海路。马可·波罗一家刚从印度返回，了解这条路，于是便以护送阔阔真为由，得到了回乡许可。

他们从泉州出发，这里是当时世界上最大的港口，所乘的"船用好铁钉结合，有二重板叠加于上"，"最大船舶有内舱十三所，互以厚板隔之"。

"内舱十三所"可从泉州出土的宋代古船看出端倪，12 道舱壁将全船分隔成 13 个舱，等于给船舱进水加了多重保险。1976 年，韩国新安郡海域发现一艘古代沉船，也是通过马可·波罗描述的"鱼鳞式搭接外板"确定了中国国籍。

不过，欧洲造船者似乎并不重视马可·波罗介绍的造船术，以至于到 18 世纪后期，才开始采用《行纪》中就有的"水密隔舱"技术。

马可·波罗记述中国古船建有 6 层外板，但中外文献未见记载，考古亦未见实物，所以常常被诟病。直到 2008 年，在中国西沙群岛发现的"华光礁 I 号"宋朝沉船出土，才终于得以证明。

后人推算，1291 年 1 月，马可·波罗从泉州港出发离开元朝，1293 年 4 月，拜见了伊儿汗国的新任君主乞合都汗。这时候，原国王阿鲁浑已死，阔阔真就嫁给了阿鲁浑的儿子。1295 年，马可·波罗一家从波斯出发，经小亚细亚等地回到了威尼斯。

16 世纪的意大利学者曾记载了这样一个威尼斯传说：

马可·波罗一家刚到威尼斯码头就引起了人们的注意：他们穿着高至膝盖的脏皮靴和绸面皮袍，绸面的质地虽然非常考究，但已破烂不堪。亲属在见面之初居然没能认出这三位亲人，他们的威尼斯方言也几乎已忘光。当马可·波罗父子在家里安顿下来之后，他们举行了一场宴会，邀请所有亲友出席。在宴会中，马可·波罗和他的父亲、叔叔三次更换华丽的衣服，使宾客大开眼界。最后，他们撕开回来时穿的蒙古袍，藏在衣服衬里的翡翠、红宝石、蓝宝石、石榴石和钻石纷纷掉落出来。

据研究，这一传说纯属想象。不过，有一点可以肯定：东方之行为他们家带来了万贯家私。

马可·波罗的遗嘱是关于这位传奇人物的重要文献之一，收藏在威尼斯圣马可国家图书馆。这个图书馆还收藏了马可·波罗家族的其他两份羊皮遗嘱。

马可·波罗的叔叔在 1310 年所立的遗嘱在先。他特别提到，离开中国之前，蒙古大汗赐给他们三枚乘驿金牌，让他们可以利用蒙元驿站到达波斯，这三枚金牌由他保管，后来被马可·波罗借走一枚，一直没有归还，子子孙孙要向马可·波罗追讨这枚金牌。

元代的驿路四通八达，但这种金牌目前在中国只发现了一枚，是黄金和白银合金的，上面用八思巴文写了较长的一段话："凭着长生天的气力，大汗的名字是神圣的，凡是不尊敬的人就要论罪处死。"在 19 世纪以前，这段文字只有马可·波罗记录

元代八思巴文金牌（与马可·波罗遗产为同一时代）。内蒙古大学民族博物馆收藏。

元代罟罟冠。马可·波罗遗产中有类似收藏品，有研究认为，他有个在中国出生的女儿。

过，如果不是真正持有，是不可能知道上面写了什么的。

马可·波罗的遗嘱，写在一张 25 厘米 × 68 厘米、微微泛黄的羊皮纸上，标注日期是 1323 年 1 月 9 日（实为公元1324 年）。

遗嘱上虽然没有亲笔签名，但这并不能表明马可·波罗是文盲。有公证人在场，根据当时惯例，只象征性地用手碰一下羊皮纸，就表示同意其中的内容。

遗嘱的指定继承人，是他回威尼斯后生的 3 个女儿。他给 46 岁那年才娶的妻子，留下 8 个杜卡托的年金（是常规的4 倍），以及嫁妆、衣柜、陈设品、3 张包括床上用品的床等。交代完各种杂事后，他郑重地给鞑靼仆人彼得罗以自由，还付给他 100 里拉小钱币。

法律文书显示，马可·波罗家族最起码拥有三枚大汗金牌，家中还有一个蒙古仆从。

扬州的马可·波罗纪念馆，也有一件引人注目的展品——威尼斯法庭的一封判决书（复制件）——进一步显示了他的东方所得。

这份 1366 年的羊皮卷，是马可·波罗的一个女儿与夫家打官司，讨要被霸占嫁妆的判决书。上面详细列出马可·波罗从中国带回并留给女儿的物品："一张黄金打造的小茶几（上面有中国帝王的印章）、会变色的上面有奇怪的动物（龙）和玫瑰花装饰的丝绸窗帘、一包大黄、地毯、檀香、珠宝、马匹装饰的银腰带……"据威尼斯国家档案馆工作人员的估计，所有物品的总价值超过了当时的 1000 金币，相当于 3.8 千克黄金。

写在遗嘱上的马可·波罗遗产并不是全部，他们家族的动产和不动产不少，家庭物品清单里不乏东方奢侈品，还有两袋子贸易合同，三个女儿也都嫁给了威尼斯贵族，足见远东之行的收获。

除了这些可计算的"真金白银"，马可·波罗最重要的遗产当然是无价的《行纪》。

哥伦布订购了该书的第一个印刷版本，并于空白处做了近百个眉批。这些眉批主要以拉丁文写成，间杂以西班牙文，显示了最吸引哥伦布注意的段落。

他对马可·波罗提到的，主人死后火焚家仆及女眷做陪葬的习俗深感震惊；在一段描述藏人婚俗的段落旁，哥伦布记道："他们只要已有性经验的妻子。"

虽然哥伦布对八卦深感兴趣，但他真正的意图还是贸易经商。几个看来颇有潜力的中国城市被做了记号，其中包括扬州和杭州，但他只对一个城市写下"商机无限"几个字，这个城市就是"汗八里"。他在眉批旁还加了一个图案，那是歇息在云端或浪涛上的一只手，所有手指紧握，只有顶端的食指直伸，指向撩动它的那段文字。

1492 年，哥伦布扬帆远行，就是为了寻找书里黄金遍地的元大都。他最终没能到达中国，却发现了新大陆，开启了大航海时代。

第二章

历法血案：
推进中国历法改革的『汤若望们』

杨丽娟／文

夏日炎热，在北京行政学院校园内，一道略显神秘的小门不时引人驻足。这里是一处全国重点文物保护单位——利玛窦、汤若望、南怀仁等外国传教士的墓地。

　　400 多年前，身穿儒士长衫的利玛窦悄悄走进朝阳门，揭开了西学东渐在北京的序幕。从那以后，利玛窦和追随他脚步的后辈们在中西文化交流中写下非凡的一页，其中最跌宕起伏的一笔，莫过于德国人汤若望与历法之争。

　　明末，汤若望用望远镜俘获了崇祯的好奇心，清兵入关后，又凭借一场预测日食的天文擂台赛，博得了多尔衮的信任。他是顺治尊敬的"洋玛法"，却遭鳌拜打击身陷囹圄，去世后沉冤昭雪，获得康熙亲笔撰写的碑文。

　　汤若望为什么会参与中国历法修订？回望碑文背后的历史，我们或许可以找到最准确的答案。

利玛窦成功"接近月球"

　　1644 年，清军入关，兵荒马乱的北京城中，德国传教士汤若望在宣武门南堂闭门不出。此刻，他的同伴们大多已南下避乱，似乎预料到了前方未知的命运。

　　果然，清军刚刚入城，摄政王多尔衮就下令：内城居民，限三日内，尽行迁居外城，以便旗兵居住。南堂位于宣武门东北方向，搬迁迫在眉睫，汤若望却决定冒险。他大胆地上了一份奏折，称南堂内的书籍和各种仪器太多，如果一并迁往外城，不但三日内搬不完，而且难免损坏，"修整既非容易，购买又非可随时寄来"。

　　汤若望赌赢了，多尔衮破例允许他不必搬迁，并且，清廷还颁发满文告示，张贴在南堂门前，禁止士兵和旗人骚扰此处。更传奇的是，没过多久，汤若望摇身一变，成了清廷任命的钦天监监正。

1874 年的宣武门南堂。这里是利玛窦、汤若望、南怀仁等在北京的主要居住地。

这是中国历史上第一位主管钦天监的洋人官员。以汤若望为起点，设计监制了古观象台大部分仪器的南怀仁、为莱布尼茨《中国近事》提供素材的闵明我、为康熙建造了一家"御用玻璃厂"的纪理安等，相继主持钦天监。古老大国的钦天监，一度成了中西文化交流与碰撞的中心。

汤若望能博得多尔衮和清廷的好感，是因为他有一件"秘密武器"——1645年清廷颁行的《时宪历》。早在明末的1634年，《时宪历》的前身——《崇祯历书》已经编纂完毕，但由于守旧派的反对，直到明朝灭亡，崇祯自缢，颁行新历的诏书也未下达。

汤若望是《崇祯历书》的主要编纂者之一。他之所以能凭借西方天文学知识修订中国历法，必须感谢他的前辈利玛窦。在利玛窦进入中国之前，西方传教士使出浑身解数，仍然被挡在明代中国的高墙之外。有人哀鸣，希望进入中国，就像"尝试着去接近月球"。

第一个成功"接近月球"的西方传教士就是利玛窦。

利玛窦出身于意大利东部玛切拉塔城内的名门之家，20岁时在耶稣会罗马学院的学习，让他具备了一名科学家和人文学者的知识素养。

"利玛窦在中国经常提到他的恩师丁先生，丁先生其实就是著名数学家克拉维斯（Clavius），他曾在罗马学院教利玛窦数学，他还有一个身份是开普勒和伽利略的好朋友。"二十多年前，北京行政学院法学教研部的一位老师李秀梅被校园中的西方传教士墓碑群吸引，开始了对"利玛窦们"的研究。她说，

利玛窦与中国朋友李之藻合作绘制的《坤舆万国全图》，后来传入日本并被抄绘、上色。

在罗马学院的教学大纲中，不仅有亚里士多德哲学体系，还有几何学、算术学、天文学、地理学、透视学等自然科学。在罗马学院习得的这些自然科学知识，成了利玛窦和后辈们搭建连接中西方桥梁的砖石。

1582年抵达澳门后，利玛窦才开始学习中文，了解中国的风俗民情。1583年，凭借一幅绘有五大洲四大洋的世界地图，他成功引起了广东肇庆知府王泮的兴趣，被破例允许在肇庆买下一块地皮。利玛窦意识到，争取"上层"的青睐，或许是进入中国更为可行的办法。

于是，他穿上僧侣服饰，把最初按欧洲风格设计的房子改为中国样式，钻研四书五经等圣贤书。后来，他发现读书人不愿意与僧侣过多来往，便脱下僧衣，换上儒袍，还遗憾无法改变自己眼睛的颜色和鼻子的高度。一口流利的中国话，一身儒士长衫，利玛窦终于可以与中国读书人坐而论学，并借机展示他在数学、天文、地理等方面的过人之处。他如愿成为中国读书人口口相传的"西儒"。

从肇庆到韶关，从南昌到南京，1598 年，利玛窦终于得以随中国官员朋友进入北京。可惜，当时的外国人在京城并不受欢迎。利玛窦不得不失望地离开，但此行并非毫无收获。

美国史学家邓恩发现，北上之路，利玛窦和同伴以太阳为参照物，测算出他们所经过的大城市所在的纬度，又以中国的"里"为长度单位，测量出城市与城市间的距离。根据这些数据，利玛窦推测出，中国很可能就是《行纪》中所说的神秘王国"契丹"。

马可·波罗笔下的国家到底是不是中国？这在当时的欧洲是个热门问题。几年后，一位名叫鄂本笃的葡萄牙旅行家和传教士，沿着丝绸之路所经之地，自陆路来到中国，证实了利玛窦的推测。

1601 年，在第二次抵达大明都城北京时，利玛窦的西洋自鸣钟被成功送入深宫。万历皇帝最喜珍奇玩物，对一大一小两座自鸣钟爱不释手，规定利玛窦等人每一季度进宫检查钟表一次。就这样，利玛窦打破了明王朝延续 200 年的"不准外国人在京居住"的规定，得以留居北京。

自此，利玛窦再也没有离开北京，直至 1610 年走完他的余生。去世后的他被安葬在阜成门外万历亲赐的一方土地，后来，追随他脚步的其他传教士陆续长眠此地。这就形成了今天北京行政学院校园内的栅栏墓地。

徐光启与《崇祯历书》

定居北京近十年，除了没有见到皇帝本尊，利玛窦的交际圈可谓"谈笑有鸿儒，往来无白丁"。其中名气最大的当数徐光启，两人共同翻译的《几何原本》前六卷，第一次确定了今天人们熟悉的点、线、平面等几何名词术语。

徐光启是利玛窦的知己，也是汤若望的"伯乐"。1630 年，徐光启上奏崇祯皇帝，将正在西安的汤若望召回京城，参与编纂《崇祯历书》。

早在 1605 年，利玛窦就敏锐地注意到，中国特别需要能编历书的人。他在写往欧洲的信中说，北京急需天文学家和天文学书籍，"皇上为了每年的编历，雇用了估计有 200 多人来做这项工作"。

尽管如此，明朝末年，钦天监在预测日食、月食等天象时，仍不够理想。1610 年 12 月的日食，钦天监官员又预报错了，这可不得了。在古代中国，制订历法和颁布历法是皇权的象征。"历法不只用来指导农业生产，更要为古代帝王沟通天意、趋吉避凶。"北京古观象台研究员肖军说。古人认为天子受命于天，天机不可泄露，谁掌握了天象，谁才能名正言顺地统治天下，因此，每每改朝换代，首要的事情就是修订历法。

朱元璋马上得天下，自然也不例外。不过，明代所用的《大统历》，本质上是由元代郭守敬创制的《授时历》延续而来。元代时，《授时历》是世界上最先进的历法。历史课本告诉我们，其求得的回归年周期 365.2425 日，与当今通用的公历基本相同，而且早了 300 年。然而，经过数百年的时间累积，明末《大统历》与实际天象相比，已经出现了较为严重的偏差。

利玛窦和徐光启希望利用西方天文学知识修订中国历法，1610 年被错误预报的日食给了他们一线希望。徐光启趁机提议，将修订历书的工作委托给精通数学和天文学的传教士。修订《大统历》已是共识，但由外来人士修订关乎皇权的历法，又是另一回事儿。直到 1629 年，崇祯皇帝才命礼部侍郎徐光启成立一个新的历法机构——历局，同意西方人参与修订历法。

徐光启最初邀请进历局的西方传教士是德国人邓玉函和意大利人龙华民。龙华民编译了介绍西方地震知识的《地震解》一书，邓玉函更博学，与其说他是传教士，不如说是位科学家。李秀梅介绍说，邓玉函来到中国前已名满日耳曼，天文、机械、数学、医学无一不精。他是欧洲第一家科研机构灵采研究院的院士，在该院院士的排行榜上，紧随伽利略之后名列第七。

邓玉函选择到中国，让伽利略大吃一惊。不过，伽利略一定没想到，邓玉函在中国反而开启了另一条特殊的科学传播之路。他和中国学者合作编译的《泰西人身说概》是第一部传入中国的西方解剖生理书，《奇器图说》讨论了地心引力、重心和几何图形重心的求法，《大测》《测天约说》把正弦、余弦和正切等概念引入了中国。他还与天文学家开普勒有书信往来，向他解释中国人推算日食的方法。

遗憾的是，博学的邓玉函在历局效力不足一年，就不幸病故。接替他工作的，是同属灵采研究院院士的德国人汤若望和意大利人罗雅谷。他们被徐光启选中，分别从陕西、河南抵达北京。

汤若望、邓玉函、罗雅谷乘同一艘船来到中国，和前辈利玛窦一样，他们都被来自中国的消息强烈地吸引。与利玛窦不同的是，他们在欧洲时能够看到的中国，更加丰富翔实。

利玛窦辞世后留下的手稿，被翻译成各种文字在欧洲刊印发行。从他的中国札记中，欧洲读者看到了博学、伟大、追求"仁、义、礼"的孔子，看到了"啜饮茶汤""即使在隆冬也带着纸扇"的中国人，还看到了"超过世界上所有王国"的漫长领土和边界，以及无比丰富的动植物品种，"世界上没有别的地方在单独一个国家的范围内可以发现有这么多品种的动植物"。

1623年，汤若望第一次来到北京。他仿效当年的利玛窦，把宣武门南堂的住所打造成一个小博物馆。在这里，中国官员和学者可以看到天文学仪器、自鸣钟、西洋乐器、西式油画、珍贵的欧洲书卷，还有在欧洲出现不到20年、漂洋过海而来的望远镜。难以想象，明代末年，崇祯皇帝就在宫里借助汤若望进献的望远镜，第一次观测了日食和月食。

大概是利玛窦的名字太深入人心，提到中国最早的望远镜，很多人会误以为是利玛窦带来的。中华世纪坛的彩色浮雕壁画《中华千秋颂》中，利玛窦就是扶着望远镜瞭望天空的形象。实际上，"1609年伽利略制造出第一架望远镜时，利玛窦已经在中国了，并且再也没有回过欧洲，把望远镜带到中国的不可能是他，应该是汤若望、邓玉函他们。"李秀梅特别纠正了这个流传已久的说法。

利玛窦和徐光启利用西方天文学知识修订中国历书的想法，

最终经汤若望的努力成为现实。1634 年，在中西学者合作下，历时五年的《崇祯历书》编纂完毕。《崇祯历书》不是一本简单的日历，而是一部全面介绍欧洲古典天文学知识的鸿篇巨制。长达 137 卷的历书中，甚至包含了当时最先进的天文学说——哥白尼"天体运行论"的内容。

只是，主持历局的徐光启没有看到《崇祯历书》的成稿，他于 1633 年撒手人寰。

崇祯皇帝也没有来得及颁行新历法。在风雨飘摇的大明末世，他更感兴趣的是铸炮，先后命汤若望制造了 20 尊大炮和 500 门小炮。奈何先进的大炮也没能挽救病入膏肓的明王朝，1644 年，面对"闯王"李自成的农民军，崇祯在景山终结了自己和大明王朝的命运。

风云变幻之际，汤若望迅速意识到，当务之急是保护南堂的家产。他紧握大刀，立于厅堂，果然，几个打算趁火打劫的贼人见他一副拼命的模样，连声道歉，高喊他们正在寻找匪徒，既然府邸平安，他们自会速速撤离。

就这样，关外的清朝铁骑进入北京时，南堂内未及刊印的《崇祯历书》刻版以"西洋新法"的名字，成了汤若望留居内城的"秘密武器"。

一场天文擂台赛

西洋新法真的准确吗？清廷凭什么相信所谓的"西洋新法"？汤若望的机会很快来了。他推测出，顺治元年八月初一

（1644年9月1日）将有一场日食。

由于科学知识的局限，日食、月食和各种异常天象，素来被中国古人视为不祥之兆。何况，这还是清军入关后的第一次日食。若能准确预测，肯定能令人信服。1644年7月29日，汤若望上书顺治皇帝："今将新法所推本年八月初一日日食，京师及各省所见食限分秒，并起复方位，图象进呈，乞届期遣官测验。"言下之意，他要在众目睽睽之下，公开检验他的预测是否准确。

顺治不但满足了汤若望的请求，而且让钦天监支持大统历、回回历（阿拉伯传入的一种历法）的历学家，与汤若望同场竞技。9月1日一大早，内城东南隅的观象台上，一场预测日食的天文擂台赛打响了。大学士冯铨带着望远镜，率领钦天监官员，与汤若望一同登上观象台。

汤若望成竹在胸，亲自将日食发生时刻及过程画在纸上。如他所料，日食分毫不差，准时发生。冯铨大为叹服，将测算结果记录下来汇报朝廷："惟西洋新法一一吻合，大统、回回二历俱差时刻。"

打赢了擂台赛，汤若望顺理成章成为新任监正，以五品朝廷命官的身份主持钦天监。见证擂台赛的观象台，至今巍然耸立在建国门附近。在这座只比故宫建成晚22年的皇家天文台中，金发碧眼的汤若望身着中国官员服饰，删改压缩了《崇祯历书》。

从明代末年开始"立项"的《崇祯历书》，凝聚了徐光启、邓玉函、龙华民、汤若望、罗雅谷等中外人士的心血。至此历经两朝，终于更名为《时宪历》，于 1645 年颁行天下，多尔衮还在历书上批下了"依西洋新法"五个字。

《时宪历》影响深远，直到今天，现行农历仍沿用了它的一些计算方法，很多历史圈外人士听说汤若望的大名，都是因为《时宪历》。每逢春节，或者春分、夏至等重要节气，总有网友说，农历是汤若望借鉴西方历法为中国人定制的，遗憾中国农历的制订者竟然是个洋人云云。

"这种说法其实是不准确的。"在汤若望工作过的北京古观象台，肖军长年从事天文学史的研究和天文科普工作，在他看来，"汤若望只是基于欧洲的天文学知识，采用更精确的计算方法，对中国传统农历进行了修订。"

肖军从中国农历的起源解释道：跟人们的直观印象不同，中国农历并不等于"阴历"，而是属于阴阳合历。所谓"阴"，是指每次月相朔望变化为一个月，一般是 29 天多一点，对应的就是相对于太阳，月球绕地球一周的时间；所谓"阳"，是指每个太阳回归周期为一年，对应的是地球绕太阳一周。古人虽然没有精确认识到地球、太阳、月球之间的运行规律，但早在汉武帝时，人们使用的太初历就是改进过的阴阳合历。那时人们已经知道，一个太阳回归年是 365.25 天，而 12 个朔望月大约是 354 天，每年差出来的 11 天怎么办？古人想了个聪明的办法——置闰，也就是在历年中插入一个闰月。汉代之前古人就已经计算出，19 年中需加入 7 个闰月。

阴阳合历既考虑了太阳运动（实际是地球围绕太阳运动）导致的季节变化，又考虑了月亮的圆缺变化，但问题就出在把

北京古观象台的院子，汤若望曾在这里工作。（视觉中国／提供）

"阴"和"阳"合在一起时计算产生的误差。众所周知，地球沿着椭圆轨道、围绕太阳进行非匀速运动，但古人并不知道，那么他们的计算公式就会有误差。这种误差一开始很小，可以忽略不计，时间一长，计算结果与实际天象的偏差越来越大，古人只能根据观测到的天象校正历法。因此，修订历法在中国历史上并不罕见，有唐一代，甚至修订了八次历法。

　　肖军认为，只有同时精通观测技术和计算方法，才能制订出准确的历法，郭守敬就是这样的天才。至于明末那些力主大统历和回回历的钦天监官员，水平就比郭守敬差远了。

　　汤若望恰在此时来到中国，揭开了中国人未知的天体运行秘密。在他出发之时的欧洲，主张日心说的哥白尼已经发表了《天体运行论》，与地心说的集大成者托勒密的《至大论》互相对立。由于教会反对日心说，另一位天文学家第谷提出了一个折中的宇宙体系：太阳和月亮围绕地球转，金、木、水、火、土五大行星围绕太阳转。这个体系虽然不如日心说接近实际，但用它解释大统历和回回历的误差，已经足够。

依据第谷的宇宙体系，汤若望等协助徐光启编纂了《崇祯历书》，也就是后来经过删减在清朝获得颁行的《时宪历》。

相比之前的历法，《时宪历》中有一重要的变化，就是把确定二十四节气的方法从"平气"改成了"定气"。

在中国传统农历中，古人通过观测日影，将日影最短的那天定为冬至日，一个冬至日与下一个冬至日之间是一年，一年时间平均分成 24 份，其中的 24 个节点就是二十四节气。这种名为"平气"的计算方法简便易行，可以保证各节气之间的间隔基本相同。但是，地球围绕太阳不是匀速转动，按照这种方法算出来的春分、秋分，可能并不是昼夜平分那天。

汤若望采用的"定气"则不同，它是根据天体运行的几何模型，观察太阳在黄道上的实际位置，自春分点起算，太阳在黄道上每运行 15 度，就定为一个节气。这样两个节气间隔的时间不均等，可能是 14 天，也可能是 16 天，但能精确计算出冬至、夏至、春分、秋分的时刻。

我们现在使用的农历还是采用"定气"法确定二十四节气。必须承认，汤若望对二十四节气有所贡献，但要说他发明或制定了二十四节气，着实离谱。事实上，关于传教士与中国农历的关系，徐光启早就阐明过他的制历方针："镕彼方之材质，入大统之型模。"

顺治皇帝的“洋玛法”

汤若望在钦天监的工作，显然令顺治皇帝相当满意。他对汤若望的依赖和信任，远远超越了普通的君臣关系。

顺治称汤若望为“玛法”，这个词在满语中是对祖父辈的尊称。顺治用皇权特有的方式，毫不吝啬地展示对汤若望的恩宠。通常，大臣给皇帝的奏折只能间接地通过特定机构转交，而汤若望则被允许直接呈递奏折。他下令，汤若望在觐见时可以免除叩头的礼节，满朝文武中，享受这种特权的大臣只有个位数。他不停地给汤若望加官晋爵，从 1644 年到 1658 年，汤若望平步青云，从五品的钦天监监正一路晋升为一品光禄大夫，就连他的父亲、祖父、曾祖父都被封了官，母亲、祖母和曾祖母被封为诰命夫人。

不知顺治是否知道，汤若望本就出生在一个伯爵贵族家庭。他的德文原名约翰·亚当·沙尔·冯·贝尔（Johann Adam Schall von Bell）中的“冯”（von），相当于英语中的“from”，表示“从哪里来”。这个词其实是贵族或贵族后裔的象征，因为只有贵族才有封地。时至今日，在德国波恩附近的吕符腾贝格，还有汤若望家族的古典城堡。汤若望就在这片碧水环绕的幽静庄园中，度过了幼年时光。

令人啼笑皆非的是，按照中国人“不孝有三，无后为大”的传统观念，顺治觉得他的“洋玛法”远离故土，孤身一人，实在可怜，竟赐给汤若望一个“义孙”汤士宏。

种种恩赐之外，顺治还经常不顾传统惯例，晚上召汤若望

身着中国官员朝服的汤若望，胸前的仙鹤代表着一品文官的身份。

到宫里谈话，特许他随时进宫，并且时不时造访汤若望的住处，在那里吃饭、谈话、参观花园、观看工匠们为观象台制造天文仪器。据汤若望的笔记，仅 1656 年至 1657 年，顺治就走访他的住处多达 24 次。有一次，皇亲贵族、文武官员正在宫里为顺治皇帝庆祝寿辰，席间，顺治突然提出，希望将庆典移至汤若望住所进行，汤若望急忙赶回家，准备宴会。更有甚者，顺治在选择继承人时，也听取了这位"洋玛法"的忠告，选中了生过天花从而具备了免疫力的玄烨。

在李秀梅看来，汤若望实际上为年少的顺治皇帝提供了"情绪价值"。她讲了一个故事，多尔衮摄政时期，曾计划耗巨资建造一座新的豪华宫殿，顺治和大臣想阻止却无果，问及汤若望的意见时，一句天象不利，使多尔衮放弃了他的计划。顺治还曾感慨，"他人不爱我，惟因利禄而仕，时常求恩"，而玛法为人与众不同，"朕常命玛法乞恩，彼仅以宠眷自足"，这真是不爱利禄独爱君主啊！

非同一般的君臣关系，让汤若望成为清廷中最有影响力的人物之一。1661 年，刚刚抵达中国三年的比利时传教士南怀仁向欧洲报告："在帝国中，汤若望的影响要大于任何一位总督或最受尊敬的亲王。在中国，汤若望的名字比其他任何一位欧洲著名人士的知名度都要高。"另一位传教士鲁日满说："中国自从有皇帝以来，我没听说过有任何一个外国人被授予如此多的荣誉和得到君主如此隆重的宠爱。"

连外国人都能看到的特殊待遇，那些奉行旧历法的官员自然也看在眼中。1661 年，顺治去世的同一年，汤若望在北京度过了他的 70 岁生日。彼时一切尚风平浪静，祝贺寿辰的高官络绎不绝，年幼的康熙皇帝还签署了一份特别布告，准许他的"义孙"汤士宏进国子监学习。一派花团锦簇中，汤若望完全没料到，一场"新旧历法之争"的风暴正在酝酿。

最先发难的人是杨光先。清初，此人官职不高，却凭着弹劾汤若望在《清史稿》中留下了姓名。他的名言"宁可使中夏无好历法，不可使中夏有西洋人"，让鲁迅先生都忍不住评述一二，"看起来，他的思想是活着的，现在意见和他相近的人们正多得很"。

杨光先对西方科学技术一向不屑一顾，顺治帝还在位时，他就开始上书批判汤若望，只是当时他的奏折直接被礼部无视了。与他一道反对汤若望的，还有支持回回历的钦天监原秋官吴明烜。他显然是清廷推行《时宪历》的利益受损者，曾上书顺治帝，指摘新法中的错误，谁知完全经不起实际测验，反害自己差点掉了脑袋。

为抨击汤若望，杨光先写过一本小册子《不得已》。如今读来，不觉哑然失笑。在册子中，他反对地圆说，质问汤若望：如果你说地球是圆的，那么地球上面的人站立，侧面与下方的人怎么办？难道像虫子一样爬在墙上，或倒立悬挂在楼板下？天下之水都是自高处流向低处，若望先生是否见过海水浮在壁上而不下淌？中国人都立在地球上，如果真如你们所说，地球是圆的，那么西洋就在地球的下方，淹没在水中，果真如此，西洋只有鱼鳖，若望先生就不是人了。

以杨光先这样的天文知识储备，按说，他与汤若望之间的

"中西历法之争"毫无悬念。然而，这场争论的实质并非围绕历法优劣展开的，争论的实质，是清初波诡云谲的政治斗争。

汤若望的牢狱之灾

杨光先的后台，是满族守旧势力的代表——辅政大臣鳌拜。

8 岁的康熙皇帝继位后，大权渐渐落入四位辅政大臣手中。鳌拜一上台，就提出"率祖制，复旧章"，废除了多尔衮和顺治所定的各项开明政策。强烈的复旧狂潮下，钦天监的西洋人地位开始动摇，顺治的红人汤若望自然成为守旧势力打击的对象。

1664 年，杨光先审时度势，又跳了出来，他一口气罗列了汤若望等人的三大罪状：第一，潜谋造反；第二，邪说惑众；第三，历法荒谬。

清廷反应迅速，十天后，辅政大臣命礼部会同吏部共同审讯此案。第二天，汤若望，他的助手南怀仁，其他两位外国传教士利类思、安文思，以及钦天监相关的中国官员被传讯到礼部大堂，接受审讯。

汤若望当时已是一位年过古稀的老人，中风使他年迈的身体雪上加霜，半身不遂，无法辩驳。大堂之上，只能由南怀仁代他一一作答。

辩论天文历法，杨光先当然不敌南怀仁，礼部官员也无法推断孰是孰非。所谓"历法荒谬"没有实锤，杨光先便抨击汤若望进献给大清的历书只编了 200 年，是咒我天朝短命，又说

《时宪历》封面上题写的"依西洋新法"字样，是"明谓大清奉西洋之正朔"。这种说辞与"邪说惑众"一样，属于莫须有之罪，南怀仁的驳斥注定没有结果。至于"潜谋造反"，杨光先声称澳门聚集了几万外国兵，汤若望是其首领。清廷一查，发现纯属子虚乌有。

北京古观象台南怀仁雕像。（视觉中国／提供）

审理的重点只能转移到一个新的罪状——汤若望为荣亲王选择的殡葬时辰不吉。荣亲王是顺治最爱的董鄂妃所生的皇子，出生三个月就早早夭折。爱母及子，顺治追封其为和硕荣亲王，并建造了豪华的陵墓。入葬时，汤若望掌管的钦天监选择的时辰是辰时，礼部误用为午时。事情到了杨光先口中，变成汤若望故意选择不吉利的时辰，从而克死了董鄂妃与顺治帝。这相当于指控汤若望犯了弑君之罪，无论如何辩解，都不可能脱罪了。

汤若望、南怀仁、利类思和安文思被投入大牢，他们在监狱中度过了长达半年的时间，其间一次又一次地被审讯，不是在这里过堂，就是在那里过堂。选择荣亲王葬期"山向年月俱犯忌杀"，成了汤若望的主要罪名。

鳌拜只手遮天，不料，又一次日食将南怀仁推到了历史面前。按照惯例，钦天监提前半年就预报了这次日食。或许是想对"西洋历法"的可靠性再进行一次测验，或许是出于对日食的忌惮，清廷命各派历学家预测日食的准确时刻。由于汤若望中风瘫痪，在阴暗的大牢中，预测日食的任务交给了南怀仁。

狱中条件有限，南怀仁只能透过窄小的牢窗进行观测，但他还是在汤若望的协助下，计算出日食将于三时发生。吴明烜预测的时间是二时二刻，杨光先预估的时间是二时一刻。最后，齐聚观象台的官员看到，二时一刻，什么都没有发生；二时二刻，还是什么都没有发生；三时的时钟敲响时，太阳的表面开始出现阴影。

南怀仁崭露了他的天文学造诣，可这并没有让他逃过牢狱之灾。新一轮的三推六问又开始了，到了1665年4月中旬，鳌拜再次展示了他的权势，南怀仁等三人被判流放，汤若望被判凌迟处死。

就在这时，汤若望一生中最具戏剧性的一幕发生了。4月16日，一场可怕的地震摇撼了北京的大地。那一年，一位名叫聂仲迁的传教士因此案被押送到北京，地震的亲历者向他描述道，"好像听到地底下传来巨大的响声，如同很多辆四轮马车在马路上狂奔，或者说是像一声巨大的雷声"，"监狱的外墙剧烈地摇晃，好像就要倒下来"。

地震的余威尚未消散，紫禁城中突然失火，烧毁了大约40个房间。一时之间，宫廷内外，人人惊恐不已，孝庄太皇太后大发怒火："汤若望向为先帝信任，礼待极隆，尔等岂俱已忘却，而欲置之死耶？"迫于各方压力，鳌拜心有不甘却也无可奈何，汤若望终于免受极刑。

南怀仁三测日影

逃过一劫的汤若望出狱后，一切都已物是人非。杨光先当上了新的钦天监监正，《时宪历》被废止。几个月后，汤若望居住的南堂被杨光先霸占，他不得不与南怀仁、利类思、安文思一起挤在王府井的东堂，艰难度日。

1680年，南怀仁开始用拉丁文撰写《欧洲天文学》。在书中，他这样写道，"我们仍然在居住地被软禁了4年"，"有一个严厉的卫兵看守着大门"。但汤若望只被软禁了一年，1666年8月15日，他在北京平静地结束了跌宕起伏的一生。

汤若望去世两年后，才得以昭雪。1668年的一天夜里，几位官员悄悄走进了被严密看守的东堂，他们询问南怀仁，中国现在使用的历书，以及来年将要使用的历书是否存在错误。这部历书是杨光先和吴明烜依据《回回历》编著的，南怀仁一一指出历书中的错误。没过多久，大臣们带来了康熙皇帝的圣旨，命南怀仁等前去紫禁城。

第二天，在紫禁城的一间大殿里，一场公开辩论在众多官员前展开。与四年前大堂上的审讯一样，对峙的双方还是南怀仁与杨光先、吴明烜。不同的是，清廷政治气候已然大变，康熙皇帝开始亲理政事，踌躇满志的少年皇帝下定决心铲除鳌拜集团。连南怀仁这个外来者都看出来，康熙"想一举剥夺辅政大臣的权力，并结束依附于他们的其他种种弊端"。辩论结果毫无意外，随着现行历法中的错误越来越明显，杨光先、吴明烜开始"哑口无言，无法为自己辩解"。

位于北京王府井的东堂，1666年，汤若望在这里去世。（视觉中国/提供）

当天，康熙在太和殿隆重召见了南怀仁和他的同伴。问了几个有关数学的常识问题后，康熙询问南怀仁："是否能有一种明显的迹象，可以直观地向我们证明，现有历法的计算方法与天体的运行规律相符，或者不符？"南怀仁迅速回答，可以通过观测日影长度判断。于是，康熙命南怀仁与杨光先分别以各自的方法测定正午日影长度，进行一场公平的竞赛。

1668 年 11 月 24 日，观象台又迎来了一次天文擂台赛。南怀仁将一根指定的标杆，垂直立在青铜圭表的水平面上，然后在水平面上画出一条横线，表示日影在正午应该到达的位置。众目睽睽之下，当太阳升至天空最高点时，标杆的影子严丝合缝，正好落在南怀仁画下的那条线上。第二天，擂台赛转移到了紫禁城午门前。第三天，擂台赛又回到观象台，但是换了一根不同长度的标杆。连续三天，每一次观测和验证，都以南怀仁的胜出告终。

这样的结果震惊了在场的官员，那些反对南怀仁的官员也发出一片惊讶的赞叹。至少南怀仁是这样记述的："一位曾带头反对我们的满人官员，出人意料地大喊：'真正的大师在这里！千真万确啊！'"

不得不说，这样的反应可能有点夸张。毕竟，从明末到清初，类似的天文擂台赛已经举行了多次。只是，对于汤若望和南怀仁而言，那些比试都不如这一次的胜出意义重大。

康熙皇帝站在了他们这一边。杨光先和吴明烜被惩治，康熙下令今后有关历法之事，均由南怀仁全权负责，又任命南怀仁为钦天监监副，实际主持钦天监的工作。汤若望恢复官爵，并被隆重安葬在利玛窦墓地的旁边。他的坟墓比利玛窦的更为壮观，康熙亲笔为他撰写了祭文。

　　南怀仁续写了汤若望的事业，《时宪历》重新恢复。1678年，他在汤若望的基础上，编纂了一部32卷的《康熙永年历法》，推算了2000年内的日食、月食以及行星运行的位置。

　　除了修订历法，南怀仁在北京历史上还留下了很多印记。建国门附近的古观象台上，八架天文仪器中有六架是他设计监制的；康熙平定三藩、抗击沙俄的战争中，有他主持铸造的火炮；在金代修建的卢沟桥上，他设计的滑轮和绞盘，将修建顺治陵墓的巨石安全地运输过河；在紫禁城，他为康熙制造过一

栅栏墓地的利玛窦（中）、汤若望（左）和南怀仁（右）墓碑。（杨丽娟／摄）

个大玩具——一辆利用蒸汽驱动的汽车，这比瓦特的蒸汽机早了93年。

精通科学知识的南怀仁最终官至工部右侍郎。他还是康熙皇帝的西学老师。在南怀仁的记述中，康熙是一个自驱力极佳的好学生。曾经有五个月的时间，康熙每天召他到紫禁城，让他讲解天文学、数学问题。皇帝把传教士们用中文撰写的一共120本天文学和数学书籍全都拿出来，要求南怀仁一本一本为他解释。当他听说要弄懂所有数理科学，欧几里得编写的书籍是绝对必要之后，立刻让南怀仁为他讲解利玛窦、徐光启翻译的《几何原本》，并且以打破砂锅问到底的精神，不停地询问每一个命题的意义。康熙还亲自撰写过一篇算学论文《御制三角形推算法论》，引发了后世自然科学史学者的兴趣与讨论。

康熙对西学的兴趣，正是始于南怀仁与杨光先的日影观测擂台赛。他曾对皇子谈话，回忆这段往事："朕幼时，钦天监汉官与西洋人不睦，互相参劾……于午门外九卿前当面赌测日影，奈九卿中无一知其法者。朕思己不知，焉能断人之是非，因自愤而学焉。"

据浙江大学人文学院历史学系教授韩琦研究，1690年，康熙的其他两位西学老师张诚和白晋已经翻译完成《几何原本》（与利玛窦、徐光启翻译的不是同一个版本），但直到1722年，《几何原本》才得以出版。韩琦曾在讲座中提过一个细节，出自一位传教士的信件：康熙某年某月把这位传教士叫到宫里，翻译代数学的东西，皇帝叮嘱他，这些东西翻译好以后，不要给别人讲。由此可见，对于西学，康熙实际上是想"留一手"的，

民国时的古观象台。

南怀仁利用滑轮和绞盘运输巨石过卢沟桥的示意图。

他并不想让宫廷里传播的科学新知及时让大众知道。

不仅如此，晚年的康熙还提倡"西学中源"说，即认为西学的很多新东西是从中国传出去的。韩琦发现，在《御制三角形推算法论》一文中，康熙首次明确表达了"西学中源"的观念。上行下效，"西学中源"说很快从庙堂之说蔓延为文人的谈资，成为影响清初学界的重要论说。这种盲目自大的观点，必然更加阻碍科学知识的传播。

利玛窦揭开的西学东渐之序幕，经历一个浓墨重彩的小高潮后，最终遗憾落幕。那个时代的中国还是与近代科学失之交臂，等到第二次西学东渐的序幕徐徐拉开，裹挟而来的已是鸦片战争的坚船利炮。

第二章

泰戈尔的中国缘：

一代诗哲访华，有人欢喜有人忧

孙文晔／文

1924 年 4 月 12 日，大雾散去的上海汇山码头，泰戈尔在他"梦中的天朝"留下了第一串脚印。

49 天的行程，泰戈尔既享受了至诚礼遇，也遭遇到讽刺和抵制，他像一颗"不合时宜"的石子，落入新文化运动后形成的思想潮流里，激起一阵波浪。崇拜者如梁启超、徐志摩等将他奉为"活神仙""救世主"；批判者如陈独秀、林语堂嘲讽他是"亡国奴""什么东西"。

这场中印文化交流的反响，无不受"五四"以来国内思想争鸣的影响。还是鲁迅目光如炬，将泰戈尔在中国的处境概括为"骂杀与捧杀"："如果我们的诗人诸公不将他制成一个活神仙，青年们对于他是不至于如此隔膜的。现在可是老大的晦气。"

这份"晦气"，也成了一桩扑朔迷离的历史公案。中印两国学者为此研讨了百年，仍有新发现和新阐释。

不请自来还是受邀而来？

1924 年 3 月，当北京北海边的柳树吐出新绿之时，诺贝尔文学奖获得者、印度大诗人泰戈尔一行即将到来的消息传出，为春天增添了一丝诗意。

《晨报》中一则不足百字的短消息，预告了泰戈尔乘船抵沪的具体时间，也点明"他是应讲学社之聘来华演讲的"。

泰戈尔到中国后，在首次演讲中，以"收到贵国的邀请，对于居住在亚洲一个遥远国家的我，委实是一件十分愉快的事"为开场白。然而，一个多月后，胡适为泰戈尔鸣不平时却说："今泰戈尔乃自动地来中国，并非经吾人之邀请而来。"

泰戈尔到底是受邀而来，还是不请自来呢？旅程中的一些波折，由此埋下了伏笔。

1920 年底，蔡元培以北大校长的身份赴欧美考察。恰逢胡适的老师杜威在中国讲学，并大获成功。于是，请欧美知名教授到中国来讲学，成了蔡元培到欧美的两大主要任务之一。在他列出的名单上，有爱因斯坦、居里夫人等重量级人物，蔡元培一到欧洲，就逐一登门拜访，以示诚意。

北大广发"英雄帖"，但广种薄收，应者寥寥，爱因斯坦、居里夫人等均婉言拒绝了蔡元培的邀请。在西方压迫、统治全世界的形势下，中国人没有话语权，蔡元培请拔尖的知识精英来华屡遭婉拒，也就可想而知了。

不但中国，那时整个亚洲都没有话语权，唯一的例外是泰戈尔。他在 1913 年因诗集《吉檀迦利》获得了诺贝尔文学奖，成为首位获此殊荣的东方人。1920 年，泰戈尔在欧美访问时，恰逢"一战"结束，大战导致的内心枯干，正需要像他这样的人注入生趣和灵魂。欧美兴起"泰戈尔热"，政府官员、王公贵族、上层知识界都追捧他，将他奉若先知。蔡元培与泰戈尔几乎同期在欧美，必然能感受到泰戈尔在西方的影响力。

1920年11月的一个寒夜，在哥伦比亚大学攻读博士学位的冯友兰，想方设法到纽约的旅馆里，拜访了泰戈尔。

60岁的泰戈尔，一见到25岁的冯友兰就亲切地说："中国是几千年的文明国家，为我素所敬爱。我以前到日本没到中国，至今以为遗憾。然而，我终究必要到中国去一次的。"或许正是这次表态，促成了蔡元培对泰戈尔的邀请。1921年的3月到5月，他俩都在法、德，也有很多共同的朋友，蔡元培很可能在此时发出了友好的信号。

不过，这一邀请很可能是口头或转达的，现存的蔡元培文件中并没有相关记录，也没有蔡元培与泰戈尔会面的第三方史料，他的日记、自编年谱中也未记载此事，而对杜威、罗素、爱因斯坦等人的邀请和拜访，则有详细记载。

泰戈尔收到邀请时，正在欧洲周游，回国后又陷入政治争论和国际大学的创建工作中，但他一直记挂着这件事，一直在慎重地思考要不要去中国，什么时候去。

他先是迟疑的："我扪心自问：对我发出邀请的人，期望获得什么呢？为了他们的幸福安康，我应该带去怎样的信息？"

当春回孟加拉大地时，泰戈尔仿佛顿悟般地觉得必须到中国去："是的，苏醒的时候，需要一位诗人的帮助。……诗人的使命，是捕捉空中听不见的声音，是把信念注入未实现的梦想，是为布满猜疑的世界率先送来未绽放的鲜花的音讯。"

这种使命感，让他把助手派到了北京。1923年4月，英国人恩厚之到北大联系泰戈尔访华事宜，不想却碰了个软钉子：北大欢迎泰戈尔来华，但表示"因为种种困难不能担任招待的事"。

爱因斯坦和泰戈尔，20世纪20年代二人先后访问中国。

印度方面有所不知的是，在泰戈尔犹豫的两年间，北大经历了非常大的动荡。恩厚之到北京的三个月前，蔡元培已登报公告，辞去北大校长之职，并且从此再未回到北大。

"五四"之后的北大，一直处在风雨飘摇中，教师欠薪是家常便饭。叶圣陶1922年被中文系聘为讲师，只因欠薪，他的家底薄经不起久拖，就跳槽到了出版社；顾颉刚1925年的日记记载，他100银圆的月薪不但拖欠了半年以上，而且那千呼万唤始到来的欠薪，还是分次吐出的。

1922年，爱因斯坦有意在访日途中顺便访问中国，一千美元两星期的酬金并不高，但却难倒了蔡元培。如今，蔡元培离开，北大无力接待泰戈尔，仅邀请恩厚之在北大做了一次有关泰戈尔的演讲。

一筹莫展之际，恩厚之遇到了刚刚作别康桥的徐志摩。

徐志摩放弃剑桥大学的博士学位，既有众所周知的原因——追寻林徽因的脚步，还有一个少有人道的理由——恩师梁启超有一个"中国的文艺复兴"计划，需要其回国相助。

依戏剧大家焦菊隐的说法，欧游归来的梁启超，告别政坛，转入文化教育，非但不是"悲凉""守旧复古"，相反，他抱雄心壮志，想高举文艺复兴的大旗，在中国大干一场。

为实施"中国的文艺复兴"计划，梁启超组建了三个机构：一是读书俱乐部，与松坡图书馆合并，提倡研读新书；二是设立共学社，与商务印书馆合作，编译出版新文化丛书；三是发起讲学社，每年邀请一位国际知名学者来华讲学。

徐志摩1922年底回国后，就搬到了北京石虎胡同7号，在梁启超、张君劢等人筹建的松坡图书馆内任干事。这里既是松坡图书馆的总部，也是讲学社的总部。

4月18日，由胡适发起的"文友会"邀请徐志摩演讲英国文学。据德国汉学家卫礼贤的日记记载，这天还有位特殊的客人——泰戈尔的代表恩厚之。

恩厚之是英国人，徐志摩刚从英国回来，两人一见如故。闲谈中，恩厚之透露泰戈尔有意访华，徐志摩闻之欣喜不已。诗人的敏感和热情，让他早就对泰戈尔崇拜不已。

他马上把恩厚之带到石虎胡同7号，与讲学社接洽。

讲学社从1920年创办以来，邀请了世界著名哲学家杜威、罗素、孟禄、杜里舒先后来华，但到1923年，这个组织已经是强弩之末。

请知名学者访华，不仅费用高昂，而且南北各地巡回讲演，组织工作繁重，需要众多资源。梁启超曾在写给张东荪的信中明言，"讲学社经费政府每年补助二万元，以三年为期，此外零碎捐款亦已得万元有奇"。

杜威来华时，每年的讲学经费在一万银圆以上。这笔费用不仅包含杜威的薪酬，还有生活、接待等费用，大致相当于现在长江学者特聘教授的待遇。罗素来时，讲学社开出的酬金更高，除往返差旅费外加 2000 英镑。

到 1923 年，讲学社的政府补贴已经用尽，哪敢主动出击去请知名学者。在这种困境中，突然听闻有诺奖诗人主动要来，而且只要讲学社承担旅费，其他在华的一切费用全由自己承担，这简直是喜从天降！

讲学社受宠若惊，立即同意承担接待任务，并且马上给泰戈尔寄去了旅费，盼望他 8 月份能来，随即又发出一封热情洋溢的邀请信。

泰戈尔欣然接受，并表示 10 月份来。从他的角度看，收到北大校长蔡元培的讲学邀请在先，又有讲学社的正式信函，自然是中方率先伸出了橄榄枝，自己是受邀而来。但在讲学社看来，是泰戈尔的助手主动找上门来的，演讲又不收分文，风格这等高，"乃自动地来中国"。

而在中国学界看来，泰戈尔跟杜威、罗素一样，都是讲学社请来的。泰戈尔提倡"复活东方文化"，梁启超号称"东方文化派"，泰戈尔自然是梁启超的客人，或者说是梁启超领导的研究系用来"挟洋自重"的砝码。

对于这段公案，泰戈尔在印度出版《泰戈尔在华演讲集》时特地注明："献给我的朋友索西玛（徐志摩的印度名字，意为"月光宝石"），赖他的友好帮助，把我介绍给伟大的中国人民。"

诗人还是哲人？

好事多磨，转过年的 4 月 12 日，泰戈尔才乘"热田丸号"轮船抵达上海。徐志摩、张君劢等六十多人前往码头迎接。

与不修边幅的美国人杜威和绅士气派的英国人罗素相比，泰戈尔的到来，带有浓浓的人文气息。

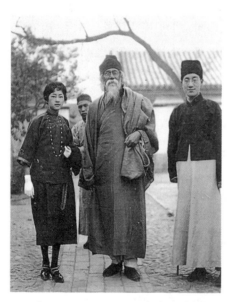

林徽因与徐志摩整日陪伴在泰戈尔旁边，做他的翻译。各大报刊上还刊载了泰戈尔、徐志摩、林徽因三人的照片，并将他们誉为"松竹梅"岁寒三友。

泰戈尔穿印度长袍，白发银须，飘飘洒洒，戴红色高帽，更显得仙风道骨。他的声音高低抑扬，富有乐感，说到激动处，还会习惯性地握紧右手，放在胸前，非常有感召力，即使听不懂英语的人，也会受到感染。

作为陪同和翻译的徐志摩则如影随形。在中国的日日夜夜里，充满灵性的两人，一唱一和，说着最美的中文和英文，走到哪里都引人注目。

一踏上中国的领土，泰戈尔就情不自禁地说："朋友们，我不知道什么缘故，到中国便像回到故乡一样，我始终感觉，印度是中国极其亲近的亲属，中国和印度是极老而又极亲爱的兄弟。"

作为诗人，他无疑是魅力无穷的。正如徐志摩致泰戈尔的信中所写："这里几乎所有具影响力的杂志都登载有关你的文章，也有出特刊介绍的。你的英文著作已大部分译成中文，有的还有一种以上的译本。无论是东方的还是西方的作家，从来没有一个像你这样在我们这个国家的年轻人心中，引起那么广泛真挚的兴趣。也没有几个作家（连我们的古代圣贤也不例外）像你这样把生气勃勃和浩瀚无边的鼓舞力量赐给我们。"

这些话难免夸张，但展现了泰戈尔在文艺青年中受欢迎的程度。遗憾的是，彼时中国需要的并不是诗人，而是一服救国的灵丹妙药。

回首中华民国北京政府的历史，可以把 1924 年春天看作一个转折点：在南方，国民党完成改组，实现了第一次国共合作；在北方，直系军阀四分五裂，帝国主义趁势扩张。如果说此前局面还在北京政府的控制范围内的话，那么，到了 1924 年，局面已经变得越来越不可控。

泰戈尔从英属殖民地来，自然理解中国人的想法。临行前，他写信给法国文学家罗曼·罗兰，谈到心里的矛盾："我要到中国去，以什么身份，我不知道。是作为诗人呢？还是要带去好的忠告和健全的常识？"

　　13 日，他在中国的第一次发言就开宗明义，强调此行的目的：“只不过是求道而来罢了。好像是个敬香者，来对中国文化界敬礼的。”他还一再声明，“我不是一个哲学家”，人们只需作“诗人看待”。

　　话虽如此说，但身在中国，不谈中国问题是不可能的。在 5 天后的盛大欢迎会上，面对 1200 多位各界名人，诗人改变了立场，“不得不据实以告，说几句忠告”：“要晓得把一切精神的美牺牲了，去换得西方的所谓物质文明，是万万犯不着的。”

泰戈尔为什么改变了想法？

　　从童年起，他就关心中国。他曾说：“那是我念《天方夜谭》时想象的中国，那风流富丽的天朝竟变成了我的梦乡。”

　　而让他始料未及的是，处于“三千年未有之大变局”中的古老文明却并不是诗人梦乡中的模样：彼时的上海已是高楼林立，充满工业气息，料峭春寒里，龙华古寺年久失修，寺里还驻扎着一支军队，连桃花都失去了生机。

　　“物质发达，真趣丧失”，对这样的中国，他无疑是遗憾和失望的，他担心自己作为一个诗人，对灾难深重的中国不会有多大实质性的帮助：“只做什么无聊的诗歌，我如何对得起中国盼望我的朋友？”

　　18 日的演讲显露出泰戈尔的纠结。他一面强调自己的诗人身份，一面又大谈印度哲学，核心就是，强调精神生活的东方文明，优于注重物质的西方文明。

后世的我们，于和平年代展卷细读，自然能够清楚泰戈尔并非一位狭隘的民族主义者，他对于西方先进的文明，对经济的进步也并非持全然否定的态度。

不过，在那个"不合时宜"的时间点，中国物质文明尚不发达，还需要反帝反封建，需要民主革命，泰戈尔强调爱和东方精神，就显得有点奢侈了。在一些以救亡图存、科学救国为宗旨的知识分子看来，这无异于一种不抵抗主义、一种亡国奴哲学。

泰戈尔即兴演讲了一个多小时，内容生动自然，又激情澎湃。会场内反响热烈，但在会场外，反对他的传单已经开始四处散发了。

《中国青年》周刊赶在欢迎会这天，推出了"反对太戈尔专号"（太戈尔即泰戈尔），撰稿者有陈独秀、瞿秋白等，他们称泰戈尔是"印度的顽固派""向后退走了几百年""中国青年思想上的大敌"……

专号的幕后推手，不是别人，正是最早将泰戈尔的诗译成中文的陈独秀。

1915 年，《新青年》杂志上发表了陈独秀翻译的《心无恐惧》一诗，此诗曾在印度激励无数青年参加抗英运动。陈独秀翻译的这个五言诗版本，至今仍被众多研究者推崇，认为它抓住了诗的精髓，比冰心的直译版本更好。翻译之外，陈独秀还简单介绍了泰戈尔的生平。

陈独秀为什么从"泰粉"转为了"泰黑"？

历经 1919 年的五四运动，中国的知识界早已出现分化，有讲"问题"的，有谈"主义"的，在中国应该如何改造这个问题上，陷入了深深的分裂。

更为复杂的是，1923 年引爆的"科玄之争"仍在发酵，知识分子分成了三个派别：以梁启超、张君劢为首的玄学派，认为科学只能指导物质生活，哲学才能指导精神生活；以胡适、丁文江为首的科学派，认为哲学是空想，生活应由科学支配；以陈独秀为首的唯物派，承认规律从实际出发。

泰戈尔到中国前，这场讨论已经被异化成：谁才能救中国？靠东方哲学，西方科学，还是唯物论？

最先败下阵来的玄学派，突然请来了在西方倡导东方文明的泰戈尔，这自然引起了科学派和唯物派的怀疑，他们认为泰戈尔是来给"玄学鬼"助阵的，梁启超是"借菩萨游街"争取青年。

泰戈尔成了"玄学鬼"和靶子，实在有点冤。他怀着一颗友好之心前来交流，对此前的争鸣并不清楚。之所以要大谈东方文化复活，其实是想让当时的中国文化界树立自信，不迷失在西方的现代与科学中。

作为"反泰派"的主帅，泰戈尔讲演一次，陈独秀就要发表一到两篇批判文章，表面是冲着泰戈尔去的，有偏激不敬之词，但大部分是"醉翁之意不在酒"，是指桑骂槐的借题发挥。

同思想界一样，青年的态度也两极分化。在东南大学，欢迎泰戈尔的学生几乎挤爆了礼堂。当泰戈尔演讲到最精彩处时，忽听得砰的一声巨响，原来楼上的横板本就年久失修，又因为荷载过重，几乎坍塌。泰戈尔坚持继续演讲，但楼下忽然有人来闹场，到处散发反对泰戈尔的传单，引起一阵不小的骚动。

徐志摩捧杀泰戈尔？

英国哲学家罗素访华期间，主张改良的张东荪和主张革命的陈独秀，曾用罗素的话作为引子，掀起了一场声势浩大的社会主义论战。

这次，针对泰戈尔的火力更猛，也更有组织性，但讲学社吸取了上次的教训，无论对方如何借题发挥，都不予理睬。

讲演中经常有人来闹场，让接待者不免心怀愧疚，各地的欢迎活动搞得也就愈发隆重。

1924 年 4 月 23 日，泰戈尔抵达北京。在正阳门东车站迎接的有梁启超、蔡元培、林长民、胡适、梁漱溟、蒋梦麟、辜鸿铭、熊希龄、范源濂等文化名人，还有各界人士大约四五百人。

与在上海不同，泰翁身边除徐志摩外，又多了一位美丽的姑娘，她就是新月派才女林徽因。三人走在一起，长者须发飘飘，金童玉女宛若璧人，这如诗如画的一幕，惹人无限遐思，吴咏在《天坛史话》中这样写道：

林小姐人艳如花，和老诗人挟臂而行，加上长袍白面郊寒岛瘦的徐志摩，有如松竹梅的一幅岁寒三友图。徐氏在翻译泰戈尔的英语演说时，用了中国语汇中最美的修辞，以硖石官话出之，便是一首首的小诗，飞瀑流泉，淙淙可听。

当时的北海公园禁止市民参观，但为了这位远道而来的客人，破例开放了三个小时。游园时泰戈尔戴着一副老花镜，脚穿中式绒鞋，看上去完全是一位温和老人。在他身边，是熊希龄、胡适、梁漱溟、林长民，以及英国人庄士敦、德国人卫礼贤等 50 多位社会名流，一行人浩浩荡荡，被《晨报》赞为盛景。

法源寺赏丁香花，又是一段佳话。那天泰戈尔身体不适，本想推掉这个约会，但经不住法源寺长老几次相请，于是不顾病体，欣然前往。丁香花下，众人把泰戈尔围在中间，听他娓娓而谈。这种氛围与泰戈尔自己创办的国际大学里的氛围是一样的，他好像回到了自己的家乡，回到了自己的学校。

4 月 27 日，泰戈尔做了件在中国思想文化界引起很大争议的事，那就是与"末代皇帝"溥仪见面。

正值弱冠之年的溥仪，是标准的文艺青年，经常给杂志社投稿，还匿名发表过诗歌，自然也是泰戈尔的"粉丝"。溥仪的英文教师庄士敦则对泰戈尔在华受到的抵制愤愤不平。"我希望泰戈尔在他没有看一眼一向具有礼貌和尊严的中国之前，不应离开北京。于是，我向皇帝谈及泰戈尔，并请求允许他到紫禁城来。"庄士敦在《紫禁城的黄昏》一书中写道。

宫里的大钟敲响十下，泰戈尔一行从神武门进入紫禁城，

1924 年泰戈尔访华期间留影。

在迷宫般的宫殿中穿行，最终在御花园见到了溥仪。溥仪用英文与泰戈尔对谈，并在御花园内设宴，殷勤款待了客人，内务大臣郑孝胥以中国诗人的身份作陪。

一连串活动，让诗人有些疲惫，梁启超安排他在清华小憩，于是有了电影《无问西东》中鼓舞人心的一段：泰戈尔要学子"不要忘记天职，不要被恶俗势力引诱……保持那凡事必求美满的理想"，清华的大师们，梅贻琦、闻一多、辜鸿铭等站在他身边，将无形的精神力量注入一些学子的内心。

泰戈尔访华的高潮是 5 月 7 日的祝寿会，这天是他 64 岁生日。

"今天，我们所敬爱的天竺（印度的别称）诗人在他所爱的震旦（中国的别称）过生日，我用极诚恳、极喜悦的心情，将两个国名联结起来，赠给他一个新名叫'竺震旦'！"祝寿会上，梁启超将"竺震旦"这个中国名字赠与泰戈尔。

当晚的压轴节目，是新月社同仁在协和小礼堂演出的《齐德拉》。为了排练泰戈尔的这部爱情名剧，徐志摩等人忙活近半年，进而促成了新月社的创建。剧中，林徽因扮演公主齐德拉，徐志摩扮演爱神玛达那，林徽因的父亲林长民饰演了春神代森塔，梁思成担任布景。虽然演出全部采用英文，非常小众，但新月社在北京文化圈的首次亮相便引起了不小的轰动。

《齐德拉》的排练和上演重新点燃了徐志摩心中的爱情之火，泰戈尔受徐志摩之托，有心穿针引线，但林徽因已心有所属，泰戈尔只得将这一憾事化作一首小诗：

天空的蔚蓝，

爱上了大地的碧绿，

他们之间的微风叹了声"唉"！

鲁迅也参加了这次祝寿会，但他始终冷眼旁观，离场时还留下一句"一塌糊涂"。多年以后，鲁迅在《骂杀与捧杀》一文中批评泰戈尔和他的一帮中国朋友："他到中国来了，开坛讲演，人给他摆出一张琴，烧上一炉香，左有林长民，右有徐志摩，各各头戴印度帽。徐诗人开始介绍了：唵！叽哩咕噜，白云清风，银磬……当！说得他好像活神仙一样，于是我们的地上的青年们失望，离开了。神仙和凡人，怎能不离开呢？"

鲁迅可谓旁观者清，泰戈尔之行的晦气，除"科玄之争"带来的误解外，精英们的过度赞美、迎合也有责任，罪魁祸首就是徐志摩。

梁思成、林徽因、徐志摩等和泰戈尔的合影。
（东方 IC/ 提供）

徐志摩称泰戈尔为"老戈爹"，对其敬若神明，这使他的翻译夸大其词，过分强调音韵之美，而削弱了原话的思想性。比较《晨报》的演讲译文和《泰戈尔全集》的孟加拉语原文，相差不是一星半点，这些口译中的折扣，无疑使听众产生了隔膜。

诗人气质和个性还使他常常意气用事。如泰戈尔在杭州演讲后，听众满怀期待地等着他翻译，但他慢慢地立起来，很庄严地对台下听众说：

"他讲的话，一句一句都是诗。诗是不能翻译的，翻译它就是亵渎它。你们已经见到泰戈尔先生的风度，已经听到泰戈尔先生的声音，你们是有福了。听呀，他哪里是在说话，简直是夜莺在歌唱——这是一种天籁。你们再听他唱罢，我是不能翻译的。"

大部分不懂英语的听众心怀不满，却只好耐着性子听下去。

"逐客令"气走泰戈尔？

如果说 5 月 7 日是泰戈尔北京之行最快乐的一天，那么接下来的几天，却很扫兴。

泰戈尔与陈三立、郑孝胥、辜鸿铭等清朝遗老遗少见面，本是作为异国诗人之间的优雅聚会，哪想到都成了罪过。与法源寺长老、溥仪之间的会面，难免成了复古、反动的罪状。

陈独秀的评论越发不客气："他在北京算未曾说过一句正经，只是和清帝、舒尔曼、安格联、法源寺的和尚、佛化女青年及梅兰芳这类人，周旋了一阵。他是一个什么东西！"

早年对泰戈尔尊崇有加的郭沫若，借《泰戈尔来华的我见》一文与他"划线"，"无原则的非暴力的宣传是现时代的最大毒物"；林语堂则嘲弄说，泰戈尔以亡国奴的身份，来尚未亡国的中国大谈精神救国，本身就不够格；翻译过泰戈尔著作的茅盾，担心泰戈尔会给中国青年带来"不良影响"，旗帜鲜明地说"我们决不欢迎高唱东方文化的泰戈尔"。

胡适是"科玄之争"的主将，玄学派的主要反对者，讲学社请泰戈尔来中国时，他曾冷嘲热讽，但与泰戈尔对谈后，却在文学革命中找到共识，惺惺相惜起来。

眼看泰戈尔影响力日增，"反泰派"觉得此事事关中国的出路，必须争个你死我活，争论中的硝烟味也越来越重。

5 月 9 日，泰戈尔应邀给北京青年做第一次公开演讲。在东安市场的真光影戏院内，他着重介绍了自己从青年时代从事文学革命运动的经历。"余虽年老，但并非腐朽时代精神之代表，余之革命的精神，犹如昼夜不息之流水。余不惟不知老之将至，抑且自视为一活泼之幼童焉。"这番话隐约透出为自身辩护的意味。

实际上，一踏上中国的土地，他就感受到了不和谐的气氛。有一次讲演，他晚到了半小时，就有一家报纸批评他是过时人物，只该与古人对酒当歌才是。在印度，泰戈尔常因激进前卫受到责难，到中国，反而成了老古董，这是他不能接受的。

台上的泰戈尔给自己辩护，台下的传单仍照发不误。其中一张传单落到了泰戈尔一行人手里，是中文，他们看不懂，就找徐志摩等人翻译。此时，传单的标题已经从"我们为什么反对泰戈尔"升级为"疾言厉色送泰戈尔走"。徐志摩作为东道主自然觉得难堪，极力遮掩，结果却越描越黑，让泰戈尔更不舒服。

第二天的演讲，胡适在泰戈尔之前登台，对想要抗议的人发出了警告：

他首先澄清泰戈尔是在"科玄之争"前主动到中国来的，并非给玄学派助战，然后又用自己的亲身经历，劝青年去了解泰戈尔的伟大人格，最后强调中国是

一张有胡适亲笔题词的泰戈尔照片。

君子之国。

胡适苦口婆心，但演讲即将结束时，抗议者再度现身，现场顿时骚动起来，有人斥责抗议者，并把传单撕碎扔到他们身上。泰戈尔虽稍露不快，但还是坚持到了活动散场。

当天下午，有日本人前往泰戈尔下榻处拜会，邀请他到日本去，理由竟然是：既然中国无人理解你，你又何必久留此地。

泰戈尔从日本人那里看到了传单的英文翻译，大为震惊，他没想到，自己竟然被骂为帝国主义的间谍、资本主义的助力、亡国奴族的流民、提倡裹脚的狂人……

虽然经常受到批评，但这么不客气的仍属少见，真正让泰戈尔伤心的是，发传单的都是青年，特别喜欢青年与儿童的他对此尤其难过。他很快下定决心，取消北京的活动，提前回国。

5月12日，泰戈尔在北京最后的演讲举行，到会听众约两千人。首先出场的换成了徐志摩，他想替泰戈尔主持公道："说远一点，他的使命是在修补中国与印度两民族间中断千余年的桥梁。说近一点，他只想感召我们青年真挚的同情……部分的青年不但不能容纳他的灵感，并且存心诬毁他的热忱……所以从今天起，所有已经约定的集会，公开与私人的，一概撤销，他今天就出城去静养。"

徐志摩越说越气，最后竟然宣布"罢译"："吾人于泰戈尔之演讲，如吃甘蔗，吾之翻译，及报纸之记载，将皆成为糟粕。故不必画蛇添足，举糟粕以饷人。"

旁边的胡适见势不妙，赶忙出手"救场"，临时客串起了翻译。泰戈尔不改初衷，仍大谈东西方文明，强调"不能任物质文明，超过人生"。

魏丽明教授曾在中印两国研究相关史料，她发现，泰戈尔虽然从未正面反击，但演讲词中常有"你们既然反对我，何以又要请我来"的口气。在几篇演讲词中，他又时常疑惑："中国是礼仪之邦，何以不以礼仪对我？"

泰戈尔诞辰 150 周年时，他的小老乡、同为诺贝尔经济学奖得主的阿马蒂亚·森反思了这个问题，在他看来：泰戈尔在中国引发的对立并非无中生有，在西方受到的那种浮夸的赞扬误导了世界，也误导了泰戈尔本人，影响了他在国外对演讲内容的选择，过分地强调了"东西方文明的冲突"。

报之以歌

离京前一天，梅兰芳特地为泰戈尔表演了新编京剧《洛神》，这种文化交流中的会心一刻，其实是泰戈尔最想要的，其中包含着中国之行中难得的理解与共鸣。

梅兰芳第一次见到泰戈尔，是在杭州飞来峰下，泰戈尔看着印度高僧的塑像说，中印两国人民应该共同努力，把一切污秽的历史和痕迹都排除净尽，去找出一条中印交通的运河。当时，梅兰芳就被老诗人的殷勤恳切之情打动了，此后泰戈尔的中国之行，他一直陪伴左右。在祝寿会上，泰戈尔一边看《齐德拉》，一边对坐在旁边的梅兰芳说，"希望离开北京前，能看到你的戏"。

5 月 19 日晚，梅兰芳把泰戈尔一行请到开明戏院，专为他们演了一出新编京剧《洛神》。泰戈尔对此十分重视，特意穿上了他创办国际大学时穿的红色长袍礼服前往观看。

虽然对梅兰芳的演出赞不绝口，但泰戈尔也直言不讳地对《川上之会》这场戏的布景提出了意见。后来梅兰芳据此重新设计了此幕布景，果然取得了很好的舞台效果，并一直沿用下来。

有人问他对《洛神》的音乐和唱腔有何感想，泰戈尔谦虚地回答说："初食杧果，不敢云知味也。"而后，他即兴赋诗一首，用毛笔写在了一柄团扇上，原诗是孟加拉文写的，写好后泰戈尔又亲自把它翻译成英文。

梅兰芳想，泰戈尔在绢制的团扇上，用毛笔书写了章法优美的外文，我何不用外国进口的钢笔，在折扇上写一段唱词，回赠给泰戈尔。

泰戈尔接过梅兰芳写就的折扇，打开一看，一排排用钢笔书写的方块字，正是洛神登场时的唱词："满天云雾湿轻裳，如在银河碧汉旁。缥缈春情何处傍，一汀烟月不胜凉。"徐志摩即兴将其翻译成英文，泰戈尔连连说："好，好，这是一首好诗，清丽得像洛神，也像梅先生本人！"。

30多年后，为纪念泰戈尔诞辰100周年，梅兰芳特请精通孟加拉文及泰戈尔文学的吴晓铃和石真两位教授，将泰戈尔赠给他的那首诗译成了白话体：

　　亲爱的，你用我不懂的

　　语言的面纱，

　　遮盖着你的容颜，

泰戈尔为梅兰芳书写的团扇。（海峰／摄）

梅兰芳回忆与泰戈尔会晤的文章手稿。（海峰／摄）

正像那遥望如同一脉

缥缈的云霞，

被水雾笼罩着的峰峦。

20 日晚，泰戈尔离开北京赴太原。当他走出寓所时，有人问他落下什么东西没有，他伤感地摇摇头说："除了我的一颗心。"

梅兰芳特意赶到车站为诗人送行，泰戈尔略显伤感地说："两三年后我还会再来。我爱北京的淳朴的风俗，爱北京的建筑文物，爱北京的朋友，特别使我留恋的是北京的树木。我看过伦敦、巴黎、华盛顿，都没有看到这么多的栝、柏、松、柳。中国人有北京这样一个历史悠久的都城是值得骄傲的。"

5 月 29 日，泰戈尔在上海登上返程的客轮，徐志摩按照中国"十八相送"的礼节，陪伴其同去日本。在《告别辞》中，泰戈尔终于对那些"反泰派"作了明确回应：

"你们一部分国人曾经担着忧心，怕被我从印度带来的提倡精神生活的毒症传染……我现在可以告诉曾经担忧的诸君，我是绝对的不会存心与他们作对，我没有力量来阻碍他们健旺与进步的前程。"

在徐志摩看来，他说话时的声调和笑容都是异样的。毕竟，泰戈尔的很多美好愿望，包括在中国实施乡村改革计划，包括创办一份促进中印文化交流的杂志等，都付诸东流了。

正如泰戈尔预言的那样，他一离开中国，围绕着他的烟尘也迅速散去了。《泰戈尔在中国的讲演集》很快在印度出版了，第二年还修订再版了一次，这是他访问其他国家后从来没有做过的，说明他对这次访问特别重视，并视之为平生大事。但这本书并未像泰戈尔其他书籍那样被翻译成中文，显然，他这次的中国之行，各方体认并不相同。

1929 年 3 月，借去美国和日本讲学之际，泰戈尔再一次来到中国。他特地叮嘱徐志摩，不要像上次那样弄得谁都知道。他只悄悄住在徐志摩和陆小曼的家里，睡在他们那顶带有红帐子的婚床上。离去时，泰戈尔为他们留下了一幅远看像山、近看是一位老者的自画像，并附诗一首："山峰盼望他能变成一只小鸟，放下他那沉默的重担。"

6 月 11 日，泰戈尔访问归来再次经过上海，又到徐志摩家里小住。回国前，他拿出一件紫红色的印度长袍，对这对夫妇说："我老了，恐怕以后再也不能到中国来了，这件衣服就留给你们作纪念吧。"

郁达夫回忆，徐志摩当时悄悄对他说："诗人老去，又遭了新时代的摈斥，他老人家的悲哀，正是孔子的悲哀。"

两年后，徐志摩赴印度为泰戈尔庆祝七十大寿，并约定后者八十大寿时再来。可惜世事无常，1931 年 11 月 19 日，徐志摩在旅途中坠机罹难。

泰戈尔从此再没有踏入中国，但他对这个文明古国的爱，从来不曾因不愉快而有丝毫减少。自中国回国后，泰戈尔一直在为创办国际大学中国学院而四处化缘。1933 年，国际大学的第一个中国学生来到泰戈尔身边；1934 年，印度总理尼赫鲁任名誉主席的中印学会成立；1937 年，国际大学中国学院正式开学。至今，这种交流仍在延续，源源不断。

1941 年，重病中的泰戈尔依然深情回忆起 1924 年的中国之行：

> 我起了一个中国名字，
> 穿上中国衣服，
> 我深深地体会到，
> 哪里有朋友，
> 哪里就有新生。
> 他送来生命的奇迹。

第四章

红星照耀中国：埃德加·斯诺的北京往事

黄加佳 文

1928 年，23 岁的美国记者斯诺来到中国，广袤美丽的中国大地和灾难深重的中国人民，给他的内心带来极大的震撼与冲击，令他放弃了原本在中国只停留 6 个星期的计划。

1933 年斯诺来到北平，古都的美丽、普通百姓生活的艰难和随处可见的社会不公，激起了斯诺的正义感。他在给父亲的信中写道："中国急需一名改革领袖，一名极具卓越力量的支柱人物，一名实事求是的理想家。他必须有能力领导中国人民摆脱一切腐朽桎梏……"

不久，斯诺发现了这位领袖。他从北平出发前往陕北，采访了毛泽东、周恩来等上百名中国共产党领导人和普通士兵。结束采访后，他回到北平，完成了鸿篇巨制《红星照耀中国》，第一次向全世界报道了真实的红军。

安家北平

1933 年初春，美国记者埃德加·斯诺与新婚妻子海伦·斯诺来到北平，出任报联社驻平记者。

几年前，斯诺曾因采访来过北平，但是那次来去匆匆，没有体会出这座城市的韵味。这回他携妻安家北平，被古都的壮观与古朴震撼了。在自传《复始之旅》中，他这样描述对这座城市的初印象：

北京是亚洲无与伦比的、最雄伟、最吸引人的都市。它是一个具有将近三千年连绵不断历史的文明古国的中心。市内的紫禁城宽敞美丽。有几分像巴黎，而有着玫瑰色墙壁的寺庙宫殿却又给人以古色古香的感觉。站在高大的内城城墙上眺望，你可以看到北海四周槐树夹道的大路，金碧辉煌的琉璃屋顶和园林，长年蔚蓝的天空倒映水面的人工湖；目光掠过油漆的牌楼、高大的石砌城楼，一直可以望到远方苍黄的西山。

事实上，自从第二次鸦片战争中，清政府与列强签署《天津条约》许各国在北京设立公使馆后，以外交人员和传教士为主体的外国人小群体便在北京出现了。虽然外国人在1900年的义和团运动中受到很大冲击，但运动平息不久，他们又涌回北京。

特别是"一战"后，欧洲人引以为豪的工业文明被战火击得粉碎，"昨日的世界"杳如黄鹤一去不返。越来越多的西方人对自己笃信的物质主义产生怀疑，他们开始转向东方，希望通过古老的东方文明求得医治世界的解药。此时，外国学者、作家、艺术家，成群结队来到北京。古老的北京城俨然成为西方人维持"旧秩序"的桃花源、一个还没有受到现代世界污染的城市。

1930 年前后的东交民巷，在京外侨聚集于此。

与生活在上海等港口城市、从事商业活动的外国人不同，住在北京的外侨大多是外交官、知识分子、艺术家和靠老家汇款过活的闲人。他们居住在东交民巷或附近的胡同里，体会着老北京独特的风土人情。穿梭在北京城大街小巷的人力车，翘起的古建筑檐角，停在树上的乌鸦，以及夜空中闪亮的星星……这些都深深地吸引着外国侨民们。

1928 年北伐成功，中华民国立南京为首都，北京不但失去了国都的地位，而且连名字也被改成了平民色彩极重的"北平"。英国汉学家蒲乐道在《老北京奇闻录》中抱怨道："北京就像个被废黜的皇后，依旧穿着留下来的皇袍，徒劳地摆出一副普通家庭主妇的姿态。"

即便如此，外侨们仍然选择居住在这里，甚至许多外交人员都不愿意把使馆立即搬到南京。他们抱怨南京"既没有中式奢侈品，也没有能令外国人感觉舒适的居所"，甚至连自来水供应都成问题，"在绵延的城墙之内，只有小米地、芦苇沼泽、污浊的水塘和打滚的水牛"。

北平对外国人产生巨大吸引力，除了这里有浓郁的古都特色和便利的配套设施之外，物价低廉也是一大因素。1933 年，斯诺夫妇抵达北平后，很快就感受到了这一点。

到北平几周后，斯诺夫妇在煤渣胡同 21 号租了一处小院。煤渣胡同位于王府井大街东侧，呈东西走向，东起东单北大街，西止校尉胡同，南与北帅府胡同相通，北邻金鱼胡同。明代称"煤炸胡同"，清咸丰十一年（1861 年）在胡同中段路北设立神机营衙门，负责守卫紫禁城和三海，并扈从皇帝巡行。

埃德加·斯诺（海峰／摄）

斯诺夫妇搬进去的时候，园子里生机盎然。

　　小院里共有二十间房，厨房、餐厅、卧室、浴室、起居室、会客厅、书房一应俱全，另外还有一排厢房，包括三间下房和一个浴室。这么多房间住宅月租只要 60 元。除此之外，斯诺夫妇还雇了厨师、杂役和车夫。这些用人的月薪也低得离谱，只要 15 元。

　　1933 年，社会学家陶孟和曾做过一系列关于北平人生活支出的调查。据《北平生活费之分析》记载，当时北平普通小学教员的月薪在 40 至 50 元之间，普通家庭大多只租三五间房子，房租在 5 至 7.5 元之间。与之相比，在华外国雇员的收入则高得令人咋舌。1928 年，担任《纽约时报》驻平记者的阿班，每个月稿费达 300 美元，是普通北京市民家庭好几年的收入。虽然斯诺并没有提到自己刚刚定居北平时薪水几何，想来与阿班也差不多。难怪他会感叹："驻北平的外国记者要习惯于过银行行长一样的生活。"

外国人的小圈子

北平物价低廉，配套服务成熟，各种外国货也很容易买到，许多外国人即便靠着微薄的退休金，也能在北平过上在母国难以想象的贵族生活。20世纪二三十年代，北平成为外国侨民的天堂。久而久之，外侨之间形成了一个不太被本地人了解的小圈子。这个小圈子等级森严，繁文缛节，而且充满了各种无聊的鄙视链。

刚到北平，便有人提醒斯诺，"第一桩要紧的事就是要准备足够数量的名帖"。曾经有一名长居上海的美国商人卡尔·克劳，因为印制的名帖尺寸比公使的还要大，受到美国公使馆三等秘书的呵斥。他这才意识到，在北京狭小的外国人圈子里名帖尺寸比良好的举止更重要，而且新进入社交圈的人必须登门拜访他们想结识的"前辈"，并留下自己的名帖。"先生给先生留名帖，太太给太太留名帖"，夫妻俩还要留下一张具着夫妻二人名字的名帖。

一些好心的"老居民"曾经提醒斯诺夫妇，千万不要搞错投名帖的次序。"如果一位主妇认为自己是这个社交圈子中的第五号人物，那么当她发觉新邻居先去拜访第七号人物时，她就会进行报复，不给回帖，把他们排斥在她的小圈子之外。"反之，如果新人愿意遵守这套游戏规则，他们可能很快就会收到大使、司令官或使馆秘书的邀请，去参加他们的家宴、舞会或

生活在北京的外国人酷爱去北京周边游玩。

观看各种表演。

　　初到北平的一段时间里，斯诺夫妇也未能免俗，他们经常在煤渣胡同 21 号举行聚会。不过与浮华、虚荣的外国人社交圈不同，斯诺夫妇的聚会并不在乎"绝不允许混进杂人"的社交死规矩，他们的客人形形色色，无所不包。

　　在那一年，后来被誉为"头号中国通"，并一手创建哈佛东亚研究中心的汉学家费正清，刚刚来华不久，还是清华大学一个名不见经传的青年讲师；从小在中国长大的美国作家赛珍珠，刚完成她的代表作《大地》，虽然这部小说十分畅销，但估计连她自己也没有想到，几年后她会凭借此书获得诺贝尔文学奖；瑞典探险家斯文·赫定将一只名叫"戈壁"的白色小狗送给斯诺夫妇，因为他正在筹划再次踏上丝路探险之旅；参与过周口店北京人遗址考古发掘的法国古生物学家泰亚尔·夏尔丹，成为海伦·斯诺最好的朋友；而刚从英国留学归国、后来享誉文坛的大翻译家杨宪益夫妇，则对斯诺家的酒会赞不绝口，称这是他"有生以来参加的最好的酒会……"。

这些后来在各自领域取得卓越成就的人，风云际会一般聚集在斯诺家的小院子里，也成为他们了解中国的一扇窗。

不过，与组织和参加酒会相比，斯诺夫妇更热衷于骑马。来北平后不久，斯诺夫妇就买了一匹健硕的蒙古种赛马，并且参加了一个赛马俱乐部。

中国传统的赛马活动古已有之，不过斯诺迷上的是自清末传入中国的西式赛马。1860 年之后，西方列强先后在北京设立公使馆，各国使节和外侨为了排遣单调的生活，在西郊开辟了一个赛马场。义和团运动中，这座赛马场一度被烧毁。不过战事平息后，赛马活动又活跃起来。

宣统年间，顺天府将西便门外莲花池附近 200 多亩土地拨给北京西绅俱乐部修建赛马场。重建的跑马场为环形，跑道周围设有两圈木制白色栏杆，跑道北侧有一座两层的看台，楼内干净、整齐，透过走廊前面的玻璃窗，整个赛马场一览无余。

1913 年出版的《京汉旅行指南》中记载："（赛马场）距前门站十四里，自西便门车站至此计程二里，因站西南为西人赛马之区得名，车行过站之后，遥见四围乔木蔚然深秀者即跑马场也。"赛马活动每年春秋两季的星期日进行，每到赛马日这里便人山人海，不但外国人热衷此道，中国人也乐此不疲。

当年曾与父亲一同观看过赛马的杭思源记得，看台后面有个厨房，由西餐名师制作餐点。"一局跑完，获胜者呼酒唤菜，觥筹交错，欢笑不已。失利者有的垂头丧气，大呼负负，有的晃动拳头表示非挽回败局不可。"也许你想不到，当年斯诺也是这些人中的一员。

斯诺到北平不久，供职的报联社倒闭了。刚刚在北平置办了新家，他口袋里的钱已经所剩无几，往后的日子怎么办呢？此时，美联社驻北平特派记者吉姆·米尔斯向他伸出橄榄枝，只要斯诺同意跟美联社签两年合同，就可以成为美联社驻北平记者，而且米尔斯承诺，两年后任命斯诺为美联社上海分社社长。

美联社待遇优厚，但是斯诺却犹豫不决。他曾在上海做过一阵子美联社的兼职记者，深知这是份苦差事，"事事都得报道，生怕别的通讯社抢先一分钟，每天二十四小时都拴在电话旁"。而斯诺不愿意困在事无巨细的新闻报道中，他希望从感兴趣的事情中发掘新闻，去认识形形色色的中国人，通过与他们的接触了解真正的中国社会。

到底要不要为一份"按时发放的支票和养老金，而出卖自己的自由岁月"？斯诺犹豫不决。此时，他天生爱冒险的性格再一次显露出来。斯诺将仅剩的一些钱分成两份，一份押在障碍赛马上，另一份押在"独赢"赛马上（只限跑第一的马匹获奖），心想，如果输了就跟美联社签合同。

"真像小说里写的故事情节那样不可思议"，斯诺在《复始之旅》中感叹，他押的障碍赛马得了第二名，而另一匹"独赢"的赛马竟然真得了冠军。斯诺一下子赢了1000多美元，这些钱足够支撑斯诺在北平继续按照自己的方式研究和报道中国。

有道是好事成双。不久，斯诺收到美国《星期六晚邮报》一张 750 美元的支票。几个月前斯诺曾给《星期六晚邮报》投过一篇稿子，后来没收到回音，他也就把这事给忘了，没想到《星期六晚邮报》不但给他寄来丰厚的稿费，而且主编乔治·霍勒斯·洛里默还亲自向斯诺发来约稿信。

《星期六晚邮报》是世界上稿费高的媒体之一，此后斯诺便与这家报纸建立起长期的合作关系。斯诺夫人海伦·斯诺认为，《星期六晚邮报》在某种程度上资助了他们在中国的活动，而斯诺则变成中国与美国之间的桥梁。

任教燕京大学

在煤渣胡同 21 号的日子富足而闲适，用海伦·斯诺的话说，如果不是她和斯诺都有一层"闪光的保护壳"，他们真要被北平的安逸生活"化掉"了。虽然他们喜欢这样的生活，但是为了更好地研究中国社会，静下心来写书，1934 年初斯诺决定接受燕京大学新闻系的聘请，讲授"新闻特写""旅游通讯"等课程。

燕京大学位于北平西北郊的燕园，即今日之北大校园，距离进城最近的西直门也有八九公里的路程。在缺乏公共交通的 20 世纪 30 年代，每天从城里往返于燕园上课，几乎是不可能的。因此，斯诺夫妇决定搬到燕园附近居住。此时，位于海淀军机处 8 号院的一处小别墅进入了他们的视线。

这座小别墅位于今天北京大学西南门一带，房子中西合璧，宽敞的院子里有一个占地一英亩的花园，甚至还有一个小游泳池，站在起居室的窗边，可以看到颐和园和西山风景。这处小别墅的主人是燕大毕业生、银行家庄占美。他本打算退休以后住进这座小别墅，但是经历了一次袭击后，庄占美吓坏了，他希望能把房子租给外国人，哪怕房租低一些也无所谓。于是，斯诺夫妇以每月40美元的低廉价格租下了这座房子。

1934年3月的一天，斯诺夫妇带着在北平置办的全部家具，搬进海淀军机处8号院。在燕京大学任教期间，斯诺与学生们建立起非常紧密的联系。在第一堂课上，他就对学生说，自己到中国来不是为了教书，而是为了学习。

1934年5月，他在给哥哥的信中写道："我努力在燕京大学做一个中国青年记者班的老师，每周教两个小时。这对我来说是一个很有益的体验，我正在寻找各种新的观察中国人生活的视角以及在中国生活的外国人的视角。我认为燕京大学在世界上是独一无二的。"

从斯诺的新家步行到燕京大学只要十分钟，不远处还有清华大学，许多中国学生和教授都居住在这一带。在与他们的接触中，斯诺夫妇隐约感觉到，看似平静的中国大地正酝酿着一场翻天覆地的革命。

1931年9月18日，日本侵略者悍然发动"九一八事变"占领了东北三省。此时，日本鲸吞中国的野心已经昭然若揭，可是蒋介石领导的国民党政府一门心思扑在内战上，竟然幻想通过国际社会的干预阻止日本侵略的脚步。对于日本人的野心，西方列强表现得出奇地无动于衷。他们大多认为，既然日本已经占领了中国东北广大的领土，大概会放过其他省份，因此都不愿意多管闲事。

然而，在接下来的几年中，日军得寸进尺。1932 年 1 月 28 日，日军进攻上海，1933 年 2 月，日军将战火烧向热河，北平岌岌可危。连身处东交民巷，整日纸醉金迷的外国侨民都感到了战争的威胁，可主政华北的何应钦和身在南京的蒋介石却依然强调着他们一贯奉行的"攘外必先安内"政策。蒋、何二人认为，对于日寇的侵犯行径，最好的办法就是退让，只有满足了日本人的野心，才能让心满意足的日本人退兵。

在中国生活五年的斯诺，对蒋介石的法西斯行径和他对日本的不抵抗态度越来越感到不满。斯诺认为，如果不是日本人过于贪婪，迫不及待地想鲸吞中国，国民党和日本人之间很可能会找到共同点。

"从思想上看，两个政权的差别不大。无论是法西斯意大利还是希特勒德国都给国民党留下了深刻的印象。蒋介石选择德国军官训练他的陆军，请意大利人训练他的空军。德国人以'盖世太保'为模子帮他组织了政治宪兵队'蓝衣社'。国民党军校教育其学员要像法西斯分子对待'元首'一样，绝对忠于'领袖'蒋介石，而这一方针很快就通过三青团在公立学校贯彻。"斯诺在《复始之旅》中这样写道。

不得不说，作为一名洞悉世界格局的西方记者，斯诺的见解一针见血。

1933 年，德国总统兴登堡任命希特勒为德国总理，纳粹党不费吹灰之力便夺取了政权，臭名昭著的第三帝国由此诞生。

上台后，希特勒马上开始推行其迫害犹太人的政策。就在全世界对希特勒的反人类行径感到震惊时，蒋介石却表现出对希特勒的倾慕之情，感叹道："希特勒乃当今世界伟人也！"

在蒋介石的提倡之下，20世纪30年代法西斯主义在中国盛行一时，希特勒、墨索里尼像高悬于各处。国民党元老张继曾公开表示说："蒋中正先生就是中国的希特勒。"

此后国民政府与纳粹德国往来日益频繁。蒋介石还邀请了一批德国将领来华当军事顾问，其中就包括帮助蒋介石制定第五次"围剿"红军策略的德国国防军前总司令汉斯·冯·塞克特。

在国民党的宣传中，1927年至1937年被标榜为民国的"黄金十年"。然而，在当时身处中国的斯诺看来，"在那个时期里，年年都有数百万人死于饥荒、水灾、时疫和其他一些本可以预防的灾难，年年都有数百万农民失去土地。蒋介石的南京政府老是宣布补救计划，但总是不付诸实施，大量的国家预算都被他用于持续不断的战争之上，以便把军阀归于他的指挥。"

"如果不是日本人的入侵，蒋介石极有可能把中国拉入轴心国的队伍中。"不单是斯诺，许多在华外国人都持有相同的观点，其中就包括当时的燕京大学校长司徒雷登。1934年，司徒雷登请斯诺为学校里的师生做一次有关法西斯主义的演讲。

与此同时，斯诺夫妇开始第一次系统地接触马克思主义学说。虽然斯诺在回忆录中一再强调，自己并不是一个共产主义者，但是他显然对共产主义抱有极大的同情。

吸引青年学生的小客厅

与那些置身事外的外交人员不同，斯诺时刻关注着日本人在东北的动态。1935 年初，他只身前往日本控制下的东北，发现"日本人就像面粉厂里的象鼻虫大军一样人丁兴旺"。事实上，自从 1932 年全面控制东北以后，日本就连续不断地加大对东北三省的投资和移民。

结束这次考察后，斯诺为《星期六晚邮报》写了一篇报道并预言："（伪）满洲将很快在财政上控制中国，这不仅是想象，而是可能。"

文章发表不久，斯诺上了日本人的黑名单，斯诺夫妇感到了明显的威胁，他们认为还是搬回城里比较安全。恰好此时，英国《每日先驱报》向斯诺伸来橄榄枝，聘他为驻平特派记者。于是，斯诺夫妇结束了为期一年的中国乡村生活，搬回城里，租下了崇文门附近的盔甲厂 13 号。

1935 年的北平有一种"黑云压城城欲摧"的窒息感。面对日军的铁骑，国民政府却下了一道所谓的"邦交敦睦令"，禁止一切抗日团体和抗日言论。7 月份，国民党北平军分会代理委员长何应钦与日本天津驻军司令梅津美治郎签订了《何梅协定》，把包括平津在内的河北、察哈尔两省的大部分主权拱手让与日本，眼看北平就要沦为第二个东北。

海伦·斯诺在《我在中国的岁月》中这样写道："1935 年底是中国极度消沉的时刻，是活地狱般的时刻。我感到窒息，似乎空气停止了流动，充满了一氧化碳和植物腐烂发出的沼气。"

不单斯诺夫妇感到窒息，青年学生们更感到窒息。此时，斯诺夫妇虽然已经从海淀搬到盔甲厂13号，但是学生们仍从燕京大学追到这里，其中就包括后来曾经出任商务印书馆总编辑的陈翰伯。

1935年10月的一天，陈翰伯第一次来到盔甲厂13号斯诺家的小院。他记得，院子不大，但清静幽雅。院中落叶点点，几盆菊花，陈设得错落有致。阳光透过明亮的大窗子，把斯诺家的小客厅照得暖洋洋的。

其实，与陈翰伯一同前往的同学还有张兆麟、王汝梅，斯诺消息灵通，又支持学生们的爱国活动，而且军警们不敢轻易闯入美国人的私宅，因此他们经常拜访斯诺，并把他的小客厅当成了一个重要据点。

身为记者，斯诺能获得许多外界难以知晓的秘闻，甚至包括"红军正在向陕北进击，也许还要进入华北，以阻止华北特殊化"。虽然这些消息并不一定完全可靠，但学生们得知确实有这样一股抗日力量存在，就像是在黑夜中看到了一丝光亮。

进入11月，日本人已经下定决心要占领华北。斯诺听说，曾一手策划"九一八事变"的土肥原贤二，将一千万元中国钞票放在平津卫戍司令宋哲元面前，逼他脱离南京政府。一天晚上，宋哲元的秘书马云汉情绪激动地来到斯诺家说："老宋已准备向土肥原屈服了。他曾一再致电南京，提出如果他起来抵抗日本，望予支援，但是蒋介石只是含糊其词地作了答复。面对日军的武装侵略，宋哲元独力难支……为防止日军入侵，他就要宣布成立华北'独立'政府了。"

第二天，斯诺将这个坏消息告诉给来访的学生张兆麟。身为东北人的张兆麟感到，发生在东北的历史就要在华北重演，不由得流下泪来。

斯诺说："哭有什么用？我们要行动起来。"

要怎么行动呢？海伦·斯诺提议："用稻草扎一个假人，在它身上写上'华北'二字，把它放在棺材上抬去埋葬，用这个办法告诉群众，华北即将灭亡！"大家觉得这个办法太"美国味"了，不够严肃。

其实，学生们早已讨论过"怎么办"的问题，而且成立了一个组织——北平市大中学校学生联合会。

1935年12月初，燕京大学学生自治会召开全体同学大会，通过决议，并由平津十五校联名签署《十五校通电》，向全国发布。海伦·斯诺将这个《通电》打成电讯稿，由斯诺向国外发出。这时斯诺说："我的住所已成了地下工作者的工作总部，我再也不是中立者了。"

直到1971年海伦·斯诺重访中国时，仍以为"一二·九"运动是在他们家的小客厅里发起的。陈翰伯等当事人一再解释，其实"一二·九"运动一直是在中国共产党领导下推进的。斯诺家小客厅中的常客，如北大哲学系学生俞启威（即后来曾任天津市市长的黄敬）、清华经济系学生姚克广（即后来曾任国务院副总理的姚依林）、燕大学生王汝梅（即后来曾任国务院副总理的黄华）……当时都已经秘密加入了中国共产党或与党组织联系紧密。中共北平市工作委员会也在北平市大中学校学生联合会建立了党团，彭涛（原名彭定乾，后来曾任化学工业部部长）为书记。

见证"一二·九"风云

12月6日，学生们得知，在日本侵略者逼迫下，国民政府同意于12月9日成立"冀察政务委员会"的消息，极为震惊。第二天，在中共北平临时工委的领导下，北平学联决定于9日举行学生大请愿，反对"华北自治"。

12月8日下午，燕京大学的学生骨干们躲进未名湖东岸的男生体育馆，拿着一份北平地图，划定各校的游行路线——燕大、清华沿西郊大道向西直门进发。随后，陈翰伯等人来到海淀布店买了几尺布，制作了几幅大标语。为了防止坏人破坏，学生们还特意选定同学担任纠察队和自行车交通队。陈翰伯回忆，为了防止走漏消息，这些准备工作都是在两三个小时内完成的。

万事俱备，当晚学生们把宣言、口号、游行路线和集合地点都告诉给斯诺。斯诺夫妇连夜将学生们要求抗日的通电译成英文，以便第二天供外国报纸发表。

12月9日清晨，燕大和清华的学生按计划从西郊前往西直门，一路上"打倒日本帝国主义！"的口号响彻云霄。与此同时，北平城里的五六千名学生也打着横幅走上街头，游行队伍所到之处，不时有人加入队伍中。一直跟踪报道的斯诺看到："商店老板、家庭主妇、手艺人、和尚、教员和穿着缎袍的商人都站在街旁向游行的学生喝彩，或走出去捡传单看，甚至人力车夫也喊起了被禁止的口号：'打倒伪独立运动！逮捕卖国贼！打倒日本帝国主义！拯救中国！"

目睹了这一切的斯诺夫妇感叹，他们还是第一次在国民党统治区看到这种景象。

"一二·九"运动当天的抗日怒吼，震撼了北平，并随着新闻报道很快传遍国内外。可国民党当局竟然无视人民反对的声浪，悍然决定在 12 月 16 日成立"冀察政务委员会"。于是，中共北平市临时工委、北平学联决定于 16 日组织第二次更大规模的示威游行。

这一天，国民党当局显然有备而来。斯诺和合众国际社记者麦克·费尔希在宣武门看到，荷枪实弹的宪兵身着皮外套，

"一二·九"运动当天，学生们手打横幅走在北平街头。

头戴钢盔，驻军已经上好刺刀，消防队已将水管全部拉出对准学生们。

　　这是一场对峙。一名身材矮小的姑娘突然从学生队伍中冲出，径直冲向宪兵的刺刀和毛瑟枪，而宪兵像打牲口一样疯狂地殴打着她。那姑娘突然避开宪兵，扑倒在石板路上，然后乘机滚到城门下面，抽掉了城门上的门闩。不等她打开城门，宪兵又开始疯狂地殴打她。斯诺和费尔希连忙跑上去制止，但是宪兵根本不理睬，将姑娘抓回警署。

　　斯诺追到警署采访了这位姑娘。一问之下，他才知道姑娘名叫陆璀，是清华大学的学生。12 月 9 日，当游行队伍被军警堵在西直门外时，陆璀站在一个小板凳上，举着简易的扩音器，慷慨激昂地向人们发表演说。这一幕恰巧被人拍摄下来，并寄给了当时在上海的邹韬奋。邹韬奋将这张照片选为那一期《大众生活》杂志的封面。陆璀举着话筒大声疾呼的画面，从此成为"一二·九"运动的象征，永远留在人们心中。

　　斯诺被陆璀的英勇

陆璀手拿扩音器发表演说的照片登在《大众生活》杂志的封面上。

行为深深感动，回到家写了一篇报道《中国的贞德被捕了》，这无疑是对陆璀的极高评价。

这篇报道在国外引起很大反响，陆璀也成为国民党当局的眼中钉。"一二·九"运动后，她一度遭到通缉，在斯诺夫妇家躲避了很久才躲过风头。

全程见证"一二·九"运动之后，斯诺感到，在中国面对最危险的时刻，国民党根本起不到领导、鼓舞的积极作用，反而成为悲观、停滞、镇压的象征。大批爱国青年正前赴后继地聚集到中国最后的希望——红旗之下。

突破封锁线

斯诺早有前往红区，会一会真正共产党人的想法。然而，当时红军正在长征之中，他的采访计划显得有些遥不可及。1936 年初，斯诺得知红军已经抵达陕北，并与张学良、杨虎城达成了停火协议。于是，他重启了采访计划。

"一二·九"运动之后，许多进步学生都秘密加入了中国共产党，其中就包括与斯诺夫妇交往颇为密切的俞启威（即黄敬）。黄敬离开北平时，斯诺向他表达了自己想去苏区采访的意愿。1936 年 3 月，斯诺收到一封黄敬言语含糊的来信，提到他已经向 K·V 先生汇报了斯诺的情况，让他耐心等待回音。斯诺不想把宝押在黄敬一人身上，他决定去上海请宋庆龄帮忙。

宋庆龄刚好接到中共中央的电报，请她协助选一名西方记者和一位有经验的医生到苏区去。于是，宋庆龄把斯诺想去苏区采访的信息转告给地下党组织。

1936年6月，斯诺从上海回到北平不久，一位名叫徐冰的东北大学教授找上门来。他将一封用隐色墨水写的信交给斯诺。这封信是中共北方局负责人K·V指示北平地下党负责人戴维（即柯庆施）写给毛泽东的介绍信。二十多年后，斯诺才知道这位K·V先生就是刘少奇。

斯诺能够去陕北采访，到底是得益于宋庆龄的帮忙，还是得到了刘少奇的首肯，抑或二者兼而有之，连他自己也搞不清楚。总之，1936年的夏天，斯诺开启了神奇的红色之旅。

在北平生活的几年中，斯诺虽然一直都在努力学习中文，而且据他自己说已经学会了1500个汉字，并且能阅读白话文，但是中文对于西方人而言还是太难了。于是，启程前他向王汝梅（即黄华）发出邀请，问他愿不愿意跟他一起去陕北采访。

黄华在回忆录中提到此事时，兴奋地写道："真是喜从天降，我不假思索，立即高兴地一口答应了。"

斯诺对黄华说，自己先去西安，安顿好后，用密语电告妻子海伦，黄华再动身前往西安。黄华不露声色，应付完考试、照了毕业照后，带着一只皮箱，悄然离开学校，"宿舍内的一切原封未动，也未告诉任何同学和亲友"。

黄华在事先约定好的西安西京招待所找到斯诺，当时与斯诺在一起的还有宋庆龄介绍到陕北的美国人乔治·海德姆医生，也就是后来因献身苏区和新中国卫生事业而举世闻名的马海德大夫。

在西安玩了几天后，斯诺和马海德大夫在一名东北军上校军官和一名中共驻东北军联络军官的陪同下，乘东北军军车前往苏区。黄华则又在西安待了好几天才被允许前往陕甘宁苏区东部的前沿指挥中心——安塞县的白家坪。

在陕北，斯诺采访了包括毛泽东、周恩来在内的上百位中国共产党领导人和普通红军战士，全方位地了解了中国共产党人。眼前的一切超乎他的想象，共产党的领袖生活俭朴，和普通士兵一样，与国民党的达官贵人完全不同。后来，他在著作中写道："如果要中国人对国民党统治作一估价，几乎没有人会认为在道义上国民党比共产党更得人心。"

10月中旬，与红军相处了四个月后，斯诺踏上返回北平的行程。

《红星照耀中国》问世

1936年10月25日早上，海伦正像往常一样伏案忙碌，忽然传来一阵敲门声，一个胡子拉碴的人风尘仆仆站在台阶上——斯诺回来了。

回家后的两三天，斯诺兴奋地对妻子谈个没完。海伦在书中写道，一般来说斯诺对任何事都不过分热烈，除了孙夫人宋庆龄，从不崇拜任何人，但是"他现在发现了毛泽东，不仅为他自己，而且为中国人民发现了这个人，这是真正的新大陆"。

斯诺从陕北带回许多珍贵的资料，其中包括一张他为毛泽东拍摄的照片。照片中，毛泽东在窑洞前，头戴八角红军帽，倔强地看着镜头，一个不屈的革命者形象跃然纸上。这张照片成为毛泽东在陕北的经典形象。

海伦·斯诺看着丈夫带回的资料感叹："这是经典著作，是无价之作。"

在盔甲厂13号的小院中，斯诺夫妇夜以继日地誊写采访笔记，整理思路，开列大纲，就当一部杰作一点一点出现时，盔甲厂胡同发生了一起命案。

1937年1月8日清晨，内城东南角楼下发现一具女尸。死者是一名年轻的白人女孩，她衣衫不整，肢体严重损坏，手腕上昂贵的手表指针正好停在午夜时分。经过调查，死者是斯诺夫妇的邻居、退休的英国前外交官倭讷的养女——19岁的帕梅拉·倭讷。

1937年的北平岌岌可危。日军已经步步紧逼，1937年初，他们甚至在距紫禁城几公里的地方建起大本营。受雇的日本浪人在北平贩卖鸦片、寻衅滋事，随时都想寻找借口占领北平。

如果说生活在北平城中的外国侨民，此前还能对时局熟视无睹，那么帕梅拉被谋杀的消息爆出后，恐惧不安在外侨中扩散开来。

如前所述，"一战"前生活在北京的侨民多是传教士和外交人员，"一战"后许多因革命失去财产的白俄难民，因经济大萧条从欧美流落东方寻找淘金机会的无业游民和各种不法分子、瘾君子、妓女也随之而来。

东交民巷很快就容纳不了那么多外国侨民，于是这些落魄的外国人聚集到东交民巷东边，北起苏州胡同、南至内城南墙、西到崇文门一带的胡同中。他们在这里开廉价酒吧、低等的旅店、餐馆和窑子，藏污纳垢，无法无天，使这里成为令人谈之色变的"恶土"。

被称为"狐狸塔"的内城东南角楼。

斯诺夫妇居住的盔甲厂13号就距离"恶土"不远。这座四合院原是瑞典地质学家奈斯特龙博士的产业，奈斯特龙回国后，将它租给斯诺夫妇。

海伦其实并不喜欢这里，因为传说这宅子"闹鬼"，而且传说不远处的内城东南角楼里住着狐仙，因此也被称为"狐狸塔"。盔甲厂胡同"除了蝙蝠、燕子之外，空寂冷落，渺无人烟"，她在书中这样写道。可由于这里租金便宜——一个月只要10美元，斯诺夫妇还是住下了。

帕梅拉遇害的时候，斯诺正在没日没夜地写巨著《红星照耀中国》。突如其来的凶杀案，第一次让他们感受到死亡的威胁。海伦找到负责办案的英国警探谭礼士表示，凶杀案有可能是冲着他们俩来的。也许是国民党当局知道斯诺正在写《红星照耀中国》，因此派"蓝衣社"想干掉斯诺，让这本反映共产党的书胎死腹中。海伦甚至认为，她自己才是凶手的真正目标，

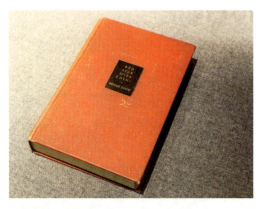

埃德加·斯诺的《红星照耀中国》。
（左冬辰 / 摄）

"蓝衣社"想杀掉她来警告她的丈夫。不幸的是，凶手误杀了她的邻居帕梅拉。但谭礼士觉得，帕梅拉之死并不像"蓝衣社"的风格——"蓝衣社"喜欢直接开枪崩头。

尽管警方否定了海伦的担心，但在随后的日子里她一直生活在恐惧中，甚至晚上坐黄包车回家都尽量避开"狐狸塔"附近的林荫道，因为"帕梅拉·倭讷的尸体就是在那儿被发现的"。

与之相比，斯诺倒是安之若素，他仍沉浸在自己的创作中，直至 1937 年夏天，这本鸿篇巨制完成。

1937 年 7 月 7 日，日军发动"七七事变"，斯诺在南苑目睹了日军的疯狂进攻和中国军人的顽强抵抗。

1937 年 10 月，《红星照耀中国》在英国出版，当月就加印了 3 次，销售量很快突破 10 万册。这本书第一次客观地告诉世界，中国的西北正在发生着什么，中国共产党人是一群怎样的人。《红星照耀中国》不但在世界范围内引起轰动，更吸引了无数中国知识青年对延安的向往。几年后，记者爱泼斯坦访问陕北时，随便问了一些中国人："你们是怎么到这里来的？"他们的典型回答是："看了斯诺的书。"正如费正清所言："《红星照耀中国》的出版是中国现代史上的一件大事。"而 1937 年夏天，斯诺离开生活了五年的北平，那时他"肯定已经不再是一个'中立者'了"。

第五章

发现北京：萨特、波伏瓦在中国的精神之旅

孙文晔／文

1955 年，周恩来在万隆会议上向全世界发出"到中国来看一看"的邀请。这个邀请，吸引了大量西方共产主义者、左翼人士来到中国。其中，就包括两位存在主义大师——萨特和波伏瓦。

萨特，握着烟斗的思想者，在阅读史上一度被誉为"中国 80 年代新一辈的精神初恋"。波伏瓦，萨特的终身伴侣，"女性圣经"《第二性》的作者。无疑，他们都是 20 世纪的智者。

在 45 天的中国之旅中，他们参观了东北的重工业基地，见证了农村的扫盲、土改，还登上天安门城楼观礼，受到国家领导人接见。对于新生的红色中国，他们怎么看，怎么想，又擦出了怎样的火花呢？

同路人

"我很希望在 9 月份和萨特一起去中国，这个前景绝对叫我热血沸腾……" 1955 年 2 月 5 日，波伏瓦在一封信里这样说。

写信时，她人在马赛，应该就坐在某家咖啡馆里。

从法国媒体的描述中，我们可以想见，"她头上包着刻板的伊斯兰头巾，叼着烟，眉头紧皱，用一双暹罗猫般的眼睛，审视着周围的一切。她的脸，干巴巴的，薄薄的嘴唇，透着固执。脸上总是那副时刻准备用'女权主义'观点教导别人的表情。不过此时，波伏瓦的心里该是美滋滋的吧，她的称呼终于不再是'萨特女人'，她已和他一样出名"。

1955 年，在欧美文化界，萨特和波伏瓦早已功成名就：

萨特的哲学代表作《存在与虚无》1943 年已经刊印；1946 年发表的《存在主义是一种人道主义》使他成为欧美的文化偶像，连法国总统戴高乐都不得不承认，他是"法国的伏尔泰"。

1949 年，波伏瓦写出惊世骇俗的女性解放运动"圣经"《第二性》；1954 年，她又以小说《达官贵人》获法国最高文学奖——龚古尔文学奖。虽然和萨特一同受邀到访中国，但她并不是萨特的附庸。

对萨特和波伏瓦在思想界的成就，当时中国知识界其实知之甚少。

1943 年 11 月，《明日文艺》刊载了短篇小说《房间》，这是萨特第一次被译介到中国，文章中不乏"金句"，却花落无声。

1947 年，留法学者罗大冈回国，挑出萨特的剧本《恭顺的妓女》译成汉语。在卞之琳的建议下，还将剧名改为聊斋式的"义妓"。可惜当时书的译文未曾发表，只有《〈义妓〉译序》在天津《益世报》上刊出。

此后，就是数年隔膜。直到配合萨特访华，《译文》（后改名为《世界文学》）才介绍了萨特的新作。这部新作讽刺了麦卡

萨特和波伏瓦

锡主义，算不上是萨特的代表作，却是中国知识界唯一能与萨特谈论的一部。

而波伏瓦则压根儿与中国无缘，其作品直到1981年才被译介到中国。

正如波伏瓦在回忆中所说，"除去两三位法国文学专家外"，就连他们两位的名字，中国作家、学者等都十分陌生。

和杜威、罗素不同，萨特、波伏瓦并不是作为思想启蒙者被学界邀请到中国来的，而是作为共产党的"同路人"，"到中国来看一看的"。

萨特成为进入新中国的"第一个著名的西方左派活动家"，和他在"二战"后的思想转变分不开。

哲学教授刘擎在《西方现代思想讲义》中说，萨特思想中有两个重要的观念：一个是"自由选择"，另一个是"积极行动"。

在私生活上，他喜欢"自由选择"，还和波伏瓦签订了一个奇特的爱情契约，作为彼此的伴侣，但永不结婚。在公共领域，他则一辈子"积极行动"，不仅是哲学家和作家，还是一位社会政治活动家，甚至被哲学家福柯称为"法国最后的公共知识分子"。

战后，他对共产党的发展、社会主义实践抱有研究兴趣乃至赞赏之情，并成为法国知识界的左翼领袖，创办了颇有影响力的《现代》杂志，甚至和英国哲学家伯特兰·罗素一起组织了一个国际法庭，来调查和审判美国的战争罪行。

1954年5月，法国政府禁止上演苏联的芭蕾舞剧。作为共产党的"同路人"，萨特提出严正抗议。为此，他收到苏联领导人的邀请，对苏联进行友好访问。

苏联方面的行程安排得满满当当，让萨特劳累到住进莫斯科的医院，"每天从清晨开始，会见、座谈、参观、旅行、宴会等接二连三，没完没了"，除了在莫斯科稍显轻松和空闲，在其他地方，"当地的接待单位没有给他留出一点喘息的时间"。他不得不交杯换盏，展现真诚。

从苏联归来，他在《解放报》上连发 5 篇文章谈苏联印象，还破天荒地接受了"法苏友好协会"副会长一职。要知道，他可是为了"拒绝一切来自官方的荣誉"，而拒领诺贝尔奖的人。

1954 年在柏林参加世界和平理事会特别会议时，萨特在发言中铿锵有力地说，"蒋介石必须消灭，中华人民共和国必须得到承认。这是必须做到的，因为这是符合历史的发展，也就是符合创造历史的广大人民群众的利益意志的"。

当时，美国正在对中国进行围堵，并扶持中国台湾当局制造紧张局势，企图将新中国扼杀在摇篮之中。能够在公开场合为新中国讲话的人不多，萨特是个例外。

1955 年 4 月，在躲过"克什米尔公主号"暗杀事件后，周恩来不畏艰险地出席了万隆会议。然而，在参加会议的 29 个国家中，只有 6 个国家同中国建立了外交关系。

大会第一天，伊拉克外交大臣贾马利就直截了当地攻击共产主义是"新式殖民主义"。他挑起的争论，使整个会场的气氛顿时紧张起来。

对于这一突发状况，周恩来重新起草发言提纲，开门见山地表明，"中国代表团是来求团结而不是来吵架的""中国代表团是来求同而不是来立异的"。最后，周总理还热情地发出了邀请，"中国俗语说：'百闻不如一见。'我们欢迎所有到会的各国代表到中国来看一看。"

话音刚落，代表们不约而同露出了轻松的笑容，全场爆发出热烈的掌声。短短18分钟的发言，极具感染力和说服力，不仅把几天来的风波都平息了，中国外交也打开了新局面。

据统计，新中国成立后的第一个5年，外国文化界客人仅是20多个国家的550余人。万隆会议之后的5年，则激增到80多个国家的22000余人。

万隆会议一个月后，萨特讽刺麦卡锡主义的剧本《涅克拉索夫》首演，受到了共产主义者的热烈欢迎。他受邀参加在赫尔辛基举行的和平运动会议，波伏瓦也去了。

在赫尔辛基，她和萨特都觉得，"社会主义也加入到我们的世界里了"。此时，中国政府发出正式邀请，希望他们在"十一"国庆之际，来中国进行为期两个月的访问。

发现北京

从受邀之日起，波伏瓦就满怀激情地投入到中国之旅的准备工作中，她阅读了大量有关东方的资料，发现自己对古代中国不感兴趣，现在中国的问题是工业化。"在这个国家的6亿人口中，有5亿多是农民，另有7500万手工业者。实地考察这样一场变革的开始，我觉得是个很好的机会。"

她的朋友暗示说，"花某个政府的钱，只需六个星期就会把自己给出卖了"，波伏瓦回敬说，这是贬低了她和对方的诚实："如果我一开始就对中国有敌意，我不会接受这一邀请。而且我在接受邀请的时候，并没有签订任何契约。我从来不认为自己会违心地为它做些什么。"

反共人士竭力贬低所有有利于新中国的见证。"为什么眼见之物就不能信、不能评？谁也不能长时间、大规模地蒙蔽整个国家"，相对于西方的"有色眼镜"，萨特和波伏瓦更愿意相信自己的眼睛。

1955 年 9 月，他们穿过西伯利亚，从莫斯科坐飞机来到中国。

飞机在戈壁沙漠上空飞行。除了萨特和波伏瓦，机舱里还有两个捷克人、三个苏联人、一个匈牙利妇女和她的小女儿，以及一个南非人。

那个南非人也是受中国政府邀请的，他刚从好望角到巴黎、伦敦、赫尔辛基和华沙走了几个月。在莫斯科机场，当他从高音喇叭的嗡嗡声中分辨出"北京"两字时，他眨着眼睛说："我不是在做梦吧？"

至于波伏瓦，飞了 36 个小时，一宿没睡，一路困惑地问自己：究竟会看到些什么呢？

9 月 6 日，他们终于落地北京。一个姓蔡的年轻翻译握住他们的手说："中国人民在焦急地等待着你们。"

当汽车穿过到处是工地的、灰色调的北京时，波伏瓦有些怀疑，这真是中国的首都吗？翻译小蔡好像看出她在想什么，一挥手，夸张地做了一个扫除的动作，"我们很快就会把这个街区拆掉了，已经列入计划"。

"当蔡大手一挥，表示要把整个街区都拆掉的时候，他对未来充满了信心。不在乎好不好看，只相信将来，这告诉我，我确实是在一个进步国家。"这就是波伏瓦对中国的第一印象。

他们下榻的北京饭店，当初是法国人建的，如今住着各国代表，有 1500 人左右。法语、英语、西班牙语、葡萄牙语，餐厅里可以听见所有的语言，甚至可以看见捷克的一个聋哑代表团围在桌边无声地打着哑语。

外宾们的行程高度雷同，为了避免他们一起涌入车间或剧院，接待部门不得不制订一个与列车时刻表同样复杂的时间表。有时，对于官方早出晚归的安排，波伏瓦有些生气，特别是访问官厅水库的事儿：

从 8 点到 12 点，火车一直在隧道里穿行。当波伏瓦跟一个丹麦代表团坐在木屋里啃三明治时，想起那如同黑夜、煤烟弥漫的四个小时，他们不禁抱怨：为什么要让我们这样旅行？看看杂志上的照片和报道不就够了？

随着观察深入，波伏瓦自己领悟到了中方的执念：

在北京的各个城门，人们在徒手建造住房、学校、医院和办公楼。没有吊车，没有气锤，没有卡车——没有一台机器……他们就是用这种有 4000 年历史的技术来建造新北京的，建造大坝、铁路，汉口横跨长江的大桥也是如此。

"对他们来说，一条铁路，除了它的实用价值，它还必须表明，这是对过去的胜利，是崭新的未来的开始。他们希望来访者能证明这种成就，为此，有必要眼见为实。如果光相信照片或报道，一回国，不友好的人士就会怀疑他是被宣传蒙骗了。他必须肯定：我用自己的眼睛看见了这些东西。"

作为新中国的见证者，萨特和波伏瓦受到了"程式化"的接待。

参观工厂、学校或者农村，形式都一成不变：首先进入会议室或厂棚，墙上总是挂着红色的锦旗，茶叶在杯里漂浮。干部介绍情况，参观现场后，回来接着喝茶。

即便提问题，得到的答案也很理想化。波伏瓦曾问妇联的一位副主任，在农村如何实现男女平等、年轻人独立自主，回答是婚姻法一下子解决了所有问题。在托儿所和学校里，如果问孩子太调皮捣蛋，怎么办，答案是，这种情况不存在，没有懒学生。

让波伏瓦苦恼的是，到北京一周，除了安排的参观，他们只能在北京饭店的阳台上"遥望"北京，眼前没有街道，也没有屋顶，只有景山。"迄今为止，我们还没有跟任何中国人进行过非官方接触。"

正苦恼着，她有了新发现：作协送来许多英文资料，有书、有活页、有杂志，与提供给外国代表团的资料写法完全不一样。

在英文杂志中，他们读到了李富春"五年计划"的报告，"其真诚和严肃在其他任何国家都没有先例"。

"这种自我批评如此严肃，以至于在美国发表的反共檄文只是对中国政府发表的声明进行断章取义。他们割裂文章的背景，在这种弄虚作假的基础上进行拼凑，做出灾难性的预言：他们玩的就是这类花招。"通过对比，西方报道"套路"显而易见。

《中国文学》英文版是波伏瓦的另一个宝库。后来，她往往把参观的地方，看成小说更广泛、更具体的展现。"如果我没有见过中国的农村和农民，我就不可能那么深刻地理解丁玲和周立波关于'土地改革'的小说。"

至于老舍笔下的龙须沟，她去现场看过了才明白：铺石路面，干净整洁的房子，没有垃圾和废物，这些法国的寻常事，在中国是一个巨大的胜利。

密集参观一周后，萨特、波伏瓦终于有了大把的自由时间，可以每天独自在北京的大街上散步。对他们来说，"在马路上散步，是一种不容置疑、不可替代的经验，对于了解一座城市，它比最英明的推测也强百倍"。

在王府井和大栅栏，他们感受着北京的市井气，也观察着流动小贩、古玩商、手艺人。与苏联对比，中国的政策更积极而审慎：保留了小商人和手工业者的所有权，北京的面貌才如此古老。商人们极其诚实，这是"五反"运动从上到下在整个系统内产生了作用。

"我在北京从来没有听见有人大喊大叫。当两辆自行车或人力车相撞时，骑车人会对视一笑。在我看来，这种好脾气是这座城市的魅力之一，这一点，我一到北京就发现了。"波伏瓦说。

一次，他们随便递出一张小额纸币作为车资，车夫摇摇头，表示太多了。他们又拿出一些小额纸币。车夫迟疑了一下，只拿了其中一部分。这种迟疑，让他们对北京人的诚实有了很深刻的印象。

在他们眼中，北京人"自然、放松、满脸微笑、多种多样，是智慧的"。就连千人一面的蓝卡其布制服，也有了善意解读：在这个"大家一致"的国家里，人们感到比在贫富悬殊、穷人潦倒的国家里更舒服。

显然，打动他们的是北京人，而不是北京的古迹。

封闭的故宫在他们眼里有点丑，因为它给天子的，不是瞭望世界的视点，而是一堵墙，不让他的威严受到外面世界的侵犯，是一种绝对的隔离。

参观天坛时，导游说"这座建筑证明中国的劳动人民是多么能干"，他们不认同。"尽管这些伟大遗产的建筑风格来自民间，但它们并没有表达人民的意愿，而是反映了帝王的野心、他们巨大的孤独和对人民的压迫。"

与皇家建筑相比，他们更喜欢 20 世纪 50 年代建设的那些带有中国民族风格的新建筑。

"十一"观礼

北京的魅力，在"十一"达到高潮。

萨特、波伏瓦去东北参观了几天，再回来，北京的城市面貌就发生了巨大变化，街道焕然一新，让他们都不敢相信自己的眼睛。

北京饭店的新翼已修缮完毕，脚手架也拆了。饭店外墙上挂着彩色的横幅标语和圆鼓鼓的红灯笼，到处都飘着红旗，是红色的海洋。

波伏瓦从 9 月 29 日开始，详细记录了那几天的活动，尤其是国庆酒会、在天安门城楼与中国领导人检阅游行队伍和当天的焰火晚会。

9 月 29 日，周恩来在北京饭店新落成的宴会厅招待包括萨特、波伏瓦在内的外国代表团，加上外交使团的人员，竟有 2200 人之多。

宴会上，萨特、波伏瓦首次领略了总理的魅力："他的微笑像乔治·拉夫特一样迷人，他有一种在中国人脸上很难见到的东西：不卑不亢。他善于辩论，应答机智……"

当周恩来踏着"斗牛士"乐曲，从这桌走到那桌，不停地与客人们碰杯，交换微笑时，波伏瓦觉得，他认识他们每一个。周恩来还特地给卓娅的母亲鞠躬，当时，卓娅是家喻户晓的苏联英雄。

"十一"当天，萨特、波伏瓦作为贵宾被送往观礼台。在观礼台上，他们遇到了新朋旧友，1.2 万个座位，座无虚席。

上午 10 时，毛泽东在朱德、刘少奇、周恩来、宋庆龄等人的陪同下，来到观礼台，"他穿着一件灰绿色的旧式呢制服，戴着帽子，这顶帽子在游行过程中他不时取下，向欢呼的人群挥舞"。

在长达 4 个小时的活动中，穿着深蓝色棉布服的队伍川流不息："第一个五年计划万岁！""解放台湾！""和平万岁！"50 万北京市民高呼口号，喜气洋洋。

在中国待过很久的新西兰记者艾黎转过身问波伏瓦："您能

想象这不是发自内心的吗？"当然不，波伏瓦认为，他们的脸上没有奴性的表情，也不像是被迷惑的样子，他们对毛泽东的感情如此深厚、如此直接，不是"集体狂热"，而是发自内心的爱戴。

波兰物理学家因菲尔德说："当你看到这些，你再也不想做一个愤世嫉俗的人了。"另一位目瞪口呆的外国友人喃喃地说："在罗马或是巴黎，很难想象有这样的事情，我们心灵太缺乏纯洁了。"波伏瓦颇有共鸣：这种纯洁会使人们的生活像刚被洗过的天空一样明净。

当天晚上，萨特、波伏瓦同100个代表团一道，被邀请到天安门城楼上观看焰火。因为是作家，他们与茅盾夫妇同桌。除去交谈，人们的注意力都在与大家问候的毛泽东、周恩来身上："他们穿得跟大家一样，没有因为自己位高权重而板起脸孔，或要显示自己的身份，一点都没有……他们不但深具魅力，而且能唤起人们一种十分罕见的感情——尊重。"

焰火表演结束后，萨特、波伏瓦走向广场，在欢歌笑语的青年中穿行，被他们的微笑感染，看他们跳舞，一直到凌晨。

10月3日，陈毅副总理接见了萨特和波伏瓦，老舍、茅盾、夏衍等也在座。

"十一"的欢愉，让北京饭店宴会厅充满了对中国的赞许。有人说中国的农村比法国的农村更舒服、更富裕，也有人说中国的妇女总体而言是世界上最解放的妇女。

作为女权主义者，波伏瓦希望社会主义为女性带来平等和公平，但她也怕中国被过度赞扬"捧杀"了，就委婉地以"老

萨特和波伏瓦在天安门观礼台。

1955 年国庆游行队伍中的文艺表演。

人"身份提醒刚到中国的"新人"："在中国，有个错误一定要避免：那就是静止地判断问题。"

"看不到它所面临的困难就是无视它的努力。"她意味深长地说。

从北到南

20 世纪 50 年代的中国，"三反""五反"运动使国内安全有了很大的改善，土改完成让广大农民看到了希望，农业合作化运动接近尾声，第一个"五年计划"如火如荼，新中国的经济迅速发展，国际影响也在逐渐提升。

在北京，萨特、波伏瓦感受着如日初升的活力，但作为新中国的观察者，仅看北京还远远不够。为此，他们没有像大多数受邀者一样待在北京饭店，而是不辞辛苦，访问了东北的几个重工业城市，月底赶回北京参加国庆大典后，又南下南京、上海、杭州和广州。

为了看得更多，行程以火车为主。从北京到沈阳要 20 个小时，到南京要 30 个小时，到广东则要 3 天，整个行程，花在火车上的，就有 130 个小时。

工业化是萨特的兴趣所在。听说中国人决心用 50 年来追赶一千年的差距，他吃惊于这个任务的跨度。

但当他在同一天，既看了鞍山高炉，又看了附近土墙茅舍、徒手耕作的乡村后，萨特感慨道："每一天，每看一眼，必定要同时看到古老的中国和未来的中国，才能够懂得你们当前的情况正是这个了不起的和生动的矛盾所构成的。"

在抚顺，一位工程师很淡定地告诉他："这个城下面有矿苗，我们要把这个城搬开。"萨特对他肃然起敬，回国后，在一次记者访谈中，他自问自答：

"中国对我印象最深的是什么呢？我告诉你，我为那里的人民和他们的领袖之间共有目标的一致性所震惊。群众的被动性是中国正在消失的许多事物之一，他们正为实现那些简洁明确的具体目标而奋斗。我把这称为群众的自主决定。

"这些集体性的成功是如何完成的？是因为中国人民有无穷的智慧。……他们有信心、能克服私欲。他们的领袖坦率地说，在目前这一代，人们的生活只能有一定的改善，目前只能做些暂时性的工作，建设一个新中国需要 50 年时间。但群众对此并不失望，他们有新中国的蓝图，为它而工作，似乎这一新中国在第二天就能真正实现。"

扫盲运动也是萨特经常讲的一个例子。政府意识到他们不能提供足够的学校和教师，所以呼吁：所有识字的人要至少教他的一个邻居识字。这一运动开展起来，正是群众的自主决定。中国的面貌正以惊人的速度改变。

他还比较了中国土改的成功与东欧国家集体农庄的失败，用苏联的失误来反衬新中国的英明和正确："没有对马克思主义进行生搬硬套，而是从自己的实际情况出发。中国已经找到出路，正奔向无限的未来。"

在上海，他们受到一对法国富翁的殷勤款待，这对夫妇大倒苦水，想借知名人士为上海的西方资本家鸣冤叫屈。深入交

在新中国发起的扫盲运动中，家庭妇女们
都踊跃报名参加学习。（冯文冈／摄）

谈后，波伏瓦发现，他们为了抹黑中国，不惜歪曲事实。

当这对夫妇继续在西方媒体上撒谎时，波伏瓦站出来："中国领导人从来就不隐瞒自己的观点，认为他们的首要任务之一就是取缔外国资本主义。法诺先生和他的朋友们以为自己还能像以前一样，在新中国把事情'摆平'吗？如果是这样，他们只能怪自己算计错了。"

在广州，参观了大片拥挤和贫困的人家后，他们相信，中国政府没有向他们隐瞒中国，没有掩饰他们的广大农村，而是展示给他们看了。

从广东回到北京时，秋意正浓，大街上飘散着板栗的味道，树叶是塞尚画笔下的那种绿色。

头顶的冷月像一块大浮冰，夜色中，萨特和波伏瓦在胡同中漫步。一个卖面条的小贩在吆喝，声音在没有窗洞的墙壁之间回响。远处，有人在叩打一扇木门的门环，除此以外，就再也没有别的声音了。

"重回北京，我才发现我是多么爱它，它没有上海那么嘈杂，也没有广州那么多彩，但在中国，没有任何东西能够和美丽的灰色胡同相比……北京是世界上罕见的几个地方之一，在那里，有时，一切都是完美无缺的。"

三位女作家

在中国，最让波伏瓦不知所措的，不是无处不在的痰盂，而是中国人过分的拘谨和礼貌。"真的很客气，他们的关心是无微不至的，但要交心，非常难。"

一次，晚宴结束前，大家端起酒杯干杯，默默陪了他们一天的东北作家微笑着自我批评说："我有一个大缺点：不知道如何表达心中的感情。"翻译也赞同地说："是的。人们常说，我们中国人像是热水瓶，外冷内热。"

其实，这种冷，不仅是中国人的性格使然，互不了解也是主要原因。

当时，中国主要是把萨特、波伏瓦当成统战对象来接待的，对他们的理论与创作没有推介。在日内瓦大学任教的萨特研究专家德尼思·贝尔多莱先生讲过这么一个细节：萨特在北京与茅盾、丁玲等知名作家会面时，由于双方都没读过对方的作品，所以大家只好谈美食。

在中方作家回忆中，能想起来的对话，好像只有饭桌上的俏皮话。诗人艾青说，"我们什么都吃：四条腿的任何东西，除了桌子；成双成对的所有东西，除了父母"。

波伏瓦曾试图与中国作家探讨文学，甚至直接告诉茅盾本人，他的作品有矛盾之处，主角过于"高大全"了。但只得到了敷衍的回答，"中国的文学尚处于起步阶段，要创作出真正令人满意的作品还需要时间"。显然，对如何塑造人物，茅盾并不打算深谈。

作为思想家，萨特、波伏瓦渴望与中国人建立起真正的友谊。而知道他们的大名，能与其深入交流的，也就两三个，这是他们第一次在旅行中遭遇这种情形。"这种互相的无知甚至比各种政治限制更阻碍我们的交谈。"

新中国成立前就曾翻译萨特作品的罗大冈，终于在北京大学与大师见面了。"这位名重一时的西方大作家，给我的初步印象是出乎意料的谦和朴讷，平易近人。没有听到他在平常谈话时自以为是的高谈阔论，没有听他说过一句故作惊人之谈的俏皮话。"罗大冈在《悼萨特》中回忆。

让罗大冈印象最深的是，他早年翻译的《恭顺的妓女》，正准备在《译文》1955年第11期上发表。该刊编辑部主张将这个剧本的标题和结局按照苏联的译本修改，以强化反美的意味。这样，不但结局相去甚远，连名字都换成了《丽瑟》。罗大冈当面问萨特是否同意这样改，萨特毫不犹豫地表示完全同意。

他这种豪爽的风度使罗大冈既惊讶又钦佩，特别是想起我们有些地位相当高，或自以为高的作家和翻译家，你要是改动他一个字、一个标点，他可能就暴跳如雷，越觉得萨特气度不凡。

萨特视罗大冈为友，临别时特地问他需要什么法文书。罗大冈以为只是随便问问，所以也就不大在意地说，想要萨特的全部著作。后来，萨特果真从法国将他的著作悉数寄来。"像萨特那样认真，说话算数，把成套的书寄来，可以说是例外中之例外。"

相对于萨特，波伏瓦在中国更是知音难觅。幸而，陈毅把一个最合适的人派到了波伏瓦身边。

留法 15 年的陈学昭是法国文学博士，有着法式优雅，给自己的侄子写信都称"您"。她也有很多层次很高的法国朋友，甚至还有一本法文版的《第二性》。

陪同他们北上南下时，陈学昭和波伏瓦在卧铺车厢里彻夜长谈，成了很好的朋友。波伏瓦形容，她非常聪明，极有教养，是个出色的观察者，她给我提供了各方面的非常宝贵的信息，嘴里没有一句废话和宣传，很大程度上弥补了其他"干部"身上的客套和僵化。

鉴于萨特、波伏瓦的特殊关系，陈学昭还特地关照工作人员，给他们安排一套有两个房间的房子，两个房间要既独立又相通。这种细节，绝非一般女干部能够想到的。

在中国，波伏瓦主动想去结交的是丁玲。在作协给她的英文资料里，她读到了丁玲获斯大林文学奖的小说《太阳照在桑干河上》，为此，她提出登门拜访，陈学昭作陪。

这三位中法女作家，丁玲出生于 1904 年，陈学昭出生于 1906 年，波伏瓦出生于 1908 年，她们年龄相仿，都有文学成就，感情经历也都称得上波澜壮阔，陈学昭还是丁玲在延安的旧识、20 世纪 50 年代关系最密切的朋友之一。

按常理，这应该是一次能够畅谈的欢聚，但波伏瓦觉得丁玲冷淡得有点不礼貌。她注意到丁玲工作台上有支画笔，就问她是否作画，可丁玲笑了笑，什么都没说。

波伏瓦有所不知，1955年，正是丁玲后半生坎坷命运的开始。8月8日，作协配合"肃反"运动，开始揭发批判丁玲。丁玲一下就蒙了，她没想到自己会成为批判对象，更没想到陈学昭这样的朋友也会揭发她。

陈学昭无意伤害丁玲，但她和丁玲的私房话被曲解为"一本书主义"，成了批判中的猛料，这搞得陈学昭心事重重，一直想找机会跟丁玲解释。但有波伏瓦在，此事又不能谈，尴尬可想而知。丁玲不说话，也许是怕说错话。

这顿家宴吃的是萃华楼的鱼翅，但丁玲已经是"人为刀俎，我为鱼肉"，陈学昭恰好是"递刀子"的人，那种暗地里的剑拔弩张，波伏瓦怎能明白。

1983年4月，应密特朗总统之邀，丁玲访问法国。这次，波伏瓦也在家里接待了丁玲。28年后再重逢，客厅里最引人注目的，是桌子上那两只萨特的石膏手模。回忆起在丁玲家吃到的鱼翅，波伏瓦大笑着说"鲨鱼的鳍"！

一个月后，丁玲途经杭州时去看了陈学昭，并转达了波伏瓦的问候。对困顿中的陈学昭来说，这无疑是一种安慰。当年夏天，她写了《一九五五年夏天在北京》一文，回忆在中国作协批判丁玲大会上，某些人动员她揭发丁玲的经过。

三位女作家，三次电光石火的相见，就这么匆匆诉说了悠悠岁月。

精神之旅

45 天的访问后，萨特在《人民日报》上发表了《我对新中国的观感》，在《法兰西观察家》周刊上发表了《我们所见到的中国》。

他盛赞中国的发展变化："这个伟大的国家正不断地在转变。当我到达这里的时候，我那些从中国回到法国的朋友所讲的情况已经不再完全正确。等过了一星期，我再说的话，也不会是完全正确的了。"

他还对法国公众说："对这个曾经遭受过多少苦难，而且今天又能够不计较旧日仇恨的伟大国家，法国人民只能抱有一种情感，那就是：友谊。"

但在法国，反华势力依然强大，《世界报》《费加罗报》等几家主要报纸都大放厥词，讽刺萨特、波伏瓦是拿了中国的钱，替共产党唱赞歌。为了回应这些攻击，萨特接受记者采访，并组织了大量文章，发表在他任主编的《现代》杂志上。萨特还想写一本书，但未能如愿。

到 1975 年，萨特还在其《七十岁自画像》的长篇谈话中谈到中国。当记者问他："在你的同时代人中，你有没有对别的人也予以完全的看重？"他的回答是："毛（毛泽东）。我给予毛以完全的看重，至少一直到前几年。"

"我在余年还愿意去几个地方旅行，其中有中国。我在它的历史的一个瞬间，1955 年，见过这个国家。后来发生了'文革'，我很乐意现在重新见到它，我想这样我就能更好地理解它。"

　　萨特重游中国的愿望终未实现，但在他死后，却完成了在中国的精神之旅。1980 年萨特逝世，《人民日报》称其为"中国人民的朋友"，以此为契机，在我的知识青年群体中，掀起了一波"萨特热"。1982 年，萨特曾被短暂批判，与当时流行的蛤蟆镜、喇叭裤并列为"三大精神污染"，足见其影响之大。媒体评价说，萨特是"80 年代新一辈人的精神初恋"。不过，"萨特热"来去如风，很快就与 20 世纪 80 年代一同成了历史记忆。

　　波伏瓦看出 1955 年的中国不过是一种过渡状态，描述也是白费心机，"它需要的是解释"。于是，她用一年时间搜集了大量资料，并结合自己的观感，写出一部厚达 500 余页的著作《长征》。这部书，以"论中国"为副题，几乎讨论了关于中国的一切，引用了无数资料和数据，还加上作者的实地考察和理性分析。

　　虽然颇费功夫，也清醒地知道这本书"明天就会过时"，但中国现在发生的故事太激动人心了，各个阶段都值得记录下来。

　　正如萨特、波伏瓦的学说在中国传播颇费周折一样，这部反对妖魔化中国，当时在西方世界引起争论的书，多年都未被翻译成中文。这也是波伏瓦一生中唯一一本没有在西方世界获得再版的著作。

　　2006 年 10 月，译者胡小跃陪同波伏瓦的密友、联合国教科文组织文艺处原处长戈贝尔女士在中国作关于波伏瓦的巡回

演讲。一路上，无论在机场还
是在车站，甚至在旅馆等待工
作人员的时候，只要有空隙，
已过古稀之年的戈贝尔女士就
会从随身手袋里掏出一本发黄
的旧书。

　　胡小跃好奇地凑过去看是
什么书，原来是波伏瓦的《长
征》。他早听说过这本写中国
的书，但没找到。戈贝尔女士
说，这本书绝版了，她的这本
还是从古旧书店里预订了很久
才得到的。

波伏瓦中国之行后的著作《长
征：中国纪行》，中文版由作
家出版社 2012 年出版。

　　为了翻译此书，胡小跃联系了原版的出版社，连出版社也
只剩几个留作档案的保存本了。到 2012 年，此书的全译本，在
出版 50 多年后，才第一次以中文出版。

　　正如萨特所说："初步的印象也许会包含一些真理。我所看
到的也就是大家都看得到的东西：中国已经显示了它的无所不
包的容貌。至于一些特定的真理，那是下一步专家们的事情。"

第六章

破壁追光：
大江健三郎『一生都在思考鲁迅』

孙文晔／文

1994 年，日本作家大江健三郎获得诺贝尔文学奖。当他急切地把获奖消息告诉乡下的母亲——他的文学启蒙人时，母亲只问了句："鲁迅老师得过这个奖吗？"言下之意，如果鲁迅活着，还有你什么事。大江只得苦笑着对母亲说："鲁迅先生在我出生后一年就去世了，就是还活着，也 100 多岁了，您就容我得了这个奖吧。"同年，在斯德哥尔摩，大江对瑞典皇家学院负责人表示，下一个站在这颁奖大厅的亚洲作家一定是莫言。

　　2023 年 3 月 3 日，大江健三郎无疾而终，享年 88 岁。生前，这位视鲁迅为精神导师的诺奖得主，这位"对中国最为友好"的和平斗士，曾六次来到中国大陆。他与毛泽东、周恩来会面，和莫言一同走在高密的田埂上，到南京大屠杀遇难同胞纪念馆对幸存者鞠躬，进北大附中与少年们对谈……这些，都是他打破"铁屋子"的努力，是他对光的追寻。

"未来似乎并不是零"

　　1960 年 5 月底，日本文学家代表团一行七人，由东京飞往中国香港，奔赴尚未建交的中国。其中最年轻的，是 25 岁的大江健三郎。别看年轻，他已经凭借《饲育》获得芥川文学奖，在日本文坛声名鹊起。

启程当日，大江收到一封信，一位"属于纯正左翼的女性"质问大江，"在这样十万火急的时刻怎么能逃到中国去"。

"十万火急"，指的是日美新安保条约即将生效。该条约的签订使得大量民众认为日本又面临重新卷入战争的危险，而右翼势力希望借此机会修改宪法"第九条"，以"适应新体制"，加强"防卫能力"。

为了阻止新条约生效，东京连日举行大规模示威抗议，刚在文坛上崭露头角的大江自然也走上街头。作为青年代表，他还参加了"安保批判之会"。

回忆当年的抗议活动，他说："当时我认为，日本在亚洲的孤立，意味着我们这些日本年轻人的未来空间将越来越狭窄，所以，我参加了游行抗议活动。正是在这个过程中，我和另一名作家被作为年轻团员吸收到代表团里。"

大江加入的这个团，全称为"访问中国之日本文学家代表团"，团长为左翼作家野间宏。当时，全世界风云激荡：日本反对新安保条约的运动如火如荼；韩国掀起推翻李承晚的学生运动；非洲、拉美地区的民族独立运动也轰轰烈烈。

在这激荡中去中国，有寻求亚非拉支援的意味，但也容易引发争议。一些反对者担心，代表团访问中国的象征意义，会影响到安保运动的独立性、民族性。另一些反对者，则不满于他们在运动的关键时刻缺席。

的确，代表团出发时，正是运动白热化的时期，而他们回国时运动已走向尾声。换言之，大江不是在日本，而是在中国"经历"了安保斗争的最高潮。

为何要在此时去中国？在《日本青年的中国旅行》一文里，大江把这次旅行描述为一种自我救治、走向康复的过程。

出发前，他是一个"绝望的青年"，在羽田机场与新婚三个多月的妻子话别时，特地叮嘱她不要生孩子，"以免让20世纪80年代增加一个不幸的自杀者"。

然而，在为期38天的访问结束后，还是在羽田机场，他又对妻子说："我们生个孩子，把他养大吧，未来似乎并不是零。"

每天在电视上关注游行、关注安保运动的妻子答道："我也想这么说，所以才来接你的。"

1960年（昭和三十五年）2月18日，作家大江健三郎在东京日比谷国际会议中心结婚。

显然，这一个多月，让大江夫妇对未来有了一种信心，这种信心来自丈夫在新中国的所见所闻，也来自妻子在日本目睹的斗争。

中国之行发生了什么，使得大江发生了如此之大的转变呢？

在这一个多月的访问中，代表团先后访问了广州、北京、上海和苏州等地，参观了工厂、机关、人民公社、学校、幼儿园、展览馆等。

大江应邀为《世界文学》杂志撰写特邀文章《新的希望之声》，表示日本人民已经回到了亚洲的怀抱，并发誓永不背叛中国人民的深情厚谊。

此外，他还在一篇题为《北京的青年们》的通信稿中表示，较之于以人民大会堂为首的十大建筑，北京青年们话语中的幽默和眼睛中的光亮，更让他对人民共和国寄以希望。

大江发现，无论是历史博物馆讲解员的眼睛、钢铁厂青年女工的眼睛、郊区青年农民的眼睛，还是光着小脚在雨后的铺石路上"吧嗒吧嗒"走着的少年的眼睛，全都无一例外的清澈明亮，而共和国青年的这种生动眼光，是大江在日本那些处于"监禁状态"的青年眼中从不曾看到过的。

他在同年出版的写真集里表述这次中国之行最为重要的印象：那些确实怀有希望的年轻人在面向明天而生活着……他们面向未来的姿态，给我带来了重要的力量。

为什么大江这么在意青年，在意他们眼里有光？2009 年，在北大的一次演讲中，他讲了那时的一段个人体验：

23 岁时，他凭借处女作《奇妙的工作》步入文坛，连川端康成都称他有"异常的才能"。但这是一部阴暗的小说，描绘了战后日本青年无望的生活。当他把登有这篇小说的报纸拿给母亲—一位"早年间热衷于中国文学的文学少女"看时，母亲却万分失望。

"我希望你能成为像鲁迅老师那样的小说家，能写出像《故乡》的结尾那样美丽的文章来。你这算是怎么回事？怎么连一片希望的碎片都没有？"

大江不服气地说："母亲，鲁迅不只在《故乡》里用了'希望'这个词，还有《白光》里头也用了，我就是想起了里头的一段话，才写出这篇小说的。"

母亲眼睛里流露出轻蔑的神情，并说道："我没上过东京的大学，也没什么学问，只是一个住在森林里的老太婆。但是，鲁迅老师的小说，我都会全部反复地去读。你也不给我写信，现在我也没有朋友。所以，鲁迅老师的小说，就像是最重要的朋友从远方写来的信，每天晚上我都反复地读。你要是看了《野草》，就知道里头有一篇《希望》吧。你看了《希望》吗？"

那天晚上，羞愧万分的大江，拿着母亲给的书，在夜行的火车上，第一次读到了鲁迅的《希望》。"绝望之为虚妄，正与希望相同"，这话击碎了大江的信心，也让他琢磨了一辈子。

母亲为什么对使用廉价的"绝望""恐惧"等词表现出失望，却没有简单地给大江指出"希望"的线索？反倒让他去读《野草》里的《希望》。隔着50年的光阴，73岁的大江，说他终于明白了母亲的苦心。

"青年""希望"都是《希望》一文的关键词，这也是大江关注中国青年和他们"未来态"的缘起吧。

"你年轻，你贫穷，你革命"

大江健三郎的文字，长句层层叠套，在浅阅读时代并不讨好，书的销量连村上春树的百分之三都没有。更多中国人知道的，是作为斗士的他。

在文字之外，大江从少年至耄耋，始终盯住、没松手的，是维护日本"和平宪法"。他的《广岛札记》《冲绳札记》以及成立"九条会"，都是环绕这个课题发声和行动的。

在他那温和外表之下，韧劲从何而来？

1960 年 6 月 15 日晚，在日本，7000 余名示威学生冲入国会，与 3000 名防暴警察发生激烈冲突，东京大学女学生桦美智子被殴打致死。

次日，在王府井全聚德烤鸭店二层，周恩来设宴慰问日本文学家代表团。门口相迎时，他把队尾的大江拉到一边，扶住肩膀，用法语低声说：我对于你们学校学生的不幸表示哀悼。大江毕业于东京大学法语系，桦美智子是他的校友，周总理显然知道这个消息对他的打击，特地亲口告诉他。

总理不仅知道大江和桦美智子是校友，甚至知道大江是学习法国文学的，这让他非常震撼。晚宴中，大江脑子里不断浮现出鲁迅的文章，对着闻名遐迩的烤鸭，一口没吃。

46 年后，大江整段默写出鲁迅《记念刘和珍君》的文章。如果你在初中背诵过这篇课文，可能还记得鲁迅的只言片语，比如"出离愤怒"，比如"不在沉默中爆发，就在沉默中灭亡"。但大江复诵的是结尾的一大段，最后一句为："苟活者在淡红的血色中，会依稀看见微茫的希望；真的猛士，将更奋然而前行。"

在他心里，血泊中的桦美智子与刘和珍叠加在一起，化为"殒身不恤"的女英雄。而他，即便不是真的勇士，也该做点什么吧。从此，"守护（宪法）九条、祈愿和平是我的人生根本"。

之后，毛泽东又在上海接见了他们。他把桦美智子称为"日本的民族英雄"，让日本民众"不要有包袱"，把安保斗争"作为日本人的独立运动"。

大江看到，"在谈到桦美智子的死亡时，这位老人的眼里浮现出深沉而激烈的悲伤。一个勇敢的女孩毫无道理地死去了，真是令人心酸——这样一种感情的波动直率地从他的眼中浮现出来"。

庭院里茉莉飘香，毛泽东一一话别，大江照例排在队尾。例行握手之外，毛泽东特地对他说："你年轻，你贫穷，你革命，将来你一定会成为伟大的革命家。"这段话其实是毛主席在会见中所说内容的一部分，大意是一个成功的革命家必须具备几个条件：一是要贫穷，穷则思变，才会参加革命；二是要年轻，否则很可能在革命成功之前就已经牺牲；三是要有革命意志，否则就不会参加革命。

多年后，大江在获得诺奖，接受德国媒体采访时，不乏幽默地说，毛泽东曾于1960年预言自己将会成为伟大的革命家，现在看来，毛主席只说对了一半——自己虽未能成为伟大的革命家，却也成了伟大的小说家。

这次会见发生在 1960 年 6 月 21 日。此后，每年临近 6 月
21 日，大江都会嘱咐妻子提前订购茉莉花（因为日本没有这个
物种，需从中国移植，所以并不多见）。到了 21 日这一天，他
会停下所有工作，对着那盆茉莉花，回想 1960 年。

这一年，流血的运动，以新安保条约生效、岸信介内阁集
体辞职收场。

然而，和平宪法第九条——放弃战争的誓言，仍因集体
自卫思想而屡受威胁。2004 年，大江等九位平均年龄 76 岁的
老人联合创立"九条会"，以抵制一切变相"修宪"的行为。
2014 年，他又以作家的敏锐一语道破，安倍政府提出的"积极
和平主义"就是"消极战争主义"。

大江离去后，《东京新闻》刊出一首读者怀念大江的川柳
（日本五七五短诗）："一个又一个，护宪派驾鹤西去，危机在
逼近。"

"我在暧昧的日本"

那个因 1960 年而生的孩子叫大江光，生于 1963 年，是大
江健三郎的长子。

他的诞生无疑是大江人生中最大的难关。孩子出生时脑疝
严重，像有两个脑袋。不动手术，活不下来；做了手术，又会
有很严重的残疾。大江进退两难，只能躲到"另一个地平线"。

所谓"另一个地平线"，其实是去广岛参加反对核武器的
会议。在这里，大江遇见"二战"核爆的幸存者，这些人面临

大江健三郎一家。

的困境与他相似：明知道自己的孩子可能畸形，该不该冒险生育？是该自杀，还是该努力怀抱希望活下去？大江专门向医生寻求建议。医生也不知道这些人该怎么治，甚至不知道该不该治。但医者本能地认为，只要有痛苦就应该给予关怀。

大江心里有了答案：他要给儿子手术，带儿子回家，这一决定对他的写作生涯也影响深远。

以残疾婴儿为起点，他写了三个走向迥异的故事。在《个人的体验》与《万延元年的足球队》中，父母遗弃了孩子，又将其领回。而在《空中怪物阿贵》里，父亲不给孩子喂奶，而是喂食糖水。他用文字排遣掉灰暗的、负面的情绪，代之而来的，是现实中勇敢、温暖的行动。

6岁的大江光在林间听辨出了秧鸡的叫声，讲出人生中的第一句话，父母喜出望外，又使他渐渐领会了莫扎特与巴赫，并开始作曲。光成了作曲家，连邻居小泽征尔都常来切磋。这一奇迹，坚定了大江的文学追求。

他把"始于绝望的希望"推而广之，用《广岛札记》描写核战恶果，用《冲绳札记》讲述战败日军逼迫岛民集体自杀的历史，还在各类文章中反复就慰安妇、战后合理赔偿等议题发声，甚至自嘲为"用粪弄脏了自己巢穴的鸟"。

所有这些作品，都是在他素朴、幽静的东京居所完成的。妻子在花园里种满红枫与玫瑰。大江坐在客厅的扶手椅上，用双膝顶着一块木板，将稿纸铺在上面写文章；儿子则坐在旁边听音乐。

父与子共处一室，各自工作。如大江所言，两人"看往同一个方向"，即"光"这个名字所象征的"希望"的方向。晚上，他陪儿子吃饭，等着他入睡、起夜，再入睡，为他盖好毛毯，自己才能入眠。每天如此，年年如此。

大江的第二次访华，是 1984 年，那时他的儿子光已经 21 岁。

这时，正是中日友好的蜜月期，中方邀请了 3000 名日本青年访华，并在 10 月举行了盛大的友好联欢活动。大江虽然随井上靖等日本文艺界人士受到接见，但国内对他的作品几乎一无所知。知音难觅，他这次来，只是作为倾听者和观察者，游历了丝路。

大江健三郎获颁诺贝尔文学奖。

1994 年，平静的生活

被一通电话打破。他成了继川端康成之后，第二位获得诺贝尔文学奖的日本人。如此尖锐的批评者获奖，让日本政府慌了手脚，他们连夜开会后，还是决定把文化勋章经天皇之手授予他。岂料大江不仅不为所动，反而在报上撰文，明确表示拒绝接受。

川端康成的获奖词为《我在美丽的日本》，针对这一表述，大江健三郎的获奖词是《我在暧昧的日本》。他以毫不暧昧的语言指出："暧昧的进程"使日本在亚洲扮演了侵略者的角色，日本不仅在政治方面，而且在社会和文化方面，越发处于孤立的境地。

这篇犀利的文章，终于使大江作为横眉冷对的斗士被中国人看见。"我们欠大江的账，就从翻译这篇诺奖发言开始还吧。"大师叶渭渠对弟子许金龙如是说。

也是从这篇文章开始，中国社会科学院外国文学研究所研究员许金龙成了大江在中国最重要的译者和研究者。

"作家首先应该是知识分子"

许金龙与大江健三郎之间亦师亦友的缘分，还要从东京街头，一张吹到脚边的报纸残片说起。世纪之交，许金龙在报纸残片上读到，大江表示，希望再次访问中国。他欣喜若狂，当即满怀诚意地请大江的版权代理商出面，帮忙联系他。

"四天的行程，巨大的工作量，但大江先生的中国之行却没有收一分钱，不仅中方给的不收，就连一笔不菲的演讲报酬也捐给了宋庆龄儿童基金会。"许金龙说，这次访华的来回机票都是由大江自筹的。

大江只有一个条件，就是不能对他的言论作任何限制，时任中国社会科学院外国文学研究所副所长的陈众议一口答应下来。

2000 年金秋，大江第三度抵京。作为第一位接受中国"官方"邀请的诺贝尔文学奖得主，这回的阵势、待遇自不比从前。他受邀在清华发表了题为《致北京的年轻人》的演讲，并在中国社会科学院外国文学研究所与王蒙、铁凝、余华、徐坤、阎连科、林白、莫言等中国作家座谈，多家出版社同期推出了他的文集。

那几年，"中国作家距离诺贝尔文学奖有多远"一直是国内媒体的兴奋点，然而，大江本人对得奖一事却视之淡然，他反复申明，不需要这样的鼓励，有没有这个奖，都会一如既往地从事他心目中神圣的文学创作事业。

在中国社会科学院，他又一次强调了这一理念：一个作家首先应该是知识分子，是学者，是思想者。这种自省与鲁迅1927 年拒绝被提名的理由不谋而合——"还是照旧的没有名誉而穷之为好罢"。

大江此行逛胡同，听京剧，但他最期待的，是与莫言会面。二人神交已久，在斯德哥尔摩的获奖演说中，他就提及莫言，说对其文学有似曾相识的感觉。真见到莫言，大江却悄悄开了句玩笑，说莫言没他的作品帅。

许金龙回忆，未及寒暄，两人便在小会议室内"短兵相接"：大江说莫言在人民的汪洋大海里，正在以农村包围城市；

而莫言则回敬道："大江先生在日本成功地发动了一场文学意义上的农民暴动。"短短数语，默契已在，他俩的文学都有一个主题：从边缘出发，为边缘人发声。

作家铁凝印象最深的，是大江婉拒了研讨会午宴，建议与会者以盒饭为午餐，说这样既简朴又节约时间，于是在这场国际研讨会中，每人都拿到了一份盒饭。

大江访华的最后行程是参观现代文学馆。在手稿区，他向身边的舒乙馆长问道："我怎么没看到莫言先生的手稿？他是世界级作家，他的手稿完全可以放在这里。"

在地下室的泰戈尔画像前，大江停下脚步，对周围的人说："我最羞于听见的，莫过于人们对我说起'亚洲三个诺贝尔文学奖获得者'这句话了。如果说到川端康成这个日本作家，我倒颇不以为意。然而面对泰戈尔，我却非常惶恐。我怎么可以与这位巨人相比肩呢？在这位巨人面前，我所能做到的就是转身逃去。我现在最大的心愿，就是希望莫言先生能够早日获得诺贝尔文学奖，那时我就可以把这个尴尬扔给他，让他去遭那份罪吧！"

"看到文学的原始风景"

也许是跟莫言没聊过瘾，也许是"希望能看到文学的原始风景"，2002年春节，大江带着NHK（日本放送协会）的电视节目组，到了莫言的老家——山东高密的小村庄。

除夕夜，他和莫言坐在土炕上谈文学，然后又坐到炉灶边

2002 年，大江健三郎和莫言在高密。

　　喝酒，喝到夜半。窗外的爆竹声越来越大，农村的新年足够热闹，只可惜季节不对，大江没看到红高粱。

　　大江说他读了英文版《秋水》，对莫言写到的一个场面非常好奇。那个场面是说老房子的背后有一条河，洪水暴发的时候，河水如马头一样奔涌而来。大江就纳闷儿了，"河水像马头"是什么意思？是像马头之高还是马头之多？

　　在莫言的带领下，大江特意去看了老房子背后的那条河，但那时河已经消失了，都是干枯的石头。莫言指着老房子告诉他，当年门上有个小窗，儿时的他，就是站在板凳上，从那小窗里，看到大浪超过了河堤。大江站在那里非常感慨，"原来文学的诞生是这样的"。

在这部纪录片中，大江不遗余力地推介莫言，称他为"二十一世纪的开拓者"。当莫言的大哥代表全家向他表示感谢时，大江神情庄重地说："1994 年，当我获得诺贝尔文学奖的时候，我的母亲对我说，这个奖应该是中国人的。我这次来，就是为完成母亲的遗愿。我热爱莫言的作品和为人，我们俩共同之处甚多，我想莫言也应该得这个奖。"

返程时，翻译毛丹青一直和大江在一起，他对毛丹青说："我看到文学原始风景还有一个重要目的，就是了解文学是真的还是假的，我觉得是真的。而且我敢断定他（莫言）可以在十年之后拿到诺贝尔文学奖。"

十年后，莫言果然获奖。大江给莫言发贺信，第一句就说自己"一直沉浸在喜悦中"。

最让许金龙感慨的是，每年去大江家，他都会小心翼翼地从楼上书房捧出莫言父亲送的茅台酒。他总说"我现在不喝，等到莫言先生获得诺贝尔文学奖的时候，我会跟他共饮这瓶美酒"。

许金龙问，这瓶美酒是在北京喝，还是在东京喝？他说："如果身体好的话，我到北京去跟莫言一块儿喝。我如果老了，走不动了，让莫言到我家里来喝。"

遗憾的是，虽然大江每晚都要喝一杯才能入眠，但那瓶茅台酒，一直没机会共饮。

"我一生中最重要的演讲"

2005 年巴金去世，古稀之年的大江健三郎通过许金龙，发来唁电。他说：

《随想录》树立了一个永恒的典范——在时代的大潮中，作家、知识分子应当如何生活。我会仰视着这个典范来反观自身。

我还感受到另一个悲哀，那就是小泉首相参拜靖国神社。日本的政治家不断背叛广大中国人民的善意，我为日本政治家的这种卑劣行径感到羞耻。

就在这一年，大江写于 38 年前、反思日本战争责任的纪实文学《冲绳札记》被日本右翼势力以"名誉受损"为由诉上法庭。

对于这场官司，大江没有丝毫怯场，他对许金龙描述自己的心情：踏入法庭的那个瞬间，一股战斗的冲动突然溢满全身，觉得自己那时就是一个战士，一个渴望进行战斗的战士。

案件经过三审终于胜诉，但为了"应战"，聘请律师的费用达数百万日元。这对身体状况不理想、家中还有残障人士需要照料的大江夫妇而言，无疑是一个异常沉重的负担，他们甚至有了"今后要过贫困生活"的打算。

日本人过年有写贺卡的习惯，因为这场官司，他收到的无数贺卡，上面写的竟然都是"大江滚出日本"。

明知"老翻旧账，自然令人不快"，他仍不顾四面楚歌，

2006 年又来到中国，还高调地到南京大屠杀遇难同胞纪念馆调查日军侵华罪行。

在纪念馆，他见到了大屠杀幸存者姜根福和夏淑琴，并郑重地对他们鞠了三个躬。此后的南京行程，他一直面色凝重，几欲昏厥。

"南京大屠杀时，我只有 2 岁，现在我 71 岁了。这一次，我对自己说，一定要到南京来。"大江回国后，还把为期一周的观感发表在 10 月份的《朝日新闻》上，"告诉日本的年轻人"。

9 月 10 日上午，大江到北大附中演讲。路途中，他局促不安地不停搓手，或是双手用力紧握车门扶手。

"我与大江先生交往多年，多见老先生或爽朗，或开心，或沉思，或忧虑，或愤怒，却从不曾目睹先生如此紧张、局促的神态"，许金龙劝慰说，"您今天面对的听众是 13 至 19 岁的孩子，不必如此紧张"。

大江回答："我在这一生中作过很多场演讲，包括在诺贝尔文学奖颁奖典礼所作的讲演，我都没有紧张过。可这次面对中国孩子们所作的讲演，是我人生中最为重要的讲演，我无法控制住自己的紧张情绪。"

即将进入礼堂前，他又一次停下脚步急迫地对许金龙说道："是否可以帮我找一个空闲的房间，让我独自在那房间里待上一会儿，冷静一会儿，我需要整理一下思绪。"

康健校长为难地表示，近的教室和办公室全都锁了起来，只有学生们使用的卫生间没锁门。北大附中的卫生间气味刺鼻，即便如此，大江仍执意在男厕所单独待了一会儿。

从走上讲台，面对中学生那一刻起，他的神情轻松下来。他直率地告诉学生们：

与我这样的老人不同，你们必须一直朝向未来生活下去。假如那个未来充满黑暗、恐怖和非人性，那么，在那个未来世界里必须承受最大苦难的，只能是年轻的你们。因此，你们必须在当下的现在创造出明亮、生动、确实体现出人的尊严的未来。

在这次演讲的结尾，大江和学生们一起背诵了《故乡》的最后一段，巨大的声浪在礼堂中回响——

我想：希望是本无所谓有，无所谓无的。这正如地上的路；其实地上本没有路，走的人多了，也便成了路。

为孩子们题字时，他拿起毛笔，一脸踟蹰："我的妈妈早就告诫我，千万不要在中国题字，那里是书法的故乡。这会儿我真不知道该怎么办了。待会儿你们看到我的字，会震惊的。"一片笑声中，他挥毫题下布莱克的话："觉醒吧，新时代的年轻人。"

尽管对日本的政治越来越绝望，但他仍在奋力一搏。不仅是在北大附中，在日本，他也在不停地和青年对话。这恐怕是因为，他爱孩子，他相信未来。

"小说是写给我们的亲密的信"

2009 年，大江来得突然，甚至让人意外。获诺贝尔文学奖后，这位老人再也没有出席过任何颁奖典礼。这次，他却在寒风凛冽的冬季，来北京领人民文学出版社颁发的一个新增奖项。

大江说，之所以出席这次颁奖典礼，是希望更多的亚洲人读他的作品。同时，他向主办方提出两个要求：一个是参观鲁迅博物馆，亲眼看看鲁迅创作《希望》的地方；另一个是在北大向学生演讲。

1 月 16 日下午，陈众议和许金龙在机场接他，一上车，大江就急切地表示：由于目前已陷入抑郁乃至悲伤的状态，无法将当前正在创作的长篇小说《水死》续写下去，想要在北京与老朋友们相聚，去鲁迅博物馆汲取力量，这样才能振作起来。

原来，大江遇到了三个让自己陷入悲伤、自责和抑郁的意外情况。

其一，"九条会"发起人之一、日本著名文艺评论家加藤周一去世，这让他痛失一位可以倾心信赖和倚重的师友。

其二，大江光的一节胸椎骨摔成了三瓣，但儿子不会表达，作为父亲，他为自己未能及时发现而痛心、自责。

其三，则是因为写作遇到了瓶颈。

大江正在写作的《水死》，是关于父亲的作品，灵感来源于从中国带回日本的红皮箱。父亲当年的通信都装在红皮箱里，母亲在世时，红皮箱不给他看；去世时，还约定了十年之期。等大江得到红皮箱时，却发现信封里空空如也。原来，信里有很多对天皇"不敬"的言辞，母亲怕大江写作惹事，已经在活着的时候烧完了。一手资料被毁，让大江的创作几乎陷入绝境。

在这接二连三的打击下，他想到了鲁迅，想到向鲁迅先生寻求力量。

到达北京的翌日，他对接风的莫言和铁凝讲起从国际饭店看到的朝阳："在眺望太阳这一过程中，我情不自禁地祈祷着：鲁迅先生，请救救我！至于能否得到鲁迅先生的救助，我还不知道。"

怀着这种忐忑的心情，大江到了位于阜成门内的鲁迅博物馆。

当众人准备在鲁迅先生的石像前合影时，大江突然消失，找到他时，只见他靠坐在地，已经泣不成声；翻看鲁迅手稿时，大江很快将手稿放回，再不肯接孙郁馆长递来的第二份手稿。这种与平日"谦谦君子"不符的反常表现，让接待的人有点不知所措。

许金龙回忆，当夜 1 点 30 分，他从门缝收到了大江的字条："我要为自己在鲁迅博物馆里显现出的'怪异'行为而道歉……在观看信函时，泪水渗了出来，我担心滴落在为我从塑料封套里取出的信纸上，便只看了为我从盒子里取出的那两页，没有再看其他信函。请代我向孙郁先生表示歉意。"

原来，他是看到文稿上"倘使我还得偷生在不明不暗的这'虚妄'中，我就还要寻求那逝去的悲凉漂渺的青春"一句，心有所感，担心泪水造成"无法挽回的损失"，才狠下心来辜负了美意。

2009 年，大江健三郎参观北京鲁迅博物馆。

2009 年，大江健三郎含泪面对鲁迅书简。

1 月 19 日，离中国农历新年只有一周的时间，北大学生开始陆续离校回家过年。北大论坛上发出了一条帖子：大江将于 1 月 19 日在北大英杰交流中心演讲。和以往的演讲不同，这条帖子没有引起太大的关注，校园里也没张贴海报。

这次，大江作了题为《真正的小说是写给我们的亲密的信》的演讲。他说："到这个月底，我就是一个 74 岁的老人了，我想，这可能是我最后一次中国之行。"

大江讲到自己 9 岁或 10 岁时，从母亲那里得到《鲁迅小说选集》；讲到自己的处女作是受鲁迅《白光》的启发；讲到母亲把鲁迅的文章当作写给自己的信；讲到他在鲁迅博物馆，不是不合影，而是悄悄走入庭院，在心里默诵了一遍鲁迅的《希望》。

大江在演讲中全文背诵了鲁迅的《希望》，这令作为翻译的翁家慧教授不由得惭愧。幸亏她事先将《鲁迅选集》带到会场，翻开朗读，才顺利完成这次不寻常的口译。

"我这一生都在思考鲁迅。"大江说，在鲁迅博物馆里，他想到鲁迅常说的"决不绝望"，在心里对先生作了保证，保证自己不再沉沦下去，要把《水死》继续写下去。

果然，这年年底，长篇小说《水死》由日本讲谈社出版。

当人们以为《水死》是大江的封笔之作时，他又在年近八十的时候出版了《晚年样式集》。在这部日记体小说里，他再次引用鲁迅的话——"发出呜呜的声音哭了起来"。

如此悲鸣，是因为福岛核电站大泄漏之后，日本政府为了保持"潜在核威慑力"，坚决不废除核电站。在大江的认知中，这不啻关上了日本的未来之门。

"目前，我的头脑里只思考两个大问题，一个是鲁迅，一个是孩子。自己是个绝望型的人，对当下的局势非常绝望……每天晚上，在为光掖好毛毯后就带着那些绝望上床就寝。早上起床后，却还要为了光和全世界的孩子们寻找希望，用创作小说这种方式在那些绝望中寻找希望，每天就这么周而复始。"2010年，在东京的小路上，大江对许金龙这么形容自己的工作状态和生活状态。

然而，话音未落，大江又离开书斋，频繁参加全国各地集会。"我要跟那些试图抹杀广岛、长崎和福岛的家伙斗。"此时，创建"九条会"的元老已所剩无几，但"九条会"却在日本遍地开花，成了多年被诺贝尔和平奖提名的大热门。

2023年3月21日，斯人已逝，但在反对排放核污水的集会海报上，"大江健三郎"的名字依然居首。

这样一位德高望重的老人去世后，中国网络上却有"一个日本人的死用得着上我们的新闻吗？""日本的事啊，那没事了"的评论。不能不说，这种中日民间的隔膜是大江最不愿意看到的。

世界以痛吻我，我却报之以歌。足足六十年，大江也曾抑郁、喝酒、吃安眠药，但他没有停笔。莫言说："他的创作，可以看成是那个不断地把巨石推到山上去的西西弗斯的努力，可以看成是那个不合时宜的浪漫骑士堂吉诃德的努力，可以看成是那个'知其不可为而为之'的孔夫子的努力；他所寻求的是

大江健三郎在『九条会』的集会上。（东方IC提供）

大江健三郎参加反原子能抗议活动。

‘绝望中的希望’，是那线‘透进铁屋的光明’。这样一种悲壮的努力和对自己处境的清醒认识，更强化为一种不得不说的责任。”

虽然在大江的作品里，鲁迅一直在场，但很多读者仍抱怨"大江的作品读不懂"。为了弥补这个缺憾，许金龙与人民文学出版社数年前就制订了一个计划，准备翻译大江的所有小说。一个纯文学作家，小说竟有 36 卷之多。

2023 年 5 月中旬，《大江健三郎小说全集》的第一辑，共计 13 卷出版发行。正如大江在北大演讲所说："我相信，会有一小部分人，会在世界的各个地方，来看这部小说，并把它当作是写给自己的一封亲密的信。"

第七章

传奇之『切』：
格瓦拉与中国的深情厚谊

孙文晔／文

切·格瓦拉是谁？即便不知道他的大名，但那炯炯有神的凝视，你一定见过。

20世纪，他由革命领袖变成了全球"顶流"偶像、反主流符号，西方媒体称他为"共产主义的堂吉诃德""尘世的耶稣"。21世纪，人们依旧把他的头像印在T恤上、水杯上，却少有人在意他的言论、理想，不关心他说过什么、做过什么。

时代风云变幻，但这个悲情英雄注定不会被遗忘。鲜为人知的是，在他仅39年的生命中，不仅用血色浪漫铸就了世纪传奇，还曾作为古巴前领导人，两次到中国寻求支持。回首这段逐渐解密的历史，或许可以让我们认识一个更真实的"切"。

"他是古巴向左转的主要负责人"

1960年8月8日出版的《时代》杂志，封面人物是切·格瓦拉。

《时代》称"菲德尔·卡斯特罗是当代古巴的心脏和灵魂；劳尔·卡斯特罗是革命的拳头；切·格瓦拉则是大脑，他是古巴向左转的主要负责人"。

文章还特别提到，"他是最有吸引力，也最危险的人物，脸上挂着忧郁而又温柔的微笑，不少女人觉得心都被他勾走了。切冷静而又精明地掌握着古巴的方向，他能力非凡，智慧超群，有敏锐的幽默感"。

格瓦拉能够出道即巅峰，可谓时代风潮使然。整个20世纪60年代堪称反叛的十年，在这十年里，左翼思潮空前高涨，西方抗议浪潮和第三世界革命是世界的主旋律。

在这一背景下，古巴"奇迹"具有标杆意义：一群年轻革命者，核心团队平均年龄不到30岁，在没有外援的情况下，单凭勇气和决心，仅用两年零一个月的时间，就在美国深耕半个世纪的后花园，实现了翻盘。

在这些革命者中，格瓦拉被称为"天才的游击英雄"：仅率148名战士，在一年中横扫整个古巴岛，战胜了数万名美式装备的政府军；以敌人十分之一的兵力赢得了圣克拉拉一役的决定性胜利，致使独裁者出逃。他率部进入哈瓦那时，手下也只有300余名士兵。

革命成功后，格瓦拉在古巴军政两界身兼数职，他是要塞的铁血人物，是医生、战士出身的工业部部长，还是一身戎装、年轻的国家银行总裁。

为什么卡斯特罗把古巴的经济命脉都交给他？在古巴有个流传甚广的故事：一次开会，卡斯特罗问大家，谁是搞经济的？格瓦拉立刻将手举得高高的。没有犹豫，卡斯特罗立刻任命他为国家银行总裁。散会时，卡斯特罗才将格瓦拉叫过来，问他："你什么时候成经济学家（Economist）了？"格瓦拉纳

埃内斯托·格瓦拉在1960年古巴比索上的签名。

闷儿道："什么？我当时听你明明说的是共产主义者（Comunista 西班牙语）！"

国家银行发行新钞票时，依惯例，总裁必须签字。格瓦拉没有使用全名，而是在钞票上看似随意地签下了"Che（切）"——"切"是阿根廷人打招呼的口头语，相当于中国人口中的"老兄""哥们儿"。

格瓦拉本是阿根廷人，1955年参加古巴革命后，从卡斯特罗到普通战士都亲昵地称他为"切"，把他看成古巴战士中的一员。革命胜利后，古巴政府特地颁布法令，授予他古巴国籍，格瓦拉索性改名为埃内斯托·切·格瓦拉。

他说过，"在取得'切'这个名字以前的每一样东西，我的姓也罢，名字也罢，都是个人的、微不足道的"。可见，他把古巴革命视为毕生事业的开端。

真正让格瓦拉成为国际焦点的，是他在国际舞台上的亮相。从新政权草创开始，他代表古巴频繁参加国际会议，在公开场合，抨击美帝是他的保留节目，怒骂强权的酣畅，配上仪表堂堂，"自带流量"也就不足为奇。

和以往的革命者不同，格瓦拉身上还有文化偶像的特质。

和他有过互动的记者，在报道中都不会忽略对其魅力的描述，诸如"气场堪比摇滚明星""与其说是列宁，不如说是列侬"。

1960 年 2 月，卡斯特罗邀请欧洲文化界人士到古巴访问，包括萨特和波伏瓦、毕加索、布雷东等人。此时，萨特已经 55 岁，不仅是"存在主义之父"，还是个对革命充满好奇的人，先后走访了苏联、中国等地。

萨特印象最深的，就是这位银行总裁先生，他接见客人的时间很奇怪，定在半夜。两三个小时的会面后，萨特说，"格瓦拉是个有很高文化修养的人，他的每句话后面，都蕴含着很广博的知识"。在他死后，萨特给出了更高的赞誉，"不仅是一个知识分子，而且是我们这个时代最完美的人"。

3 月 4 日，萨特目睹了法国军火船在哈瓦那港被炸的一幕。爆炸后，格瓦拉奋不顾身地要上船去抢救军火。那一刻，人们都认定，这肯定是美国人搞的鬼，这样他们就可以顺理成章地借口古巴搞恐怖主义，对古巴进行制裁了。

第二天，卡斯特罗在革命广场演讲，痛悼 100 多名罹难者。格瓦拉本来站在后排，某个瞬间，面前的人墙偶然打开个缺口，后排的格瓦拉上前一步，放眼向台下黑压压的人群望去。

摄影记者科尔达的镜头恰好扫过，"看到他怒火冲天的样子，我有些害怕。我好像条件反射一样按下快门，然后又照了一张，不过还是第一张最好"。

就在他准备第三次按下快门时，人墙合上了，格瓦拉消失在取景框中。这是格瓦拉那天在主席台上唯一一次露脸，前后不超过十秒。

格瓦拉最著名的一张肖像。

照片中，格瓦拉头发散乱、目光阴沉深邃，眸子中仿佛有火花在燃烧。

这张难能可贵的抓拍，后来成为反叛的象征，在全世界广为传播，甚至被称为复制和消费最多的影像，超过《蒙娜丽莎》。而在当时，这张杰作却被《革命报》编辑退了稿，只有卡斯特罗、萨特和波伏瓦的合影登上了头条。

"来自中国的'粮食'"

虽然不是古巴的"一把手"，但切·格瓦拉在中国仍备受关注。

早在 1959 年 4 月，古巴革命刚成功时，新华社记者、后成为新华社副社长的庞炳庵就与同事孔迈在军事基地采访了格瓦拉。两个多小时的采访中，格瓦拉详细介绍古巴革命胜利的过程、经验和问题。

临别时，他歪过头去，从书架上取出一本毛泽东论游击战的油印小册子。"我是毛泽东的学生。"他说着，把小册子送给中国记者，并强调"这可是古巴游击战争时期在前线印的"，"是来自中国的'粮食'"。

1960 年 7 月，中国贸易代表团访问古巴，负责接待的也是格瓦拉。

"在古巴的第一个星期里，我几乎同格瓦拉朝夕相处，白天会见、会谈、签约、参加集会，晚上经常一起出席各种社交活动。"黄志良那时还不是大使，而是代表团团长、时任外贸部副部长卢绪章的翻译。

他起初觉得，"切总是身穿橄榄绿军装，腰间佩着手枪，有一股让敌人望而生畏的威严"，直到一次家宴，才算窥见了这位传奇人物的另一面。

格瓦拉家在豪宅云集的别墅区，可他住的楼房却极其平常，既没有漂亮的花园，也没有豪华陈设，会客室同餐厅加在一起也不过 40 来平方米。

关于住房，格瓦拉曾向报界作过解释，说他作为起义军军官，月饷 125 比索（相当于 125 美元）是租不起别墅的，但哮喘病复发，为养病，才租住了别墅区管家的房子。

那是一次既平常又不寻常的晚餐。黄志良到格瓦拉家才知道，晚宴不单为款待中国朋友，同时也是给即将返回阿根廷的老母亲饯行。由于家里没有保姆，招待客人时，都是格瓦拉的妻子在忙里忙外。

老夫人塞莉亚出身阿根廷名门，气度不凡，但 50 岁出头就已双鬓斑白。卢绪章问她多久没见到儿子了，想不想念？

"六年没有见到这个儿子了，哪能不想念？"塞莉亚说，1953 年 7 月，她和丈夫在布宜诺斯艾利斯火车站送儿子远行时，他还是个毛头小伙子，现在变得成熟了。

格瓦拉是长子，生于富裕、民主的阿根廷贵族之家，受的是精英教育。成为医学系学生后，他骑上摩托穿越拉丁美洲，走了一万三千公里。目睹了无处不在的贫穷，"我，不再是我"，他决心弃医从军，进行世界革命。在这个信仰的激励下，他于 1953 年背井离乡，介入了拉美革命。

这六年里，塞莉亚天天思念儿子，常为他的安危担惊受怕。儿子到哪里，她就关心哪里的形势，寻找报刊上的消息，直到古巴革命胜利，母子才有了短暂的团聚。

或许因为聚少离多，或许是别离后不知何时再见，老人陷入了回忆。

她说，格瓦拉自小聪明好学，两岁得了哮喘，不能正常上学，由家人为他补课。他读了大量课外读物，12 岁时就具有 18 岁青年的文化程度。

他从小爱打抱不平，也爱做那些一般孩子不敢做的危险事，为了战胜疾病，还特意参加足球、橄榄球、登山等磨炼意志的运动。

格瓦拉听到此处，亲吻母亲的手，并风趣地对客人说："她把所有好的东西都给了我，唯独这个不好。"他指了指自己的胸部，意思是说他的哮喘病。

格瓦拉的这一痼疾，使他在战斗中备受磨难，有好几次差点因此丧命。他告诉中国客人，越是战斗激烈、情况危急时，这病发作得越厉害。在那次著名的"格拉玛号"远征途中，他就哮喘大发，本应作为医生照顾别人，结果是一路上被别人照顾。

"因为他从小有病，又特别聪明，我在几个子女中最疼爱的就是埃内斯托。"听母亲如此说，格瓦拉接过话头："这么多年里，妈妈为我的毛病和安危操碎了心，而我这个狠心肠的儿子却抛下了多病的老娘浪迹天涯。按照你们中国的传统道德观念，我该算是个不孝子吧！"

黄志良被眼前的真情流露感动了。在许多人看来，格瓦拉经过长期的残酷斗争，已变成了铁石心肠的硬汉，其实，他的感情竟如此细腻。

代表团回国时，格瓦拉还特地赶到机场，送给卢绪章一支笔，请他转交中国博物馆收藏和展览。卡斯特罗就是用这支笔在古巴将 26 家美国公司收归国有的法律文件上签字的，这支笔见证了古巴和美国的决裂。

1960 年 9 月 2 日，庞炳庵作为记者，参加了在哈瓦那革命广场举行的古巴人民全国大会，距卡斯特罗只有 4 米。他清楚地记得，上百万古巴民众从四面八方涌来，场面壮观且热烈。

突然，他听到卡斯特罗大声问道："在今天这个自主自由的大会上，古巴革命政府提请古巴人民考虑，是否同意与中华人民共和国建立外交关系？"

现场顿时响起暴风雨般的呼声："同意！同意！"人们把帽子掷向空中，以此表达对中古建交的拥护。卡斯特罗旋即宣布："从这一刻开始，我们断绝与蒋介石傀儡政权的外交关系。"中古建交水到渠成，连庞炳庵在参会前都不知情。

从此，中国对地球那一端的古巴投去热烈的目光，《人民日报》经常报道古巴局势，官方杂志对古巴历史、地理和政治情况展开了全方位的普及，原本在中国鲜为人知的古巴，一时之间变得家喻户晓，"古巴西，洋基诺！"（要古巴，不要美国）的口号响彻神州大地。

切·格瓦拉就这样进入了中国人的视野，成为"英雄古巴"的代言人。据统计，从 1959 年到 1965 年，《人民日报》相关报道达 268 篇。

"最后，周总理胜利了"

有了这些铺垫，切·格瓦拉第一次访华之行就顺理成章了。

当时，古巴正受到美国的经济封锁。为解决财政问题，格瓦拉成了工作狂，他以连续工作 36 小时、午夜后召开会议、边走边吃闻名。在工业部的一次全体大会上，他说他从没上过一次夜总会，没看过一场电影，没去过一次海滩，几乎没有睡过一次好觉。他自我嘲说，"我是个土包子，不知道人民如何生活，我只知道数字、符号、图表"。即便如此，古巴经济仍每况愈下。

来中国之前，他曾多次率团出访东欧，为古巴开拓市场。如果没有社会主义国家的援助，古巴恐怕也没底气和美国彻底决裂，走上社会主义道路。

不过，1960 年 11 月初的苏联之行似乎并不顺利。他一再请苏联领导人帮助古巴建立炼钢厂，这是他们工业化最迫切需要的基础工业。可是赫鲁晓夫却一味搪塞，说古巴没有煤炭、生铁，也没有技术人员，还说即便炼出钢铁，在古巴也没什么用。格瓦拉解释说，技术人员可以训练出来，生铁、煤炭可以从墨西哥进口，可是赫鲁晓夫含糊其词，最后还是没答应。

这件事令他对苏联人怀有戒心。一次，他去苏联一位官员家里做客，那位官员拿出从法国进口的上等瓷器餐具来招待格瓦拉，结果，整整一顿饭，格瓦拉的脸上都挂着冷笑。吃罢饭，他转身对主人说："真是讽刺，我这个土包子怎么配使用这么高级的餐具？"

接下来的中国之行则要顺利得多。"那一年是中古建交第一年。古巴不仅在拉美，而且在整个西半球，是第一个同新中国建交的国家。因此，我国对格瓦拉的访问给予了高规格的接待。"曾任中国驻玻利维亚和乌拉圭大使的汤铭新参与了接待。

格瓦拉与周总理见面那天，汤铭新陪同几位古巴客人，随格瓦拉步入会场。"只见他身穿绿橄榄色军装，足蹬一双黑色军靴，留着潇洒的络腮胡须，身材魁梧，步履矫健，眉宇间透出阿根廷草原高乔人那种特有的刚毅与豪放。"

格瓦拉一边走，一边简短地问古巴青年代表团团长贡萨雷斯来中国多长时间了，有收获没有。又说："毛主席对青年有一段非常精辟生动的讲话，好像是早晨八、九点钟的太阳"，因为一时想不起原话，他转过脸问汤铭新："你知道这段话是怎么说的吗？"汤说："知道。那是 1957 年毛主席在访问苏联时，对中国留学生的一段精彩讲话。毛主席说：'世界是你们的，也是我们的，但是归根结底是你们的。你们青年人朝气蓬勃，正在兴旺时期，好像早晨八、九点钟的太阳。希望寄托在你们身上。'"格瓦拉听完后紧握汤铭新的手说："谢谢你。毛主席的话说得多好啊！"又转头让贡萨雷斯把原话记录下来，回国后在共青团好好传达。

宴会上，切·格瓦拉特意跳过翻译，用法语向周恩来提出了一个"最恳切的要求"，说他无论如何要见毛主席。

次日，这个夙愿就实现了。也许是仰慕已久，也许是"打游击的小学生见到了大师"，他竟紧张得连一句话都说不出来。还是毛泽东先拉住他的手："切，你好年轻！"他还告诉格瓦拉，曾读过他的文章《研究古巴革命思想意识的笔记》，十分赞成文章中的思想。

万里之外的毛泽东竟然细读过自己的文章，这让格瓦拉打开了话匣子。他先是赞赏中国的绿茶，说这么清香的茶叶，舒心暖胃，就像是喝到了家乡的马黛茶！毛主席幽默地回应说："你喝到家乡的茶叶味了，这说明你是真的到家了。"

谈到游击战时，格瓦拉感激地说："您革命的时候我们还没有出生呢。但是，后来我们读到了许多您的文章，受到了深刻的启发。是您的游击战思想指导我们取得了胜利。"

他甚至向毛主席诉苦，说自己作为银行总裁却没读过金融和经济学校，毛主席则指着李先念风趣回应："我们刚革命胜利的时候，也是非常缺少财政人才的。越到后来，我们越注意培养各类干部。但是，我们培养的人手，总嫌不够用。于是，我们只好抓个'大兵'来管钱。事实证明，我们这样的做法也没有什么不好。"

时任中国财政部部长的李先念戎马半生，也是半路出家搞经济的，这让格瓦拉顿时释然。

见过偶像，格瓦拉神情严肃地坐在经济谈判桌前，与李先念谈了整整十个小时。"双方商定，在1961年至1965年间，中方向古巴提供贷款6000万美元，援建一些工业项目。并在1961年购买古巴100万吨糖和5000吨镍和铜等矿产品。"汤铭新说，协议内容不仅对古巴是很大的支持，也为中国打开了在拉美的外交局面。

由于古巴在革命胜利前只发展单一作物——甘蔗，制糖业在古巴经济中举足轻重，格瓦拉专程赶往四川内江参观糖厂。为此，他先从西安飞往成都，又转乘火车前往内江，仅从成都到内江的往返，就花费了近9个小时。

1960年11月19日，王怀祖教授陪同切·格瓦拉参观国家工博会。

总理后来问到古巴对甘蔗的综合利用，如甘蔗渣造纸的情况。格瓦拉说，古巴已经可以每天生产50吨甘蔗渣造纸，现在研究加入其他原料提高纸的质量问题。毋庸讳言，古巴当时在很多方面是优于中国的。虽是走马观花，格瓦拉对中国的困难也有所耳闻。

当时参与接待，后任中国驻哥伦比亚、巴西大使的陶大钊记得，格瓦拉曾直言不讳地对总理说："古巴的生活水平比中国高。虽然中国有能力（援助古巴），但我们没有权力破坏中国人民的生活。希望我们的要求不致打乱你们的计划。古巴等一等没有关系。"

总理则耐心解释"援助"问题："我们是同一战壕的战友。你们站在反美最前线，有困难，我们应该帮助。不然，就不是革命国家了。"总理又说，"援助都是互利的，我们的援助可以帮助革命的古巴继续存在，继续斗争；革命的古巴的存在和斗争对我们就是最大的援助。"

从 11 月 18 日到 12 月 1 日，短短 15 天，格瓦拉率团走访了北京、三门峡、西安、成都、内江、武汉、上海 7 个城市。《人民日报》共发稿 35 篇，不仅对行程进行了全程跟踪报道，还全文刊载了格瓦拉的 4 篇演讲和一篇理论文章；11 月 21 日，北京举行万人欢迎集会，中央人民广播电台也做了实况转播。

格瓦拉回国后，同样不遗余力地夸赞中国，在古巴也掀起了一股"中国热"。他与周恩来的"争论"，在古巴电视台播出，几乎家喻户晓："古巴要在两国公报写上'古巴感谢中国无私援助'的字句，但周总理不同意，坚持认为各国间的援助都是相互的、互利的。""最后，周总理胜利了。"

对于中国贷款，格瓦拉希望古巴人民能还上："社会主义国家的援助，中国是最慷慨的国家之一。我们希望到时自己没有困难能够归还。毕竟'只有自己帮助自己，上帝才会帮助你'。"

除了把"不到长城非好汉"挂在嘴边，他还在光着膀子砍甘蔗时对干部说："这是我在中国受到的启发。毛主席和其他中国领导干部就参加绿化植树和建设水库的劳动。"

"甘蔗田见"

格瓦拉回国后，中国第一任驻古巴大使申健立即到哈瓦那上任。抵达那天，刚好遇到一场热带暴风雨。飞机在黑云中上下盘旋，一直难以下降，甚至不得不考虑飞往最近的美国迈阿密机场备降。

对机组来说，这个决定无可奈何，也符合国际航空界惯例。但对中国的外交官们来说，这个决定犹如五雷轰顶。中美当时还处于敌对状态，如果申大使一行先飞美国再到古巴，后果难以估量，外交官们拿出了机密文件，随时准备销毁。

不断交涉中，航油在不断消耗。机组与地面商量后，终于决定，完全听从地面雷达的指挥，实行盲降。

当飞机有惊无险地着陆后，申健大使打开舱门，看见格瓦拉一身戎装，冒雨伫立在舷梯旁。"我们绝不会让他们把中国大使送往美国"，从格瓦拉的语气看，正是他进行了干预，才使荷兰航班在哈瓦那强行着陆，避免了一场严重的外交事件。

这场虚惊奠定了中国外交官和格瓦拉的私交，也成了一种危机预演。此后，中古关系波谲云诡，格瓦拉还能力挽狂澜吗？

中国援助古巴，诚心诚意，然而古巴更要仰仗苏联支持。中苏矛盾公开化后，同时与中苏交好的古巴左右为难。1962 年的古巴导弹危机是个转折点，这场危机让年轻气盛的古巴领导人不得不承认，世界上两个超级大国（美国和苏联）都将古巴作为其全球战略的棋子。

卡斯特罗开始倒向强权，厌恶强权的格瓦拉则更能理解中国，他谴责苏联的几乎和谴责美国人一样高频。

从 1960 年到 1964 年，中古友谊看似坚不可摧。古巴人民

钦佩中国，想要了解中国，到
新华社索取介绍中国资料的群
众排成了长队，古巴的第一批
飞行员 100 多人也是在中国培
训的。那几年，中国驻古巴大
使馆几乎成了卡斯特罗兄弟、
格瓦拉等古巴高官享受美食的
"中餐馆"。

格瓦拉（左）和菲德尔·卡
斯特罗。（科尔达／摄）

　　但在私底下，夹在中苏之
间的古巴并不好受。1964 年初，
卡斯特罗对即将离任的申健大
使说："我们对中国没有怨言，但古巴的处境同中国不一样，能
活动的余地很小。"中方对此也表示谅解。

　　1964 年 10 月 15 日，赫鲁晓夫被轰下台，接着，中国爆炸
了第一颗原子弹。卡斯特罗觉得当"和事佬"的机会来了，18
日他不请自来，到中国大使馆吃饭、摸底。

　　酒过三巡之后，他请时任中国驻古巴大使王幼平传话：赫
鲁晓夫是中苏不和的根源，现在他走了，中苏就没理由再论战
了，应该和好。

　　当时，中国确有改善中苏关系的愿望，但苏联不领情。11
月，周恩来率团访苏，苏联国防部部长马利诺夫斯基对贺龙元
帅提到"中苏关系所以不好是因为赫鲁晓夫和毛泽东关系不好，
我们已经赶走了赫鲁晓夫，也该你们赶走毛泽东了，这样，我
们的关系就没有障碍了，可以回到原来的轨道上来了"。周恩

来认为马利诺夫斯基酒后吐真言，当即提出抗议，率团离席。

卡斯特罗见传话没回音，12月又安排拉美九党代表团访问中国，劝说中国向苏联让步。毛泽东接待代表团后，给出的外交政策是"豺狼当道，安问狐狸"。

中古关系微妙之际，切·格瓦拉正在成为"具有世界地位的革命政治家"。12月，他在联合国发表了长达一小时的反美演讲，接着又离开纽约前往法国巴黎，并从那里开始了为期三个月的北非之旅。

1965年2月，格瓦拉突然中断行程，匆匆来到中国。同样是热烈的群众欢迎场面，同样是隆重友好的接待礼遇，但同第一次相比，格瓦拉的这次访问，显然是冷色调的。

卡斯特罗让格瓦拉来，是劝和的最后一招，因为他认为中国人欣赏格瓦拉。但对于格瓦拉来说，这却是一个不可能完成的使命。在20世纪60年代初的中苏论战中，格瓦拉一直站在中国一边，认为中国代表了共产主义，而赫鲁晓夫代表了修正主义。

据参加那次接待的中联部干部回忆，格瓦拉在华期间面容始终严肃，拒绝了中方安排的出京参观，好像是在等走完过场。

徐贻聪作为古巴驻中国大使翻译，陪同他参观了位于北京郊区的友好人民公社。和上次一样，"格瓦拉很随和，平易近人，对中国也很友好"。

格瓦拉在中国待了七天，同刘少奇、邓小平和彭真等举行了四次会谈，但没见到毛泽东。

访华结束后，他折返非洲，参加亚非经济会议，这是他最后一次在国际舞台上露面。演讲时，格瓦拉的情绪有些失控，他质问苏联，向亚非拉国家提供援助时还要附上账单，这和资本主义有什么区别？

3月14日，格瓦拉结束了94天的四大洲之旅，回到哈瓦那，妻子阿莱伊达带着5个孩子去机场接他。可是，格瓦拉没踏入家门，就直接坐卡斯特罗的专车，来到哈瓦那郊区的一栋秘密别墅。在这里，他们长谈了近40个小时。

这次马拉松式的谈话，卡斯特罗究竟与格瓦拉说了些什么？没有人知道。

3月22日，格瓦拉参加工业部大会，一切都与往常没多大分别。会议结束后，他对大家说，"甘蔗田见"。这是格瓦拉平时最常用的告别语，因为在古巴，他每个周末都去甘蔗田义务劳动。

格瓦拉接见中国使团。

然而，世界再次听到他的消息，就是两年后从玻利维亚传来的噩耗了。多年后，王幼平大使说他忽然明白了，格瓦拉曾以一种含蓄的方式向他和中国人告别。

从1964年6月到1965年3月，王幼平大使在各种场合下共七次见到格瓦拉，最后一次是在1965年3月26日，那是格瓦拉以工业部部长身份接见中国纺织专家，王幼平以大使身份陪同。

格瓦拉只和专家象征性地谈了很短时间，却把中国大使留下来，在他办公室里长谈一个多小时，这是有点出格的。谈话中，格瓦拉还从口袋里掏出个烟嘴，说是上个月访华时，在北京买的。

种种迹象表明，格瓦拉当时在古巴领导层中的处境已经很困难，但在那次诀别式谈话中，他虽然情绪低落，不停咳嗽，却未对中国外交官披露任何内情，只是夸奖中国文化和历史，只字不提政治。

最后他告诉王大使自己很快就要到古巴东部地区去，可能会消失一阵。

"中古关系恶化，古巴领导人和中国大使会面十分敏感，接见专家只是为了避嫌，找个名义而已。"王幼平说，他是格瓦拉接见的最后一个外国使节，这应该是格瓦拉的特意安排。

4月1日，格瓦拉出走，古巴领导层对华态度也发生了180度的改变。很显然，卡斯特罗做出了选择，这让中古关系经历了二十多年的冰河期。

"我在想，革命是不朽的"

格瓦拉放弃了古巴的高官厚禄，抛下妻子和 5 个孩子，他去哪儿了？全球媒体都在竞猜：有的说他帮越南打美国；有的说他是政府内斗的牺牲品；最接近真相的原因也许是，他要去实现自己的理想。

1965 年 10 月 3 日，卡斯特罗披露了一封"告别信"。格瓦拉在信中宣布："世界的另外一些地方需要我去献出我微薄的力量。我们分别的时刻到了。"同时，他辞去了在古巴政府和共产党的所有职务，并放弃了古巴荣誉公民身份。

在给 5 个孩子的信中，格瓦拉告诉他们："你们应当永远对这个世界上任何地方发生的非正义事情产生强烈的反感，那是一个革命者最宝贵的品质。"

对卡斯特罗来说，革命已经告一段落；而对格瓦拉来说，这还只是开始。他的信念始终没有变："我怎能在别人的苦难面前转过脸去。"

这种类似夸父追日、精卫填海的精神，注定是悲剧性的。当媒体寻找他时，他本人正深入非洲刚果（金），进行着一场徒劳的革命。

在刚果，他曾通过中国驻坦桑尼亚使馆，送了一封签名信给周恩来。他在信中提出，需要一个很大的广播电台，要使整个非洲，连美洲都可以听到。游击战争怎么能用这样大的电台？这个想法显然不对头。

在刚果，格瓦拉险些丢掉性命。撤出后，他为《刚果日记》

格瓦拉战斗在刚果（金）丛林里。

写了个序，"这是一个失败的故事"，"我们无法仅凭一己之力解放一个不想战斗的国家"。

这次失败并没有打垮他，稍事休整后，他又毅然奔赴玻利维亚，尝试复制古巴以少胜多的奇迹，用"星星之火"点燃拉美大陆。

1966 年 1 月，汤铭新在哈瓦那参加了亚非拉三洲人民团结会议。卡斯特罗在闭幕词中专门讲到了格瓦拉"告别古巴"的情景。他说："格瓦拉从参加我们行列的第一天起，就时常明确地表示，当古巴斗争完成之日，他就将去另外的地方履行革命任务。我们也常向他许诺，完全忠诚地信守对格瓦拉同志的诺言。"

接着，会场宣读了格瓦拉在玻利维亚丛林写的《致世界人民的信》。格瓦拉在信中说："对一个美洲人、亚洲人，一个非洲人或一个欧洲人来说，在越南、委内瑞拉、危地马拉、老挝、几内亚、哥伦比亚或玻利维亚等现代武装斗争的舞台上献出生命，同样都是光荣而伟大的……"信刚念完，会场上又一次响起"切、切"的呼声。

人们崇拜英雄，却不知他们的英雄此刻正经受着饥饿、疾病、死亡、背叛。法国知识分子德布雷在玻利维亚同格瓦拉一起被捕，他说他们是"被丛林吃掉的"。营养不良，缺水，没有鞋子，22个人只有6条毯子，格瓦拉和其他人一直患有一种"疾病"，导致他们的手脚肿胀成"肉堆"。

比丛林更可怕的是，美国中情局和玻利维亚军政府已布下天罗地网，为了抓住格瓦拉，甚至不惜起用有"里昂屠夫"之称的纳粹战犯。在这种情况下，格瓦拉矢志战斗到最后一刻，无异于主动殉道。

参与围剿行动的中情局前特工费利克斯·罗德里格斯在76岁时说出真相：中情局希望能活捉格瓦拉以便对他进行审问，但玻利维亚政府下达了处决令。

据他回忆："10月7日，有农民告诉了他们游击队的藏身之地。玻利维亚军官加里·普拉多立即下令包围了该地区。次日早上，政府军开始缩小包围圈，并与游击队交火。在交火中，格瓦拉左腿负伤，最终被俘。"

人们记忆中那个穿着制服英姿勃发的人，"在我亲眼见到他时却落魄得像一个乞丐。他衣衫褴褛，脚上的靴子也不见踪影，一双皮鞋勉强遮住他的光脚。即使只是把他看成一个普通人，我也会为他感到难过"。

中情局早就和玻利维亚约好了秘密联络代号，其中500代表格瓦拉，600表示死亡，700表示活着。"就在我们准备对他进行审讯时，玻利维亚军方打来电话说'500、600'，这一暗号的意思是格瓦拉应被立即处决。"

在被处以极刑前，特工问他"此时此刻，你在想什么"，格瓦拉安详地回答道："我在想，革命是不朽的。"面对那位靠酒精壮胆才敢来行刑的刽子手，格瓦拉说："你是来杀人的。开枪呀！胆小鬼！"

身中九弹后，格瓦拉的遗体被运到医院洗衣房公开展示。人们聚集在他的尸体边，兴奋而又紧张地用手指戳着这位怒目圆睁的少校，以证明他真的死了。照相机记录下这一切，之后，他双手被砍，尸体不知去向。

拍照的阿尔波塔回忆说：我当时并没想把他的形象拍成基督，我只是拍摄了当时的气氛。不过，在格瓦拉的遗体周围，确有一种神圣和神话般的气氛。

历史总是充满反讽，公布格瓦拉遗照，本是用来瓦解游击队士气的。然而，照片却因酷似《基督蒙难图》，而在西方掀起了一场造神运动。最终，格瓦拉被他矢志打倒的资本主义世界塑造成"神"，一个充满叛逆精神、救世情结的神。

相对于西方的颂扬，中国的反应冷静许多。中国对古巴的报道已降温，格瓦拉的死甚至没能登上《人民日报》。

为了便于批判，《切·格瓦拉日记》在中国内部发行。手抄本意外地成了一代知识青年的精神图腾，"红色的切"是当年知青们对他的昵称。1968年，左翼风头正劲，在巴黎，在日本，

古巴首都哈瓦那的切·格瓦拉纪念广场。

"切"被带到一个个抗议现场。终究，这一切都随着时代风潮逐渐淡去。

始料未及的是，20世纪末，一连串新闻让格瓦拉又"王者归来"：他的遗骸在万人坑中被找到，运回古巴举行了隆重的国葬；他的《摩托日记》被翻译引进英语世界，畅销一时，还被改编成电影；他在刚果时的战友卡比拉，推翻了他没能推翻的军政权。

这一次，各种纪念剥离了意识形态，很多人知道他如何死去，但没人懂得他为何去死。切作为"顶流"偶像，成了时尚大牌的代言人，成了明星身上最酷的时尚符号。有人做过测算，切·格瓦拉这个IP怎么也值10亿美元。

《时代》杂志把他列入20世纪最有影响力人物名单，因为"所有这些都被烙印在那个反抗时代的思想和记忆中"。

21世纪，"切"依然在场，给消费者提供了一个"生活在别处"的秘密通道。格瓦拉怎能想到，一个立志"建立一个不用钱的社会"的人反而被金钱追捧，"屠龙之士"的形象反成了"恶龙"的配饰。人们一边纪念一边遗忘，就像很多人知道他来过中国，却不知道他为什么来。

第八章

中国的诱惑：
安东尼奥尼在中国的匆匆一瞥

杨丽娟／文

凭借《夜》《红色沙漠》和《放大》三部作品，分别斩获金熊奖、金狮奖和金棕榈奖的米开朗基罗·安东尼奥尼无疑是世界级电影大师。

他是意大利影坛最有争议的人物，以至于有人给他戴上"沉闷电影家"的帽子。他或许也是在中国知名度最高的外国导演，尽管真正看过他作品的人并不多。

1972 年春，安东尼奥尼作为官方邀请的客人来到中国。美国广播公司花费 25 万美元，购买了他此行拍摄的纪录片《中国》的首播权。1973 年 1 月，《中国》在电视上与美国人见面，并被评为 1973 年在美上映的"十佳纪录片"之一。然而，在《中国》的拍摄地，它却命途多舛。

《中国》首映整整 50 年后，重新审视"被误解的马可·波罗"的中国之行，我们看到的有幕后故事，有时代印记，有文化隔阂，还有安东尼奥尼对中国从未改变的爱与怀念。

"中国的诱惑"

"您想回中国吗？" 2004 年，在意大利费拉拉的安东尼奥尼家中，中国纪录片导演刘海平、侯宇靖夫妇这样问道。

"ANDIAMO，SUBITO！（我们一起走，赶快！）" 92 岁的安东尼奥尼只回答了两个意大利单词。1985 年，中风破坏了他大脑的文字组织和拼写中枢，此后，他只能说一些简单的词语。

语言从来不是情感交流的障碍，一张张画作中的东方韵味，书架上散落的研究《周易》和针灸的草稿，初次见面时安东尼奥尼眼中噙满的泪水，无不在告诉刘海平："中国已成为安东尼奥尼灵魂的一部分。"

去辽阔的中国看一眼，曾是安东尼奥尼的一个梦。

20 世纪 60 年代，革命热潮席卷全球，非洲掀起独立浪潮，美国民众高呼反对越战，欧洲各国因经济增长速度缓慢出现了一系列社会问题，终于引发 1968 年的法国 "五月风暴"。风起云涌的学生运动中，哲学界、电影界的欧洲左翼知识分子都站在了学生一边，而遥远的东方则成为左翼知识分子中流行的 "中国的诱惑"。

谈论中国在当时的欧洲是一件时髦事，"中国"甚至变成了一个特定的形容词。安东尼奥尼在文章中写道："我们习惯了用这个形容词，即'中国人'来称呼那些信奉毛泽东思想的积极分子，以至于我在回答问题时，常要说明我到底是在说广州的中国人，还是罗马或巴黎的'中国人'。"

然而，红色中国究竟是什么样的？"他们只能通过我们输出的少量影像来了解，因为'文革'开始后中国对西方完全封闭，就连过去与中国友好的人士也没有被邀请访问，这就造成了西方社会——特别是左翼知识界对中国的一种渴望。"北京师范大学艺术与传媒学院教授、纪录片学者张同道说。

转机发生在 1971 年，美国乒乓球选手科恩"上错车"，小小乒乓球发出"乒"的一声，全世界都听到了，中美之间关闭22 年之久的大门即将打开。美国乒乓球代表团访华后一个月，1971 年 5 月 21 日，意大利外贸部代表团访问中国，代表团成员中包括时任意大利国家电视台（RAI）文化节目负责人的弗利奥·科隆布。

与周恩来总理握手后，科隆布提议拍摄一部电影。深谙国际局势的周恩来总理对此很感兴趣。"我提名了著名导演安东尼奥尼，周恩来立刻介绍我认识文化部的一位专员，这位专员与我同回酒店商讨此事。这是一个正式合作的项目，来拍摄一部关于中国的电影。"几十年后，科隆布向刘海平夫妇回忆了当初的细节。

西方人渴望了解中国，中国也希望通过外国导演的摄影机，把中国形象传播到世界。20 世纪 70 年代，中国掀起了一个西方人来华拍摄纪录片的小高潮：除了经常与安东尼奥尼对比的伊文思拍摄的《愚公移山》，还有 1971 年比利时记者亨利·华纳和杰拉尔·瓦莱拍摄的《中国 1971》、1974 年美国记者欧文·德拉宁拍摄的《上海》、两位美国导演谢莉·玛克莱娜和克罗迪亚·维尔记录一个美国妇女团体中国之旅的《半边天》、唐纳德·麦克威廉姆斯记录 1972 年加拿大中学生访华的《中国印象》等。而在众多的纪录片中，影响广泛且争议最大的，便是安东尼奥尼的《中国》。

1972 年 2 月，安东尼奥尼接到意大利国家电视台的邀请，他兴奋地同意了。按科隆布的说法，他和安东尼奥尼是好兄弟，非常好的朋友。更重要的是，"在职业领域，他是一位伟大的导演，全世界都知道他"。

1960 年，他自编自导的悬疑片《奇遇》获第 13 届戛纳电影节评审团奖；1961 年，《夜》获第 11 届柏林电影节金熊奖；1964 年，《红色沙漠》获第 29 届威尼斯电影节金狮奖；1967 年，《放大》获第 20 届戛纳电影节金棕榈奖。而在纪录片领域，早在 1948 年，纪录短片《城市清洁工》已经摘得当年意大利电影新闻记者协会银丝带奖。

今天，即便是不熟悉世界电影史的读者，应该也明白这串奖项的分量。不过，在 1972 年的中国，安东尼奥尼只是一个陌生的名字。直到 20 世纪八九十年代，他的那些经典艺术电影才以录像带和盗版 VCD 的形式，在文艺青年中流传。

在中央人民广播电台原台长杨正泉的回忆中，意大利国家电视台向我国外交部新闻司发函时，特意说明将由著名导演安东尼奥尼执导。为此，外交部让我国驻意大利大使馆了解情况，提出意见，后经广播局军管小组分管宣传与外事的副组长戴征远和外交部的姬鹏飞、乔冠华同意批准。

"请安东尼奥尼执导，因为他是意大利共产党，在政治上是可靠的。"与意大利人科隆布相比，张同道显然更懂得 1972 年的中国。

其实，不仅是安东尼奥尼，就连担任《中国》助理导演的恩丽卡，中学时学的也是共产主义思想、毛泽东思想，在河南拍摄时，她胸前还佩戴着意大利共产党的徽章。恩丽卡当时年仅20岁，正与60岁的安东尼奥尼沉浸在"忘年恋"中，从中国回到意大利后，两人结为连理。中国之行仿佛他们的蜜月，彼时安东尼奥尼肯定没有料到后来的"苦涩"与"痛苦"。

晚年的安东尼奥尼失去了大部分语言和书写能力，恩丽卡成了他离不开的工作和生活助理。正是在她和众多友人的帮助下，刘海平夫妇记录了对中国依旧一往情深的安东尼奥尼，追寻到了纪录片《中国》幕后的许多故事。

"你们让我自己看"

在刘海平的镜头前，恩丽卡这样讲述她对中国的向往："中国是那个时代学生们的梦想，我就是当时其中的一个女学生，是个女战斗者。"恩丽卡读过毛泽东的著作，看过介绍中国的旅行书，但她从没想过能去中国，直到1972年1月认识安东尼奥尼，"命运安排我去中国"。

从2月到5月，安东尼奥尼花费了三个月时间，同中国官方和意大利国家电视台讨论行程。在寄往北京的"意向书"中，他写道："我计划关注人的关系和举止，把人、家庭和群体生活作为记录的目标。"

关注人的关系和举止，在安东尼奥尼早期的纪录片中就有迹可循。1912年9月29日，安东尼奥尼出生在一个叫费拉拉的小城。费拉拉位于意大利北部的波河平原，在不远处的波河岸上，意大利著名电影导演维斯康蒂拍摄了新现实主义电影的开山之作《沉沦》。两年后，同样在波河，安东尼奥尼拍摄了

他独立执导的第一部电影《波河上的人们》。这部 9 分钟长的
纪录片，记录了波河上渔民的粗粝生活。晒被子的男人望向波
河，暴雨欲来，抱着孩子的女人回到屋棚……这些影像处处
显露着新现实主义的风格。谈及《波河上的人们》，安东尼奥
尼曾说："之前的纪录片从不关注普通的人。"他的第二部作
品——纪录短片《城市清洁工》，同样将镜头对准普通人，记
录了罗马清洁工的一天。

　　安东尼奥尼的摄影机从意大利进入中国前，他选择了一个
出人意料的摄影师——卢奇亚诺。卢奇亚诺得到邀约，是在出
发前一星期。他从电影院回家时，家里人告诉他，安东尼奥尼
打来了电话。卢奇亚诺不敢相信，在他眼中，"安东尼奥尼在当
时的电影界就像个上帝"，而自己虽然已经拍了 15 部电影，但

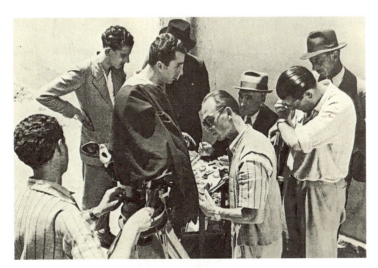

《波河上的人们》拍摄现场。

都是小制作，比他有名的摄影师有很多。卢奇亚诺唯一的名气，大概是他拍摄的一部关于罗马郊区一所学校的影片。在这部影片中，他没有像通常那样把摄影机固定在脚架上，而是全程手持机器拍摄，为的是像布列松那样，出门总带着莱卡小相机，以拍到现实。

不知安东尼奥尼是否听说了这部"手持机器拍摄"的影片，但《中国》呈现的"现实"显然与那个时代的中国纪录片大相径庭。"我们当时的纪录片叫'形象化政论'，纪录片被看作是报纸的兄弟，就像报纸的社论一样，只不过它是用影像。"张同道说，这与安东尼奥尼他们在一旁冷静观察的创作手法完全不同。

"那一年，领导关照，安东尼奥尼是意大利的著名导演，在国际上也是很出名的，而且这批外宾又是周恩来总理请来的，所以要我们不卑不亢，有礼有节，通过他，把我们好的东西宣传给全世界。"朱黔生是上海电视台原资深记者，摄制组在上海拍摄时，他是中方陪同人员。

安东尼奥尼也许没有意识到双方认知的错位。1972 年 5 月 13 日，安东尼奥尼一行到达中国。和那个年代的很多国际友人一样，他们先飞到中国香港，然后改乘小火车抵达罗湖。在火车上，摄影师卢奇亚诺看到了短途旅行的中国人，"有鸡笼、鸡、大包小包，人们很单纯"。看到五星红旗时，他扛起机器，装上胶片，准备开拍，安东尼奥尼阻止了他："我们先理解，然后再拍。"

从广州飞到北京的摄制组只有 5 个人，除了导演、助理导演和摄影师，还有一位负责充电池和录音的摄影助理、一位意大利随行记者。数量更多的是摄影器材，电池、灯之类的，从飞机上运下来，足足装满了一卡车。这些跨越千山万水而来的摄影器材，很多都没用上，因为摄制组原打算拍摄半年，实际只拍摄了 22 天。

来中国前，安东尼奥尼对中国的想象带着浪漫的童话色彩："黄河，有很多盐，家和路都是用盐做成的，一片雪白的蓝色沙漠，还有其他沙漠，动物形状的山峰，穿着童话般服装的农民。"一行人在首都机场降落时，安东尼奥尼看到舷窗外出现了想象中的中国：停机坪上正在举行一个盛大的欢迎仪式，男孩女孩们穿着鲜艳的服装，又唱又跳，有飘带，有红旗……后来，他们才意识到，这个仪式并非为了摄制组，而是在欢迎索马里元首西亚德。

童话色彩仅仅出现在飞机抵达北京的那一刻。随后，摄制组住进新侨饭店，负责接待他们的是中央广播事业局国际联络部的几位工作人员。双方在房间内讨论拍摄计划，三天的讨论中，安东尼奥尼一直坐在房间靠墙的沙发上。面对茶几和一个女孩不断加水的茶杯，他觉得"房间中央空荡荡的，大得让我们感到不适，仿佛分隔中国和意大利的那一万公里全都集中在那里。"打开一张中国地图，上面标注了安东尼奥尼理想的旅行线路，这个方案毫无疑问被否决。最终定下的路线被"严格规定"，五个拍摄地点分别是北京、上海、苏州、南京和林县，其中林县还是安东尼奥尼争取到的。

讨论拍摄计划的每一天，安东尼奥尼只想从宾馆里出去，亲自看一看，到处走一走。时任意大利驻华大使孟凯蒂曾回忆，在北京，他想向安东尼奥尼介绍中国，大师马上制止："每个人都有他自己的中国，加注了个人色彩，不是历史。历史，我已读过，但要理解需要很多年。我没有兴趣听别人阐述中国，你们让我自己看而不加任何人的色彩。"

"我们只是看了它一眼"

安东尼奥尼在中国待了一个多月，正式拍摄只有 22 天。根据张同道拍摄纪录片的经验，"22 天连前期调研都没做完，何况还是个陌生的国家"。

回忆在中国的拍摄，安东尼奥尼也坦承，"我们只是看了它一眼"，时间"只允许我快速地一瞥，像游客一样，我看到的东西是以旅行者的眼光"。但他又什么都想拍，因此，不得不打破平时的工作习惯，一天拍八十个镜头。正常情况下，他每天只拍两三个镜头。

匆匆一瞥，安东尼奥尼却如同发现了"另一个世界"。在北京，人们下班后，并不是跑回家，而是留在工厂的院子中，围成一圈坐下来，讨论工作中的问题。安东尼奥尼判断，"这不是经过安排的场面"，"任何看电影的人都会注意到，那些讨论和阅读报纸的姑娘们脸上不是完成任务的表情，而是真正的、诚恳的、混合着乐趣的表情"。

他还注意到，每个人都接受分配给他们的工作，即使这份工作很辛苦，他们仍平静地接受，认为是在做对集体有益的事情，这是在今日中国人身上扎了根的感情。"中国人所具有的那种社会团体感，是我在世界其他任何地方都没有遇到过的。"

在大街小巷中穿行，安东尼奥尼惊讶地发现，人们"生活上的平等，跟我们那边很不一样，这里看上去既不焦虑，又不着急"。他说，"人民是让我最为感动的"，"他们的单纯、他们的诚实和他们之间的互相尊重打动了我"。

在街上，很少看到穿制服的警察，每个街道维持秩序的几乎全是妇女。一旦有事发生，她们马上就冒出来，有效地维持秩序。安东尼奥尼写道："她们得到尊重和听从，她们代表了权力，但采用的是种不张扬的方式，总之与我们大不相同，在我们这里，就是交警也会自以为是地认为制服给了他们无上的权力。"

一个小故事让安东尼奥尼"耿耿于怀"。在苏州时，他想拍一个婚礼，翻译告诉他那几天没有人结婚。他说："只要一个男孩和一个女孩，我们就能虚构出一个婚礼的场面。"但翻译重复说，那几天苏州没有人结婚。来自意大利的导演似乎无法理解，又说只要他们假装结婚就行。最后翻译告诉他，如果他们不结婚，却要假装结婚，那是不对的。

初到北京，安东尼奥尼和摄影师卢奇亚诺就发现，"这个城市有严谨的习惯，它苏醒得很早，北京和中国人都非常勤劳"。通常，摄制组的工作从上午九十点钟开始，但一大早，卢奇亚诺透过宾馆的窗户，看到外面有一群人在跳舞、运动，实际是练太极拳、做广播体操，他觉得太美了。于是，一天早上5点，正式开拍前，卢奇亚诺带着摄影助理出门，在一个小广场旁开始拍摄。拍到八点半，广场上的人群散去，卢奇亚诺突然看见一辆自行车正飞奔着。骑车的人一边骑得飞快，一边打着太极拳，他拎起机器就拍。回到罗马整理素材时，安东尼奥尼惊讶地发现了这部分内容，这才有了《中国》里那个长达17秒的精彩长镜头。

"影像有些晃动，因为我没时间考虑，看到就马上拍，就是用这种方式，我们拍摄了中国。"在卢奇亚诺的回忆中，拍摄有时很自由，并没有被完全限制，他们得到的也有破格支持和优待。

平时，供摄制组使用的是一辆面包车，但有时他们需要用移动镜头拍摄街景，面包车不适用。摄制组请求能否使用一辆敞篷车，于是，周恩来总理将自己的红旗敞篷车借给他们当摄影车。

从北京到河南，摄制组乘坐的是火车后面挂着的一节专用车厢。夜晚，火车行驶在中国大地上，安东尼奥尼和卢奇亚诺很好奇，想同翻译聊一聊正在发生的"文革"，翻译并不情愿回答。

在上海，有一个豪华宴会欢迎摄制组。精心烹制的中国菜惊艳了卢奇亚诺："厅堂里有一条大鱼，挨着我们，都被切成小方块，但都连着筋。我们不知道它是怎样做成的，我们做不来。每个人用筷子夹一小块儿，鱼有两米长，非常好吃。"

卢奇亚诺将好吃的中国菜称为"伟大的发明"和"一个重大的发现"，他的另一个重大发现是中药和中医。在一个小村庄，他看到医生正在给一位老太太拔火罐，卢奇亚诺好奇

《中国》摄制组。

摄制组正在用敞篷车拍摄街景。

地问药在哪儿，医生推开门，后面有一片菜园，种了很多植物，都带着小卡片，医生指着植物一一介绍："这是阿司匹林，这是……"

　　看过《中国》的观众更容易记得的，是在北京一家医院拍摄的针刺麻醉剖宫产手术。特写镜头贴近产妇的大肚子，拍下了细针插入皮肉的场景。"第一道解剖刀割下，我就畏缩，在那一系列连续镜头期间多次把目光移开。"1974 年，美国文艺批评家苏珊·桑塔格在巴黎看了《中国》，对这个镜头如此表述。卢奇亚诺拍摄时也感觉不可思议，刚开始，他闭着一只眼睛，拍着拍着，吓得两只眼睛都闭上了，以至于镜头长时间地一动不动，拍出的画面仿佛科教片。

　　虽然害怕，但卢奇亚诺仍注意到，产妇还在交谈，很平静。在《中国》的成片中，旁白这样解释针刺麻醉："这种方法很简单，无需昂贵仪器。它建立的是种更直接的富有人性的医患关系。谁都能学针灸，能用它，就是在偏远的地区，就是那些赤脚医生都会针灸，而他们是农业中国的医学脊梁。今天尽管西方科学家持怀疑态度，但是在中国做的 75% 的手术，在对病人进行初级麻醉时用的就是这些细针。"

"不想改变什么，我们想做见证"

　　中国传统医学所蕴含的东方力量，征服了安东尼奥尼和卢奇亚诺。然而，更多的时候，安东尼奥尼的拍摄方式令那个年代的中国人费解：从天安门广场到红旗渠，从南京长江大桥到上海外滩，他总是把镜头对准人们的面孔、衣着和言谈举止，而那些展现成就的地标建筑和风景，仅仅作为人的背景出现。

作为受邀访华的左翼国际名人，被中国领导人接见似乎是"程式化"流程，但安东尼奥尼是个例外。卢奇亚诺说："他对大街上生活着的人感兴趣。"

把中国人作为影片的主角，是安东尼奥尼到达中国后马上做出的选择。他对中国的第一印象就是"十几个穿蓝衣服的工人"，他们头上戴着红帽子，在罗湖口岸，正从一节车厢卸货。抵达北京后，他询问工作人员，什么最显著地体现了解放后中国的变化？工作人员的回答是"人"。他以为这与自己的想法不谋而合。

5月18日，正式拍摄的第一天，安东尼奥尼把镜头对准了天安门广场上排队等待拍照留念的人群，长距变焦镜头把人们好奇而害羞的面孔和表情捕捉成特写，占满大半个银幕。

在王府井储蓄所，他们匆匆爬上顶楼，又到二楼的北窗口，观察一番后都不满意，最后选择了一间办公室的东窗，拍摄街景。刘海平说，安东尼奥尼把东窗窗帘拉上，掏出小剪刀，把窗帘剪了两个三十厘米长的口子，然后把摄影机镜头从口子伸出去，拍摄到了坐在路边吃冰棍的妇女和男人、扒着卖冰棍的车子专注"研究"的孩子，整整拍摄了三个小时。安东尼奥尼躲在窗帘后面，一边拍一边自言自语："中国人万万想不到我在这里给他们拍影片。"《中国》的旁白道出了他这样拍摄的目的："为了能捕捉到它的日常生活，我们得把摄影机藏起来。"

安东尼奥尼喜欢用突击访问的方式获得想要的镜头。在北京西城区大乘胡同，本来说要来拍，后来又说不来了，不一会儿又出其不意地闯进胡同的一个院子进行拍摄，把一家小厨房摄入他的镜头。

在国棉三厂参观工厂的家属宿舍时，安东尼奥尼走进一户人家，发现"太干净了"，不拍；换了另一家，看到"有沙发"，也不拍；走进第三家，厨房的案板上放着一个空酱油瓶和一小块肉，他立刻告诉摄影师："赶紧拍，一会儿他们就收起来了。"

这种"突袭式"的拍摄，与伊文思和罗丽丹拍摄《愚公移山》恰恰相反，后者习惯先与拍摄对象熟悉，交朋友，消除他们面对镜头的紧张感。

安东尼奥尼最广为人知的"突击访问"，发生在林县。林县，即今天的河南省林州市。10 万中国人劈山开渠修建而成的人造天河红旗渠，让这个小地方成了 20 世纪 70 年代接待外宾的热门地点。林县住宿条件最好的第四招待所，仅在 1972 年 5 月就接待了七批外国客人。

时任第四招待所所长的田永昌记得，5 月 28 日上午 11 点多，安东尼奥尼和摄制组住进了招待所，住了三晚，在林县待了四天。摄制组经常回来很晚，如果他们有空，招待所就在会议室给客人放纪录片《红旗渠》。《红旗渠》接待过美国总统尼克松，曾被邓小平带到联合国，被阿尔及利亚总统要了五个拷贝，说要让国民学习中国人。但在安东尼奥尼的《中国》里，红旗渠只是一闪而过，他更感兴趣的是未经安排的中国人。

在红旗渠附近的北小庄村，安东尼奥尼发现了感兴趣的东西——石头垒的房子，计划次日来拍。不料，第二天整个村庄都变了模样，原来，陪同官员觉得不好看，派人连夜用白石灰把老墙粉刷一新。安东尼奥尼放弃了在北小庄村的拍摄。后来回忆这段经历时，摄影师卢奇亚诺说："我们不想改变什么，我们想做见证，成为 1972 年中国的见证人。"

穿过林县的一个村庄时，安东尼奥尼被一群略显神秘的人吸引，他想下车，但司机假装没听见，安东尼奥尼直接打开车门，司机不得不停了下来。陪同人员告诉安东尼奥尼："您真要拍，是吗？那就可以……但是会让我们不高兴。"摄制组就这样拍到了农民自发的农贸市场——农民们在那里私下买卖自家富余的东西，一头猪、一顶草帽、一把锄头……这在当时的中国并没有被公开许可。

大菜园村是事先安排好的拍摄点，原村支书马雍喜也跟安东尼奥尼吵了一架。当时，摄制组要拍村里的小学，有个学生赤着脊梁，流着鼻涕，趴在一堆土砖上，安东尼奥尼拍了，马雍喜觉得不好，安东尼奥尼回答："我尊重你的建议，现在只是取镜头，回去后还要剪辑的。"

5 月 30 日，安东尼奥尼没预先打招呼，就进入了山上的任村，把摄影机对准那里的村民。面对外国人的镜头，任村村民长时间地站在路边墙角，盯着摄影机几乎一动不动。安东尼奥尼甚至追拍了一个上厕所的村民，镜头对着简陋的厕所门等了许久，直到男人出来……这组画面出现在纪录片《中国》中，旁白念道："村长很不情愿地让我们进村，他忧心忡忡地走在我们前面……这些中国人从没见过一个西方人，他们走到门口，既惊讶，又害羞和好奇……村长希望我们看见的一切都井井有条，他向村民解释，我们是谁，想干什么，在我们停留的时间中，他向衣着破烂的妇女及老人示意，让他们藏起来。"

几十年后，当刘海平夫妇循着安东尼奥尼的脚步找到林县，第一次看到纪录片《中国》的马雍喜发现，安东尼奥尼的确没有把流鼻涕的学生放进影片。他说，想告诉安东尼奥尼，大菜园村变化非常大："1972年时全村人均收入100元，20世纪80年代初人均收入200多元，2007年达到了6000多元。现在，村里家家是楼房，有近百辆小轿车。"而亲历此事的任村村民还有点愤愤不平："没有拍你的积极面，光拍了你的消极面，作为老百姓，就是说你不是个好人。"

对此，纪录片学者张同道认为："我们不能说安东尼奥尼主观上带有多么深刻的恶意，但他确实对我们的文化不了解。"在《中国》的第三部分，为了表明他们在中国只是匆匆一瞥，安东尼奥尼引用一句中国谚语，结束了旁白："中国在开放它的大门，但它仍然是一个遥远的、基本上不为人所知的国度。我们只是看了它一眼，古老的中国有这么一句谚语，画虎画皮难画骨，知人知面不知心。"显然，他并没有真正理解这句谚语的含义，至少没有弄清它的感情色彩。这种文化的隔阂，为纪录片后来卷入的风波埋下了伏笔。

"气死安东尼奥尼"

1973年1月，三个半小时的纪录片《中国》在美国广播公

1972年安东尼奥尼镜头中的河南农民。

2007年，刘海平和侯宇靖循着安东尼奥尼的脚步，找到了当年入镜的农民。

司（ABC）电视台首播。为了购进该片的首播权，美国广播公司花了25万美元。该片被评为1973年在美播出的"十佳纪录片"之一。与此同时，在意大利罗马举行的《中国》首映式也产生轰动，受到热烈追捧。安东尼奥尼在首映式上发言："对于中国，我尊重，然后热爱。"

然而，这部"安东尼奥尼式"的纪录片在中国却命途多舛，习惯观看"形象化政论"的中国观众并不欣赏《中国》，"我们的客人"安东尼奥尼一下子成为众矢之的。

1973年底，影片《中国》已经引起了国内的注意。12月13日，中国外交部向安东尼奥尼提出抗议，表示"遗憾"。不巧，赶上"批林批孔"，安东尼奥尼的名字同孔子、贝多芬放在一起，《中国》被卷入了政治旋涡。

安东尼奥尼成了在中国最广为人知的国际电影导演。从乡村百姓到城市孩童，无人不知他的大名，尽管没有多少人看过他的电影，包括《中国》。当时有一首流行的儿歌唱道："红小兵，志气高，要把社会主义建设好。学马列，批林彪，从小革命劲头高。红领巾，胸前飘，听党指示跟党跑。气死安东尼奥尼，五洲四海红旗飘。"1974年，批判安东尼奥尼的文章被结集出版，书名掷地有声，为《中国人民不可侮》，作者来自"全国各条战线"。

而在国外，时任中国驻联邦德国大使的王殊，一天突然接到紧急通知：如果当地电视台和电影院放映《中国》，使馆要由大使出面进行严正交涉。王殊敏锐地察觉到，这次情况非同一般：过去也有过交涉影片的事，都是由文化处的同志同有关单位进行交涉，这次却规定由大使出面。和同事观看这部影片后，王殊"感到有不少我国内地的落后镜头，但都是真实的，而且不少西方记者在我国拍的影片中也常有这样的落后镜头，不知为什么这次要这样大动干戈"。当然，这些话是他后来写在回忆录中的，当时，大使只是紧张地随时关注各电视台和电影院，生怕没有及时发现动静。

没过几天，使馆有人发现西德电视一台转播了《中国》。电视一台与大使馆关系不错，台长也与王殊相熟，于是，在拜会时王殊提出了意见，但台长解释，西方电视台同中国的电视台不同，他无法干预电视台的节目，实际上拒绝了大使的交涉。尴尬的是，交涉不但没起作用，而且正好相反，电视一台把影片调整到了黄金时间。不少地方电视台也先后放映，放映前还特意说明中国使馆对此进行了交涉，影片影响反而扩大。电影院也加入播放行列，这种三个半小时的纪录片，电影院一般是不放映的，因为交涉，电影院反以此作为广告放映了纪录片，甚至放映前故意给使馆打电话，要求使馆对片子发表评论，以增加热度。

影片在国外收获的也并非只有掌声。刘海平介绍道："毛泽东思想的崇拜者认为安东尼奥尼在丑化中国，诋毁社会主义；另一部分西方人则认为他在美化中国，粉饰社会主义。"1974年的威尼斯双年展期间，两种观点的交锋达到高峰。《中国》作为展览的一部分，被安排在威尼斯一家影院上映，因遭到抗议，影片临时转移到另一家影院放映。放映结束后，安东尼奥尼走出影院，看到广场外聚集着热爱中国的意大利人，以及来自意中社团的成员。他们高呼："你拍了一部丑陋的电影！"双方甚至开始推搡追打，状况极度混乱。

"他总是怀念中国的山"

1984 年，为拍摄电影《末代皇帝》，意大利导演贝托鲁奇来到北京。来中国前，他重看了安东尼奥尼的《中国》，他说，"这部描绘中国城乡诗篇的纪录片是真正关于中国人的电影"："那是第一次我们西方人能看的一部纪录片。"

从 1984 年到 1986 年，在中国的三年，贝托鲁奇看到了翻天覆地的变化：起初他觉得中国人很严肃，着装统一，当《末代皇帝》的拍摄结束时，改变悄然发生，路上的行人笑颜如花。

中国的纪录片也在悄然变化。在中央电视台对外部门工作的电视人陈真，正在筹拍一部对外宣传中国的纪录片《中国人》，他想参考一些外国人拍中国的片子，就去电影资料馆看了安东尼奥尼的《中国》。影片冷静旁观的气质打动了他，"简直就是革命性的影响"。后来创办《东方时空》的电视人时间也谈到《中国》对他的影响，《中国》把镜头对准了普通中国人。

而在刘海平看来，"没有《中国》，我们就会失去寻找过去中国人民气质的一次宝贵机会"。正是被这一点触动，他和爱人侯宇靖一遍遍地观看《中国》，结果惊奇地发现：安东尼奥尼拍摄过的河南林县，正是侯宇靖出生的地方。她是北京女孩，但她的父亲曾是中央医疗队的医生，被派往林县进行食道癌肿

晚年的安东尼奥尼。

瘤防治。侯宇靖在林县长到了八岁，在家里的一张老照片中，母亲抱着一岁多的她，站在林县的一间红瓦房前。更巧的是，侯宇靖曾留学意大利，能讲一口流利的意大利语。

冥冥之中，一切都是最好的安排。2004 年，两人决定筹拍一系列关于意大利著名导演的纪录片，安东尼奥尼成为他们第一个拜访的拍摄对象。

在威尼斯第一次见到安东尼奥尼和夫人恩丽卡时，侯宇靖将自己儿时的照片递给安东尼奥尼，92 岁的老人情绪突然激动起来，开始哭泣。这是第一次，来自中国的导演请他讲述《中国》的故事。

恩丽卡说："他爱中国，从未改变。"失去了大部分语言和书写能力后，安东尼奥尼每天都在家画画，他的画作叫作"梦幻山峦"。他的好友、传记作者卡罗评价这些画作"带有东方韵味"。他说，有一次，看到撒丁岛的山峦，安东尼奥尼说这些景色让人想起中国，"他总是怀念中国的山"。

2004 年 11 月 25 日，"安东尼奥尼电影回顾展"在北京电影学院举行，《中国》在中国第一次公映。

尽管每次被问到"您想回中国吗？"，安东尼奥尼的回答总是"我们一起走，赶快！"，但他的身体状况已经不允许他再看中国一眼。代表安东尼奥尼出席的是卡罗，此行之后，卡罗终于明白了安东尼奥尼怀念的中国的山。

2007 年 7 月 30 日，安东尼奥尼在家中安然去世，享年94 岁。

在《中国》首映 50 年后的今天，我们可以在网上看到三个半小时的完整影片。人们能轻易地区分其中"安排"和"未经安排"的场景，有人说："在安排好的场景里中国人总是微笑着，而那些出于本能的则比较严肃，有时恼怒。"这样的说法并不新鲜，安东尼奥尼很早就回应过："是的，但不总是。如果没有'摆拍'的场景，我不相信一部纪录片更接近于现实。"他相信，人们展示五斗柜上的毛主席像和著作时，"是宣传，但不是一个谎言"。

无论如何，《中国》成了记录那个年代日常生活的珍贵历史影像。1972 年在上海拍摄外滩时，安东尼奥尼没有拍万国建筑群，而是由西向东，拍了当年差不多和地平线一般高的浦东，如今，很多反映浦东沧桑巨变的影片都会用到安东尼奥尼的浦东大全景。

从拍摄记录安东尼奥尼的那一天开始，刘海平和侯宇靖记录了与中国结缘的几代意大利电影名导的中国情缘，包括 1957 年拍摄纪录片《中国长城》的李查尼、电视剧《马可·波罗》导演蒙塔尔多、《末代皇帝》导演贝托鲁奇以及为北京奥运会拍摄短片《重聚》的托纳多雷。但刘海平还有一个愿望，安东尼奥尼为《中国》拍摄了 3 万米胶片的素材，最后剪辑成的影片只用了其中的 1 万多米，其余的素材至今仍静静地留在意大利，"如果能把这些搁置半个世纪的素材利用起来就好了"。

第九章

交响旋风：
《二泉映月》征服小泽征尔

张小英／文

2022 年 11 月 23 日，久未露面的日本指挥大师小泽征尔，再度执棒斋藤纪念管弦乐团，奏响贝多芬《艾格蒙特》序曲。直播视频由国际空间站宇航员若田光一传送入太空，实现人类第一次在太空中直播交响音乐会。

视频中，87 岁的小泽征尔形销骨立，满头白发。他围着红围巾，坐在轮椅上指挥。昔日那双魔幻动感、会"跳芭蕾"的手，已无法拿起指挥棒，只能轻微舞动。一曲终了，现场掌声经久不息，他不禁哽咽，几度拭泪。这一幕令人动容。

小泽征尔或许是中国人最熟悉的世界级指挥大师。他曾师从 20 世纪三位指挥大师——明希、卡拉扬、伯恩斯坦，是闯入西方古典乐坛少有的东方面孔。改革开放前，他给禁锢多年的中国音乐界，送来西方古典音乐的一缕春风。1979 年，作为中美建交后首位音乐使者，他率领美国波士顿交响乐团访华演出，在中华大地掀起交响旋风。此后多年，他数次来华，促进了中国与世界的音乐交流。

"我一半是中国人"

1976年，听闻"四人帮"倒台的消息，远在大洋彼岸的小泽征尔欣喜若狂。

早在十年前，他在加拿大多伦多交响乐团任音乐总监、指挥时，曾带领乐团赴英国、法国和日本巡回演出。所到之处，盛况空前。他的父亲欣慰之余，对满面春风的小泽征尔说："去中国演出吧，带我们一起回去看看。"

20世纪30年代初，小泽征尔的父亲小泽开作，在中国东北地区当牙医。1935年，小泽征尔出生于沈阳。次年，全家迁到北京，搬进新开路胡同69号院。胡同里的鸽哨声，四合院的老房子，大门口的石门墩儿……老北京的生活碎片，交织成小泽征尔一家难忘的记忆。

"我一半是中国人，一半是日本人。"小泽征尔曾在自传《指挥生涯》里称，上小学以前的所有记忆，都是对北京的印象。直到太平洋战争爆发前夕，他们全家搬离北京，回到日本东京。对于中日之间的战争，小泽征尔和家人都曾真诚地对中国道过歉，并希望重新踏上这片土地。

小泽征尔向有关部门提交了访华演出的申请。但20世纪60年代中期以后，中国与西方国家的文化交流几乎全部中断。再加上他是日本人，中日两国还没有建交，申请的结果可想而知。没过多久，小泽征尔的父亲就去世了。

1972年2月，美国总统尼克松历史性访华，实现中美"破冰"之旅。接着，中英全面建交、中日邦交正常化，中国掀起了新中国成立以来第二次建交高潮。随之而来的是中外文化交流复苏。

英国伦敦爱乐管弦乐团、维也纳爱乐交响乐团和美国费城交响乐团，世界上三个著名交响乐团于1973年相继来华演出。这是自"文革"以来，中国首次公开演出西方音乐，轰动国内外乐坛。

对中国牵挂已久的小泽征尔，当时是美国波士顿交响乐团的音乐总监。他本想借此机会，再次申请来中国。但谁也没想到，就在费城交响乐团离开中国后不久，"四人帮"在中国文艺界掀起对"无标题音乐"的批判，西方音乐再次被禁止播出和演奏。

此后几年，中国关闭了对外交流的大门，再也没有邀请国外交响乐团来华演出。直到粉碎"四人帮"，十年"文革"画上句号，中国对外交流的大门才逐渐向世界敞开。敏锐的小泽征尔第一时间看到了其中的变化。

怀着忐忑的心，小泽征尔终于通过中国人民对外友好协会的邀请，获得访华机会。当时正值"文革"后的变动期，很多错误观念还没来得及破除，"无产阶级乐队不能让资产阶级的指挥来指挥"。虽然小泽征尔已是大名鼎鼎的指挥大师，但这一次，他是以旅游者的身份来华的。

交响乐，即将管乐、弦乐等器乐组合，在一个指挥下共同演奏的艺术形式。交响乐团又称管弦乐团，起源于18世纪欧洲宫廷伴奏乐队。清末民初，交响乐传入中国。上海是中国第一个拥有交响乐团的城市，起初是由清一色的洋人乐师组成，直到 20 世纪 30 年代才出现中国乐师。

新中国成立后，与苏联等社会主义阵营国家和一些西方国家相继建交，音乐被赋予"外交先锋"的使命。周总理曾提出，要办一个国家级的交响乐团、合唱团，要办得像个样子，努力赶上世界艺术的发展。1952 年，新中国首个中央级演艺团体——中央歌舞团成立。1956 年，中央歌舞团的管弦乐队、合唱队独立出来，成立了中央乐团（今中国交响乐团），专门发展高水平的交响乐艺术。

成立不久，中央乐团就经历了反右派、"大跃进"等政治运动。在旷日持久的"土洋之争"中，乐团不敢再演西方古典名曲，"乐谱资料室"纷纷被贴上封条，一些演奏西洋乐器的乐师转行。"文革"时期，中央乐团被划归为"样板团"，主要的演出任务是"八大样板戏"之一的交响音乐《沙家浜》、著名的钢琴协奏曲《黄河》以及钢琴伴唱《红灯记》，三首曲子演了十年。

小泽征尔来华前，中国人民对外友好协会安排中央乐团元老级指挥李德伦负责接待。李德伦心有顾虑，向时任外交部顾问的廖承志征求意见："他来了要是问起'文革'这个事，我怎么跟他说啊？"一向耿直的廖承志回答："就照实说嘛！他们的消息比我们还灵通呢。"这个答复，给李德伦吃了一颗"定心丸"。

1976 年 12 月 14 日，寒风呼啸中，小泽征尔飞抵北京，李德伦在机场迎接。作为音乐同行，李德伦对这位指挥大师早有耳闻，两人一见如故。虽然母语不同，但可以用英语聊音乐、谈人生。

接下来几天，古道热肠的李德伦带着小泽征尔一起登长城，逛定陵，到东来顺吃涮羊肉。小泽征尔还带着父亲的遗像重走了儿时旧居。四合院的老房子还在，连他儿时在院内廊柱上刀刻的身高印记也历历在目。

小泽征尔还欣赏了中央乐团的排练。李德伦指挥乐队，演奏琵琶协奏曲《草原小姐妹》和交响诗《刘胡兰》等几首曲目。小泽征尔听后，称赞"中国的音准和旋律都很好"。他同时直言，乐器不好，小提琴、大提琴、黑管等都不好。

令他惊讶的是，中央乐团演奏的几首曲目中没有贝多芬、巴赫、勃拉姆斯、莫扎特等西方音乐家的作品，只有中国作曲家的音乐。当他得知，琵琶协奏曲《草原小姐妹》也是首次为外国同行演奏时，更是备受触动。

由作曲家吴祖强、王燕樵与琵琶演奏家刘德海合作的《草原小姐妹》，是中国第一部中西结合的琵琶协奏曲。创作完成后，在"文革"时期被主管文艺的最高机构"文化组"扼杀，搁置了五年，始终没有机会公演。

"中国音乐同行在极其艰苦的条件下，仍探索民族乐器的发展，还为琵琶创作出协奏曲。"小泽征尔曾在日本《朝日新闻》和《读卖新闻》刊发了对中国音乐界的观感。他称，这次到中国恰逢其时，看到了粉碎"四人帮"后，中国音乐界的新气象，是"中国乐坛重要的转机之旅"。

临别时，小泽征尔对李德伦说："我是一个东方人，可是我搞的都是西方音乐，我很惭愧。"说罢，他失声痛哭起来。他和李德伦约定：一定会再回来，带着勃拉姆斯、贝多芬回来。

指挥中央乐团

念念不忘，必有回响。1978 年，春回大地，小泽征尔被邀请再次访华。

这一次，和他一起来的不只是他的母亲和兄弟，还有他的指挥棒。他准备与中央乐团合作，为中国人民演奏两场交响音乐会。

小泽征尔设计了一套颇有心思的节目。其中有《二泉映月》《草原小姐妹》两首中央乐团的保留曲目，柏辽兹《罗马狂欢节序曲》，还有一首勃拉姆斯的《第二交响曲》和日本现代作曲家小山清茂的管弦作品《伐木歌》。

演奏勃拉姆斯的《第二交响曲》，对中央乐团来说，是一个不小的挑战。因为勃拉姆斯的交响乐比较高深，乐团在"文革"前，只演奏过勃拉姆斯的《第一交响曲》和《第四交响曲》，但从未演奏过《第二交响曲》。更何况相隔十多年，各声部对勃拉姆斯的音乐语言和风格都已生疏。

中央乐团只好临阵磨枪。按照惯例，在邀请外籍指挥来之前，乐团要先在国内指挥的训练下做好准备。此时，李德伦正在接受政治审查，时任中央乐团团长的李凌安排乐团另一名常任指挥韩中杰预排《二泉映月》和《草原小姐妹》等，勃拉姆斯的《第二交响曲》则邀请中央芭蕾舞团的首席指挥卞祖善来预排，连续排了约四个星期。

演出前五天，1978 年 6 月 11 日，小泽征尔提前到达北京。他一下飞机，就直奔中央乐团大楼，马不停蹄地展开排练。正式排练前，他要求以前演过勃拉姆斯任何管弦作品的乐师举手。结果，近 70 人中只有 3 位举手，而且都是年龄比较大的。

小泽征尔后来向日本著名作曲家武满彻描述当时情景："我所面对的，是一支有高度技巧，但又一点也不懂得怎样演奏勃拉姆斯的北京乐队。这样的乐队简直是个奇迹，世间难寻。"

而中国乐师们殷切的眼神，让小泽征尔看到，他们有一种想演奏勃拉姆斯和贝多芬的强烈欲望。"刚巧我出现在这一刻，他们的欲望和我的感受碰在一起。就这样，我享受着我的第一次，他们亦享受着演奏勃拉姆斯的第一次。"

小泽征尔对音乐精益求精。他首次指挥《草原小姐妹》这首中国乐曲，按照国际惯例，完全可以"将头脑埋在总谱里"，也就是看谱指挥。但他早上四点就起来背谱子，努力把总谱"埋在头脑里"。排练时，他不停地向刘德海请教每个音符背后的含义。

据刘德海回忆："首次排练当晚，他一次从头到尾指挥了作品，完全不用停下来。乐队成员无不诧异，结束时大伙儿都忍不住站起来给他鼓掌。翌日晚上演出时，他更背谱演出。在谱架上，摆放着他已故父亲和家人的合照。"

紧张排练一周后，演出如约而至。那个年代的演出门票，都是有组织地分配。分配对象主要有"外事部门"和音乐工作者等。很多人听说小泽征尔在北京演出，千方百计通过"关系"搞到了门票。

首场演出在民族文化宫礼堂。起初，小泽征尔在这里排练时，发现礼堂声场不好，"拢不住音"。他希望换个场地，但随行工作人员告诉他，这已经是当时北京最好的演出场所了。尽管场地条件有限，但小泽征尔热情洋溢的指挥和中央乐团精彩的演奏，似一缕春风，在长时间不能在演出场所欣赏西方古典音乐的中国人心中激起层层涟漪。每演奏完一个乐曲，礼堂内都爆发出热烈的掌声。

1978 年 6 月，小泽征尔送给姜建华的签名照。

第二场演出在首都体育馆，更是盛况空前。当时还在中央音乐学院附中上学的姜建华，非常幸运地得到一张门票。她和四位同学从学校出发，提前半个多小时到场，体育馆已经"爆满"，乌泱泱的全是人头。

演出开始，小泽征尔穿着燕尾服款款登上舞台，全场一万八千名听众热情鼓掌。中央乐团的乐师们也很激动，敲着乐器、跺着脚，欢迎这位世界级指挥大师。掌声持续了好一阵，姜建华笑着说，"震得人耳朵都疼"。

现场静下来后，小泽征尔轻盈灵活的身影，随着每一个节拍，优雅地起落。"虽然体育馆的场地比较空旷，不适合演交响乐，但他好像有一双有魔力的双手，既能在一瞬间充分调动每个乐师的情绪，又能恰如其分地平衡每个声部。"姜建华对这场演出至今难忘，"大师就是大师啊！"

"看了小泽征尔的指挥，我浑身发痒！"当时还是上海歌剧院指挥的陈燮阳，一下子被小泽征尔实力"圈粉"。偶像的力量是无穷的。1980年，陈燮阳在李凌的邀请下，也站上了交响乐指挥台，成为中央乐团的指挥。

首都体育馆位于海淀白石桥东北角，距离市区较远。当晚，为了让观众散场后早点回家，五首曲目"一气呵成"，没有中场休息。再加上6月的北京暑热难消，体育馆内没有空调之类的降温设备。结束时，小泽征尔已经大汗淋漓，浑身湿透了。

返场时，小泽征尔兴奋得像个孩子，挨个儿和中央乐团的乐师们拥抱祝贺，热泪盈眶。他把观众献上的花束举到头顶，围着舞台跑了一圈。有两三枝花掉了下来，但他全然不觉，走了一段之后才注意到，慌忙回身捡起又重举，引得全场哄堂大笑。

谢幕后，小泽征尔长舒一口气。他把湿透的衬衣和裤子，交给准备回酒店的弟弟小泽干雄，然后把自己的毛巾、牙刷、相机和三得利威士忌等装进另一个包里，兴高采烈地前往下一个目的地。

入住中央乐团家属楼

国际乐坛有一个不成文的习俗：每到一个国家演出，来访指挥会到被访客团的常任指挥家中小住几日。小泽征尔也不例外。

这次来华前，他就非常诚恳地向中方提出请求：在北京期间不住酒店，住在中央乐团的指挥家里；不用车接车送，自己骑自行车去排练场。

但国内的情况比较复杂：一方面，上次接待小泽征尔的指挥家李德伦，还在接受政治审查；另一方面，家属楼的条件不符合接待标准，之前也没有过先例。所以，文化部起初只给了比较含糊的答复。

没想到，性情直爽的小泽征尔抵京后，一下飞机就重提此事。文化部去机场接他的人，一直摇头苦笑，小泽征尔却一再坚持。于是，有关方面特批，在他访问演出的最后一晚，可以到韩中杰家里去住。

此事一定，小泽征尔兴奋不已，韩中杰却愁坏了。

当时，韩中杰一家六口，住在位于和平里的中央乐团家属楼里。两室加一个小套间，只有五十多平方米，挤得满满当当。小泽征尔来了怎么住？

韩中杰思前想后，只好把儿子赶到朋友家借住，腾出一间屋子。这样，老伴儿和两个女儿住一间，他和小泽征尔住另一间。

那个年代，大家都不富裕，家里连几件像样的家具也没有。但为了装点中国音乐家的门面，全团上下总动员。谁家沙发好，搬来；谁家茶几好，也搬来。韩中杰还从一位画家朋友家里借来几幅字画，挂在墙上，增添人文气息。

既然是同行交流，怎么也得有台像样的录音机。韩中杰又从团里借了一台索尼立体声录音机，摆在显著位置。由于小泽征尔提出想骑自行车，他又特意借来一辆崭新的飞鸽自行车，说是自己平时上班骑的。

　　家里布置妥当后，吃的问题更是棘手。那时候物资匮乏，买东西都得凭票供应。虽然是在家里接待小泽征尔，但饭菜得上档次一些。高级食材即便有钱也买不到，怎么办？

　　经过文化部有关领导的协调，北京饭店特批，为韩中杰宴请小泽征尔提供了北京烤鸭、爆炒羊肉等京城名菜，还有包饺子的原料。

　　当晚，韩中杰还邀请同住家属楼的吴祖强、杨秉荪、严良堃、刘德海和中央乐团的几位乐师来家里陪同。小泽征尔与大

1978年，小泽征尔坐在韩中杰家里借来的沙发上，与韩中杰（左）和吴祖强（右）包饺子。

家欢聚一堂,一边包饺子,一边谈音乐,笑声连连。音乐家们还专门成立了一个"饺子会",后来每次小泽征尔来华,都会见他的"饺子朋友"。

宴席上,大家频频为友谊举杯,十分愉快。小泽征尔曾兴奋地跟弟弟回忆说,他和刘德海两个人就喝光了一瓶半茅台酒,喝得酒酣耳热。夏天晚上又很热,他们就"勾肩搭背"到外面乘了好几次凉,相聊甚欢。

酒过三巡,菜过五味,众人尽兴散去。深夜,小泽征尔和韩中杰躺在小间里的两张单人床上,久久不能入睡,几乎彻夜长谈。第二天,小泽征尔很早就起床了,这是他多年来清晨读谱养成的习惯。韩中杰陪他一起吃完早饭后,在院里散步。

"走到附近幼儿园,受到园主任的热情招待。他兴致勃勃地忽而躺在小床上,忽而坐在小椅子上,还与小朋友们共进早餐、同做早操。"童心未泯的小泽征尔激动地对韩中杰说,"这一天是他最愉快的一次经历"。

听《二泉映月》潸然泪下

早在小泽征尔来北京前两周,姜建华就听说,指挥大师除了来北京演出,还会访问中国最高音乐学府——中央音乐学院。她记得,"学校里炸了锅一样,从老师到同学,无人不期待能一睹指挥大师的风采"。

中央音乐学院为此精心准备了几个节目。挑选五位技术拔尖儿的学生,给小泽征尔演奏小提琴、钢琴、黑管、琵琶和二胡。姜建华有幸被选中，演奏二胡独奏曲《二泉映月》和日本民歌《樱花》，并因此得到一张首都体育馆演出的门票。

姜建华出生在上海的一个文艺大家庭。家里从表哥到堂哥，有十四五个人拉二胡。她从小在这样的环境中耳濡目染，又跟在上海音乐学院当老师的舅舅学习二胡。13 岁时，她被中央音乐学院附中录取，从此敲开了通往世界音乐殿堂的大门。她不曾想到的是，17 岁这年，与小泽征尔结下了不解的情缘。

1978 年 6 月 17 日，期待已久的日子终于到来。中央音乐学院大门前的小广场上，站满了人。同学们手举小红旗，在校门口列队欢迎。当四五辆轿车缓缓开进鲍家街胡同，同学们立刻欢呼起来。

小泽征尔一下车，就被同学们团团围住，握手、拥抱、要签名。"他穿着白衣、白裤，头发很长，戴着一根长长的项链，就好像仙人下凡。"姜建华惊呆了，那个年代很少看到这样的造型。

热闹的欢迎仪式过后，小泽征尔被邀请到教学楼二层的小教室，欣赏同学们为他准备的几个小节目。姜建华的二胡独奏是最后一个节目，她气定神闲，丝毫不紧张，坐定之后低头演奏《二泉映月》。

《二泉映月》是无锡盲艺人阿炳创作的二胡名曲。姜建华从小就拉这首曲子，为理解曲调背后的深意，她曾专门查阅阿炳的生平资料，反复聆听 1950 年阿炳的原声录音，造访了江苏无锡惠山泉。每次演奏，她都把自己当作阿炳，如入其境，情真意切。

奏曲过半，姜建华隐约听到有人在哭泣，而且声音越来越大。演奏结束时，她抬起头一看，被吓了一跳。"我没想到，眼前这位世界级的指挥大师，被这首曲子感动得泪流满面。"姜建华说。

当她准备演奏第二首曲子时，小泽征尔一步上前激动地拥抱她。"没想到两根琴弦，就能奏出人生的喜怒哀乐。你拉的《二泉映月》让我肝肠寸

1978 年 6 月，小泽征尔在中央音乐学院，听姜建华演奏二胡独奏曲《二泉映月》时潸然泪下。

断。"小泽征尔对姜建华小小年纪就把这首曲子演绎得如此透彻赞叹不已。

姜建华受宠若惊。在她看来，"首都体育馆那场演出，中央乐团演奏的《二泉映月》非常完美，小泽先生对作品情感丰富、内在含蓄的特点把握得很好"。小泽征尔却说："如果听了这次演奏，昨天绝对不敢指挥这首曲目。因为没有理解它，没有资格指挥它。这种音乐，只应跪下来听。"

之后，"二胡把大师听哭了""二胡应该跪下来听"的故事，在中央音乐学院迅速传开。当天中午，姜建华刚到学校食堂，突然接到学校通知：吃完饭赶紧来二层教室，小泽征尔要再听

姜建华在日本演奏，小泽征尔席地而坐。

一遍《二泉映月》，这次有日本 NHK 电视台录像。

听罢，姜建华已顾不上吃饭，撂下餐具，一路小跑到琴房，拿着二胡就往教室赶。走进教室，小泽征尔正坐在那里等她，一脸笑意。NHK 电视台的摄像机也已经架好，一切准备就绪。

姜建华再次低头演奏。小泽征尔坐在不远处的钢琴旁，近距离欣赏"两根弦中国小提琴"的无穷魅力。这段录像后来被制作成纪录片，日本《朝日新闻》也在头条位置刊登了《小泽先生感动的泪》。从此，小泽征尔潸然泪下的画面传遍日本。

"这种音乐，只应跪下来听。"小泽征尔这句话广为流传，也引发了不少争议。有人甚至将其解读为"忏悔""谢罪"之意。但作为亲历者，姜建华深刻理解小泽征尔所说的"跪"，其实更类似于日本茶道中泡茶者与喝茶人正襟危坐，虔诚受教，这是超越民族的敬仰。

正如小泽征尔在一次采访中提到："不能说《二泉映月》是一首伤感、悲凉的曲子，但是我却泪流满面。它有着积极的精神，这种感觉是发自内心的，不是外露的，是一种无形之中，全人类共同的情感。"

情感的共鸣，绵绵不绝。多年后，姜建华在小泽征尔的邀请和支持下东渡日本，并在世界各地留下了二胡的回响。

中美联合演出

1979 年 1 月，时任国务院副总理的邓小平和夫人卓琳应时任美国总统卡特的邀请，赴美国访问。这是新中国成立 30 年来，首访美国的中国领导人。卡特总统在肯尼迪艺术中心为他们举行了一场盛大的文艺晚会。

晚会的最后一个节目，近 200 名肤色不同的美国小孩用中文演唱了《我爱北京天安门》。邓小平深深为之动情。一曲唱罢，他和夫人卓琳走上舞台，热情地拥抱和亲吻了美国孩子。他说，艺术是使各国人民增进了解、消除隔阂最好的办法。作为发展中美两国文化交流的步骤之一，波士顿交响乐团将于 3 月份访问中国。

当天，小泽征尔因为感冒躺在波士顿的家中休息，正好在电视上看到了这条新闻。兴奋之余，他有些担忧："我有一张东方面孔，是一位出生在中国的日本人，理应与中国有着很亲密的关系。而作为一位西方音乐的代表，我又肩负着重大的责任"。

1979 年 3 月 15 日，波士顿交响乐团乘坐一架波音 747，飞越太平洋，抵达上海。据时任波士顿交响乐团助理经理的彼得·盖波回忆，这是第一架飞往中国的波音 747。由于机身太高，当时不得不提前从香港用火车把舷梯运到上海，乐团才得以下了飞机。

对绝大多数美国乐师来说，这是他们第一次来中国。中国人"巨大的热情"令他们印象深刻。时任波士顿低音提琴副首席的劳伦斯·沃尔夫记得："无论走到哪里都有人欢迎我们。当时我们很难用语言沟通，但只要我演示了动作，我们就能彼此理解"。

为期一周的巡演被安排得满满当当。在上海的第一天，波士顿交响乐团与上海音乐学院的师生们进行了交流，下午又与上海交响乐团切磋排练，晚上在市政府礼堂举办了一场音乐会；第二天，波士顿交响乐团马不停蹄地飞往北京，准备三场音乐会。

虽然距离第二次访华只有短短几个月，但小泽征尔还是看到了变化。这次有了新的演出场地——红塔礼堂。

始建于 1953 年的红塔礼堂，也叫计委礼堂，是国家计划委员会（今国家发展和改革委员会）内部开会、放电影的礼堂。1976 年唐山大地震时，礼堂内部结构被震坏，北京市建筑设计院对其进行了翻修加固。

由于当时北京缺少专业音乐厅，曾参与过人民大会堂声学设计的建筑声学专家项端祈，就将红塔礼堂设计成为一个以音乐演奏为主的多功能厅堂。1978 年，焕然一新的红塔礼堂投入使用，其音质设计广受业界好评。

红塔礼堂原经理杨荣欣，当年还是 20 多岁的小伙子，是礼堂的工作人员。他记得，小泽征尔来红塔礼堂"踩点"时，环顾四周，吼了一声，悠悠的回声徐徐传来。小泽征尔非常满意，当场就决定在此地演出。

不过，小泽征尔发现，剧场的座椅都是木制的，中间的转轴为金属。整个剧场有 2000 多个座位，观众一起一落会制造很大声响。为了不影响演出，杨荣欣等工作人员就对每张座椅动了"手术"，给金属转轴套上塑料壳。由于木椅特别窄，工作人员还拆掉了前两排座椅，为即将出席音乐会的邓小平、宋庆龄准备了沙发。

首场演出当天，宋庆龄身体抱恙，医生叮嘱她要静养，但她执意要来观看波士顿交响乐团的演出。在几个人搀扶下，她走进红塔礼堂，和邓小平一起见证了首场中美合演。波士顿交响乐团大提琴乐师海尔曼曾回忆："当我得悉邓小平先生和宋庆龄女士到场观赏演出，我的心跳突然加快，演奏的时候手抖得厉害。演出结束时，我留意到邓先生向我致以微笑，这才放下心头大石！"

邓小平在中场休息的酒会上，向波士顿的客人们坦露，自己对音乐认识不多，但喜欢任何促进友谊的音乐。这种谦恭务实的谈吐，给波士顿的客人们留下深刻印象。演出结束后，邓小平和宋庆龄走到舞台上，与小泽征尔和中美乐师们亲切握手，祝贺他们演出成功。

在红塔礼堂举办了两场音乐会后，波士顿交响乐团和中央乐团又联合在首都体育馆演出了一场。音乐评论家卜大炜，当时是中央歌剧院年轻的中提琴演奏员，他清楚地记得，"这场演出堪称全国古典音乐工作者的大聚会，许多人甚至抱着总谱来看排练和演出"。

演出开始前，中美两国的乐师进行了联欢。虽然语言不通，但并不妨碍大家切磋技艺。"那时的中国与西方音乐界隔绝多年，他们的演奏方式令我们耳目一新。波士顿交响乐团的乐手们也是有备而来，琴弦、哨片、号嘴，甚至一摞一摞的乐谱慷慨相赠。"卜大炜至今感慨："这在资料匮乏的当年，可谓雪中送炭！"

这场演出最令人难忘的是，波士顿交响乐团和中央乐团全体 217 位乐师在小泽征尔的指挥下，合演贝多芬《命运交响曲》以及加演《星条旗永不落》。每对中美乐师共用一个谱架，给全场一万八千名观众带来极震撼的视听效果。

当音乐会最后一个音符消失，全场掌声雷动。从成都赶到北京观看演出的指挥林亦民，形容那份涌自内心深处的欣喜若狂，"只有用唐诗中的名句'忽如一夜春风来，千树万树梨花开'才可形容一二"。

卜大炜看了波士顿交响乐团乐师的演奏状态和方法，有一种突然"开窍"的感觉。后来练琴时，家里人都听出来了。他说："小泽征尔与波士顿交响乐团的艺术水准自然无需赘言，但他们没有以师长自居，也没有西方文化至上的态度，却让我们从他们的演奏中得到了深深的启迪。"

中央电视台转播了这场音乐会实况。小泽征尔一头雄狮般的长发，动感十足的"大动作"指挥，连同他的名字，深深地烙刻在中国人的脑海中。之后，凡是谈起古典音乐，很多人都知道日本有一个头发蓬松的指挥大师。中国指挥也

1979 年 3 月，小泽征尔（中）率波士顿交响乐团与中央乐团在首都体育馆进行联合演出。

竞相模仿他的指挥动作，用李德伦的话来说，"中国学指挥的个个像他，一上台一个小泽"。

而最让小泽征尔有成就感的是，他这位日本人作为中间人，把中美两个国家紧紧连接在一起。"这些乐师的所属国家曾经互相有矛盾，然而他们却坐在一起奏乐，简直像做梦一样。"

和两年前相比，小泽征尔还明显感觉到，"中国交响乐有了很大的进步。中国音乐家的内心产生了新的东西，有了新的变化"。这些变化只是开始。

中国音乐走向世界

奥地利作曲家马勒曾说："音乐中最好的东西，在音符里是找不到的。"

中国音乐深深拨动了小泽征尔的心弦，他希望，中国音乐家能走出国门，走向世界舞台。于是，在波士顿交响乐团访华演出结束后，他邀请中央乐团钢琴家刘诗昆和琵琶演奏家刘德海随团赴美。

刘诗昆和刘德海因此成为中美建交后，首次访问波士顿的中国音乐家。当地报纸在头版头条位置刊登了他们的大幅照片和新闻，电视台转播了他们到达的实况，他们将和波士顿交响乐团合办音乐会的海报贴遍全城，三场音乐会的门票在他们到达波士顿之前就被抢购一空。

1979 年 3 月 23 日，刘诗昆和刘德海在波士顿音乐厅，分别重演了在北京演出的李斯特《第一钢琴协奏曲》和琵琶协奏曲《草原小姐妹》。演出结束后，很多美国听众拥向后台，向两位中国音乐家献花、祝贺。波士顿音乐学院的一位音乐家认为刘诗昆的演奏"完全是世界一流的水平"。大多数美国听众第一次听到琵琶，称赞"非常富有诗意""实在令人赞叹"。

刘诗昆、刘德海在波士顿逗留了短短 12 天，却深深感受到了美国人民的热情。波士顿电视台两次邀请他们与电视观众见面，请他们介绍中国音乐。哈佛大学师生代表组织座谈会，邀请他们介绍中国的情况。荷兰飞利浦唱片公司还把他们这次合作演出的曲目录制成唱片，全球发行，后来成为销量最多的古典音乐金唱片之一。

此后不久，1980 年盛夏，小泽征尔又邀请姜建华、刘德海、韩中杰和扬琴演奏家黄河，赴美参加坦格伍德音乐节（Tanglewood Music Festival），与美国波士顿交响乐团、旧金山交响乐团合作演出。

坦格伍德是美国东海岸一处著名的音乐演出场地。这里一年一度的音乐节，是美国顶尖的音乐节之一。每到夏季演出季，成千上万个音乐爱好者都汇集到这里，接受音乐的洗礼。

参加坦格伍德音乐节，对四位中国音乐家来说都是第一次。大家都很激动："中国乐器终于能走上世界舞台，与世界一流的乐队合作了。"到坦格伍德之后，小泽征尔亲自接机。"他给我们四个人租了一套大别墅，还请了一位司机专门接送，一位厨师给我们做饭，非常热情。"姜建华说。

音乐会上，小泽征尔和韩中杰联袂执棒，为美国乐迷献上音乐盛宴。刘德海演奏的琵琶与管弦乐《春江花月夜》，姜建华的二胡独奏《江河水》……中国音乐独特的音色和旋律，让听惯了西洋乐的美国乐迷为之倾倒。此起彼伏的掌声一浪高过一浪。

美国媒体对中国音乐家的演奏好评如潮。《纽约时报》艺术评论家哈罗德·勋伯格称赞姜建华的二胡独奏，就像如诉如泣的歌唱，运弓千变万化；刘德海的手指，如同机关枪飞快而匀称；黄河的演奏技巧无懈可击，并称誉他们三人是头等演奏家。《纽约时报》还称，韩中杰是在美国指挥具有世界一流水平乐团的第一位中国指挥家，是一位具有很高职业素养的专业指挥家。

音乐会结束后，小泽征尔为四位中国朋友举办了两场派对。姜建华记得："第一场音乐会结束后，小泽先生在家里招

1980年，在美国坦格伍德音乐节的舞台上，小泽征尔指挥，姜建华（左一）与波士顿交响乐团演奏《翻身歌》《江河水》。

待我们，和他的家人一起吃中餐。第二场结束后，整个波士顿
交响乐团和我们在小泽先生的大别墅里欢聚，一起祝贺音乐会
成功。"

除了把中国音乐家带向世界舞台，小泽征尔也视培养中国
年轻音乐家为己任。当年，在中央音乐学院指挥系就读的陈佐
湟，曾两次参加小泽征尔在学校举办的大师班。小泽征尔对陈
佐湟的指挥才华赞誉有加。

后来，他不仅邀请陈佐湟到世界顶尖音乐学院——茱莉亚
学院深造，还为陈佐湟落实了指导教授和奖学金。在小泽征尔
的帮助下，陈佐湟最终成为"文革"后我国第一批赴美留学的
学生，并成为改革开放后第一位在海外学有所成的音乐艺术
博士。

如今已是中国国家大剧院艺术总监、著名指挥家的陈佐湟
曾动情地说："小泽征尔是我的恩师，虽然他不曾正式教过我，
但是我的音乐生涯，因他而改变。"

在日本，小泽征尔有一个以他名义运营的"小泽音乐塾"，
专门培养才华横溢的年轻音乐家。不仅从日本选拔人才，还从
中国的音乐院校挑选优秀的学生。2005 年，40 名中国学生进入
"小泽音乐塾"。此后每年，都有中国学生跟随小泽征尔进入深
山，与日本的年轻音乐家一起研究音乐。

如果想在西洋音乐领域取得跟西方人同等的成绩，东方人
必须付出更多努力。小泽征尔对此深有体会，"我想和中国人一
起来培养真正的音乐家，因为我出生在中国"。

未了的情缘

小泽征尔与中国的情缘，浓得化不开。

2002年，他出任维也纳爱乐乐团音乐总监，首次执棒维也纳新年音乐会。在演奏《蓝色多瑙河》圆舞曲之前，按照惯例，指挥要向现场观众发表新年贺词。他别出心裁，安排在场不同国家的演奏家，用自己的母语道一声新年祝福。

英语、法语、意大利语……由于在场没有中国的演奏家，小泽征尔就亲自用中文对观众献上一句："新年好！"这一句中文，道出音乐家向往和平友爱的美好心愿，诉尽他对中国的深厚情谊。在中国人的心中，留下长久的感动。

这一年也是中日邦交正常化30周年。日本政府邀请小泽征尔和导演浅利庆太，与中、日歌唱家联袂，在东京、北京演出著名歌剧《蝴蝶夫人》。

来北京前几天，小泽征尔的母亲不幸离世。他怀着悲痛，依然坚持来北京指挥《蝴蝶夫人》。此前，他每次来中国都带着母亲，每场演出母亲都是他的观众。这一次，他只能带着母亲的遗像执棒。

之后，他和弟弟又带着母亲的遗像重访北京旧居——新开路胡同69号院。"我的父母在中国结的婚，在中国度过他们的青春岁月。"小泽征尔对老邻居们说，希望把母亲的部分骨灰埋在这里。

根据中国的习俗，院里的老邻居程贞淑听后面露难色，婉言谢绝。"他和他弟弟诚恳地说，这是老人对中国故居的眷念，是遗愿。"程贞淑后来回忆，她不忍让小泽征尔和弟弟的孝心落空，让老人对中国的友好情谊付之流水，于是就默许了。

小泽征尔和弟弟把母亲的骨灰，埋在院中的花坛里，和老邻居们一起举行了简单的哀悼仪式。因为他母亲的名字叫樱花，几位邻居又在上面种了一棵樱花树。后来，小泽征尔每次来北京，都在樱花树下拜祭母亲。

2011年9月，本该莅临国家大剧院的小泽征尔，因病取消来中国指挥歌剧《蓝胡子城堡》。为了表达歉意，他在病中连夜录了一段视频给中国观众。其中第一句话就是用中文说："真的对不起，下次我一定来中国！"短短三分钟的视频，他说了七次"对不起"。最后，他诚恳地说："希望你们下次再等着我。"

但遗憾的是，小泽征尔后来因为身体每况愈下，不得不一次次取消了在中国的演出。这些年，他一直在与病痛做斗争，患过肺炎、食管癌和背部疾病，动过数次手术，甚至在鬼门关前走了几遭。如今年过八旬的他，"肚子里装满了药，身体里都是抗生素"，但依旧坚定地活在自己热爱的音乐世界里。

小泽征尔可能是来中国次数最多的国际指挥大师，三十多年来了不下十次。

其间，中国发生了翻天覆地的变化。小泽征尔来国家大剧院演出，几次都"迷路"了。他曾感慨："国家大剧院太大了，首都机场也变大了。北京的胡同越来越干净了。中国这三十多年的变化，处处让我感到吃惊！"

大家的生活也越来越好。2004年，小泽征尔与"饺子会"

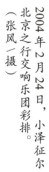

2004 年 2 月 24 日，小泽征尔北京之行交响乐团彩排。（张风／摄）

2009 年，小泽征尔到新开路胡同看望程贞淑大妈和小院居民。（江峻／摄）

老友，在韩中杰家重聚时，韩老已经乔迁北影小区的新居。两套三居室的房屋打通，有 200 多平方米。书房里，韩老自己设计的柜子里，放满了各种影音资料，屋里还有落地音响、功放、黑胶唱片机，与 1978 年相比已不可同日而语。

如今，人们听不到西方经典歌剧、交响乐，看不到顶尖芭蕾舞的"文化荒原"时代，早已一去不复返。来中国演出的国际音乐大师和著名交响乐团如过江之鲫，一流的音乐盛宴比比皆是。但我们不会忘记，改革开放之初，小泽征尔为中国送来的那缕春风，不会忘记他的友好和热情。

作家木心说过："与战争相反的是音乐，到任何一个偏僻的国度，每闻音乐，尤其是童年时代就谙熟的音乐，便似迷航的风雨之夜，蓦然靠着了故乡的埠岸，有人在雨丝风片中等着我回家。"是的，我们在等小泽征尔再回北京，再回中国的家。

第十章

霓裳来袭：
皮尔·卡丹让中国人脱下蓝布衫

孙文晔 / 文

1978 年的北京街头，春寒料峭，人们戴着解放帽、穿着皱巴巴的蓝卡其布制服和军便装。在一片蓝、黑、灰、绿的世界里，一名老外，身着肩膀上翘的毛料大衣，挂着围巾，双手插兜，从人群中不羁地穿过。人们自然而然地闪开，对他细细打量，一名穿着厚棉裤、拎着大帆布包的上年纪的中国人摸着鼻尖，表情像是在看外星人。

　　作为 20 世纪 70 年代到中国的第一位时尚大师，皮尔·卡丹（Pierre Cardin）从 1978 年至 2012 年到中国来了近 40 次。中国给了他灵感和财富，他则把秀场、模特和五彩斑斓的服饰带到中国。

壁毯情缘

　　"皮尔·卡丹和中国的缘分，是从一条壁毯开始的。"

　　从 1987 年开始就在他身边工作的马克西姆品牌大中华区首席代表郑思禔说，坐落在协和广场的"皮尔·卡丹文化中心"，曾经在最醒目的位置上，长年悬挂着一张纯手工编制的万里长城壁毯。

"他对我讲起过壁毯的故事：在一个博览会上，他相中了这张壁毯，特别喜欢，当即要买。但中方却有些为难，说长城作为国家尊严的象征，只能展示。卡丹先生问：'我想买怎么办？'中方说：'你得去中国才能卖给你。'为了买这块壁毯，1978年，卡丹先生以游客身份第一次来到了中国，并特地去了天津。"

从中国驻法国大使馆公使衔商务参赞任上退下来的韩铁城，亲历了这场壁毯交易。在他眼里，卡丹先生不仅买了壁毯，还开展了一系列"壁毯外交"。

"我当时是中国驻法使馆的工作人员，负责农畜产品出口。1976年1月，国际地毯和地面覆盖物博览会在巴黎举办，中方展台是我一手经办的，长城壁毯就挂在最醒目的地方。"韩铁城说，由于白天参与了追悼周总理的组织工作，他到晚上才听说有人要买壁毯的事。

"天津地毯厂没有懂法语的，所以交易没谈成，还造成了误会。"韩铁城赶过去时，工作人员只告诉他，有个时装师对这块壁毯感兴趣。

从留下的名片上，韩铁城读到一个熟悉的名字：皮尔·卡丹（Pierre Cardin）。

作为中国第一批公派留法生，韩铁城1965年高中毕业就到法国读大学。他清楚地记得，在法国历史课本上，有关文化发展的章节中，有皮尔·卡丹的大名和作品。

"二战"后，皮尔·卡丹顶着得罪整个时装界的压力，首次提出了"时尚大众化"的口号。他希望"自己的服装能够穿在温莎公爵夫人身上，同时公爵夫人的门房也有能力购买"。最终，他成了第一位将高级定制成衣化，并创立品牌的人。

他先后三次获得法国时装业界最高荣誉大奖——金顶针奖。1974 年 12 月，还登上了美国《时代》杂志封面，该杂志称他是"本世纪欧洲最成功的设计师"。

韩铁城嗅到商机，带着天津地毯厂的人去拜访了 54 岁的皮尔·卡丹。

"那时外贸刚开始，谁也不知道该出什么价，地毯厂的心理价位是 3 万元人民币，这差不多相当于一个普通北京市民 30 年收入的总和。但我觉得，以法国的物价水平，又是名人看中的艺术品，肯定能卖 5 万元。"

果然，皮尔·卡丹毫不犹豫地同意了韩铁城的报价——他看中的显然不是这块壁毯，而是壁毯上那座万里长城所象征的中国，一个潜藏的巨大市场。

几天后，韩铁城接到皮尔·卡丹秘书的电话，问他是什么头衔。韩铁城直言，自己只是工作人员，还不是外交官。他原以为，这段交往没下文了，谁想到，皮尔·卡丹亲自打电话，邀他去协和广场的马克西姆餐厅吃饭。

那是个愉快的夜晚，皮尔·卡丹身着正装，兴奋地谈论着中国。他喜欢中国的艺术品，更渴望了解中国文化。"我就是个裁缝，"临近结束时，皮尔·卡丹正式提出，"希望去中国看看。"

一个有国际影响力的大师如此平易近人，韩铁城自然爽快答应。但回去汇报时，却被领导一口回绝：我们不需要西方的时装，不适合邀请他访华。

那时，中国纺织品一心想要出口创汇，但一个西欧的服装设计师来中国开拓市场，几乎是天方夜谭。

虽然没能得到官方邀请，但皮尔·卡丹锲而不舍，专为这张壁毯在自己的艺术中心办了一次盛大晚宴，邀请各界名流出席观赏，并在电台上把中国壁毯和文化都狠狠地夸赞一通。"这一下拉近了他和使馆的关系，后来我又找使馆文化部门，帮他办了旅游签证。"韩铁城说自己既然答应了，只能硬着头皮办到底。

回头来看，皮尔·卡丹实在独具慧眼。1971 年，联合国恢复中华人民共和国合法席位后，中国政府赠给联合国纽约总部两件国礼，其中就有长城艺术壁毯。那件在联合国二层代表休息厅挂了 40 多年的壁毯，与皮尔·卡丹看上的，是同一厂家的相同款式。

壁毯上灿烂的阳光把长城染成金色，青翠的山峦绵延起伏，明亮的色彩，壮丽的画卷，使人们仿佛坐在长城脚下。皮尔·卡丹在壁毯下喝着咖啡，对中国的好奇与日俱增。

"我了解到壁毯工艺是由法国传教士传入中国的，更觉得卡丹先生棋高一着。"韩铁城感慨，"皮尔·卡丹的胆识堪比明朝时来中国的意大利传教士利玛窦。"

卖纽扣梦

"我对中国的好奇源于一幅挂毯……第一次来中国则是因为一个梦：我梦见自己在中国卖纽扣。如果按每人每年 50 颗纽扣计算，整个国家一年就需要 500 亿颗纽扣，这是多么巨大的市场啊！"2012 年，皮尔·卡丹在接受《环球》杂志采访时如此表示。

这成了一句被广为传诵的名言：一个拥有十多亿人口的国家，就是给每个人衣服上钉上十颗纽扣，那也是很大的市场啊！

1978 年，结识韩铁城两年后，皮尔·卡丹终于如愿进入中国，名义是到天津旅游。他一踏上这片古老的大地，便抑制不住内心的激动："我实现了一场梦。"

作为时尚大师，在世界其他国家，皮尔·卡丹常受到红毯铺地的高规格接待。就连戈尔巴乔夫都在访问法国的三个私人席位中，给皮尔·卡丹留有一席。而在中国，绝大多数人只听说过美术大师、音乐大师，还不知道什么是时装大师。该用什么标准和规格接待呢？

一些官员听说"一个法国裁缝"来了，请示到外事部门，又到了外交部，部里也无章可循。最后，接待任务落到了轻工业部头上。当时的服装行业属于轻工业部的一个处管理，棉布是由国家控制的统购统销产品，每个人每年只有 16 尺布票。

"我是他在北京结交的第一个朋友。"后来长期驻法的张远生那时还是中国纺织品进出口总公司的小年轻，因为学的是法语，成了皮尔·卡丹的翻译。

初次见面，他挑了自己最体面的衣服，但在西装革履的皮尔·卡丹面前，仍是相形见绌。别看皮尔·卡丹的大衣并不鲜艳，但那翘起的肩线，现在看也很时髦。他走在北京街头，就像自带背景音乐的时装秀，引得人们纷纷停下，行注目礼。

在美联社记者拍摄的一张经典照片上，皮尔·卡丹走在长安街头，他身后一群穿着蓝色工作服的工人，以及一边那个捂着鼻尖的老农，都像看外星人一样望着他。

皮尔·卡丹感受到了贫穷和人们物质生活的匮乏，他有点失望地对张远生说："我感觉就像被灰的墙给包围住了一样。"

但他也注意到春风吹起姑娘的衣角，里面露出鲜嫩的颜色。1978 年春，中国正处于复苏之际，人人等待着变革，哪怕一点风吹草动都会被视为信号。登上长城时，张远生告诉他"不到长城非好汉"，皮尔·卡丹已经暗下决心，要把生意带到中国来。

除了游览长城、天坛、故宫之外，他把初到中国的旅游，变成了一次市场调研，马不停蹄地参观了北京、天津的十二个工厂。七年后，在接受《北京日报》记者任欢迎的采访时，他说，看到有那么多的中小企业需要改进，他就兴奋地认定，很值得在中国做一番事业。

然而，他的"中国通"朋友劝他不要到中国投资，

1978 年皮尔·卡丹在长城。

说那里很复杂，会惹许多麻烦；有的还预言说，他将在中国被搞得头晕眼花。

真正让他下决心与中国建立联系的，是一种民族性格："第一次去中国时，我到了许多地方，去看不同的工厂。中国老百姓非常容易相处。跟他们在一起，你可以得到很明确的答案。一杯酒下去就会袒露心声，就成了朋友。"

对韩铁城和张远生这两位中国朋友，皮尔·卡丹一直以诚相待，与他们的友谊均持续超过20年。张远生有几套西装，就是皮尔·卡丹为他定制的，"都80多岁了，他还蹲下帮我量裤脚"。一次，韩铁城受邀参加皮尔·卡丹公司的纪念庆典，座位是二楼正中的黄金位置，皮尔·卡丹搂着他说："看看，中国现在的变化有多大。"

秀场冲击

对于20世纪六七十年代的中国服饰，法国记者曾写了本叫《蓝蚂蚁》的书：

"6亿中国人都穿着同样的制服。初看上去令人震惊……每个人都一样。姑娘也穿着长裤，绝大多数跟男人穿得一模一样，不用口红也不化妆。永远是同一种色彩样式的服装，毫无变化地不断出现，让人很快就看得厌倦了，这种厌倦又生反感，多么可怕的单调的统一。"

皮尔·卡丹是一个喜欢挑战传统的人，才到中国一次，他就决心挑战这种延续了二十年的"单调的统一"。郑思裉认为，这与他在日本的成功有关。

皮尔·卡丹首次去日本是在 1957 年，他接受日本服装设计协会的邀请到日本讲学一个多月。那时，整个日本从战后的废墟中开始恢复，一些偏僻的地方还能见到被战火毁掉的小房子。晚上，皮尔·卡丹住在东京小旅馆里，难过得流泪，好像到了月球。但他没有放弃，并最终赢得了认可和市场。

1978 年，当他到中国投石问路时，不少法国朋友嘲笑他："中国是个文化沙漠，没有时装，只有灰黑一色的男女装，而且中国人不会掏给你一分钱。"皮尔·卡丹给他们讲了那个关于扣子的梦，但没有厂家愿意跟进、合作。

1979 年 1 月，邓小平访美。镜头前，他大方地戴上了白色牛仔帽。皮尔·卡丹敏锐地发现了这个契机，大胆申请到中国来"走秀"，展现他的"中国宝塔"系列。

从北京回法国后，他根据照片、笔记、素描上的中国印象，把宝塔元素运用在肩部和裙摆等处，进行剪裁。这些天才创意和作品被命名为"中国宝塔"系列，轰动了法国时尚界，中国人却一无所知。

皮尔·卡丹终于得到官方邀请，而且是外贸部、纺织部、轻工部三部会签，联合邀请。毕竟，换取外汇是改革开放初期的重要任务，而服装是出口创汇的重点行业。

对于时装表演，内部也有争论，外贸部的党组还进行了讨论。"大家都拿不准，怕惹麻烦。最后是比较高的领导拍板做了决定。"模特表演的合作单位是中纺公司，但在表演时不对外挂牌，只称"观摩会"。

别看距上次到访仅相隔一年，别看街头仍是蓝制服、自行车，但深刻的变化正在发生：

在北京，饭店服务员拿出瓶装可口可乐；画家黄永玉不再画革命宣传画，而是叼着烟斗涂抹着怪模怪样的猫头鹰；演员陈冲正在拍电影《小花》，这部戏后来被称为中国电影的一朵"报春花"。

在国内，批判两个"凡是"、右派平反、全面推广农业生产责任制、工业领域的体制改革试点、在珠海和深圳试办特区、第一次提出建设"小康社会"……此后 40 年推动中国发展的很多事情都在这一年开了头。

不过，在北京民族文化宫举办的这场"观摩会"，却依旧显得过于"大胆"。

在临时搭起的 T 台上，8 个法国模特和 4 个日本模特扭胯摆臀，伴着流行音乐走起了猫步，还时不时地眉目传情、勾肩搭背。张远生作为翻译，在台下看得目瞪口呆，心想，这些露胸的衣服根本穿不出去，那是做什么用的呢？

虽然只供外贸界、服装界专业人士"内部观摩"，但见多识广的新华社记者李安定仍觉得"洪水猛兽"来了，他曾撰文写道：

那些身着皮尔·卡丹代表作——从中国宫殿挑檐获得灵感的耸肩衣裙的高挑美女，与台下穿着蓝灰制服、屏住呼吸的观众形成鲜明对照。一个金发女模特在 T 台中间停下……台下的人们竟不约而同向后仰身，就像浪打来一样，整个一排都倒掉

1979 年北京民族文化宫第一次内部时装表演。

了，像是在躲避一种近在咫尺的冲击波。

作为艺术大师，皮尔·卡丹对这波冲击波非常满意。次日，他又带着意犹未尽的时装模特们参观了长城。20 世纪最重要的摄影记者之一——伊芙·阿诺德，刚好获得了等待十年的签证，来到中国，在长城上与他们不期而遇。

春天的长城上，来自巴黎的美女模特玛丽斯·加斯帕德抖开了七彩霓裳，游客和当地百姓仿佛被春风掠过——影响中国当代生活的一个重要时刻，时尚开始的时刻，就这样定格在阿诺德的镜头里。

与轰动相伴的是压力，《参考消息》转载了一篇题目颇为不雅的香港评论《外国的屁香》，大意是国人连衣服都穿不上，还看什么时装表演。文章传递出微妙的态度，导致李安定连一篇短消息都没发出去。

获得"差评"后的上海之行，不仅接待规格降低，接待人员冷淡，表演的场次和观众人数也都大打折扣。后台则更令人尴尬：在更衣处，细心的中国人扯了一块大篷布，把房间一分为二，原因是模特男女混杂，诸多不便。

这个"好心的帘子"被皮尔·卡丹一把扯下，他一扫平时的和蔼可亲，展现出少有的固执："我们一直是男女模特在一个房间里换衣服，这没有什么不方便的。作为一个服装设计师，要像外科医生一样，了解我的模特形体。对不起，请把篷布拿掉，这是工作。"

接待人员面面相觑又无可奈何。他们将篷布拆走了，但对

1979 年皮尔·卡丹带着模特来到中国。

那些在当时还被视为"流氓"的言行，中方人员内部约定：点到为止，谁也不许走漏风声。

虽然有寒流，但一池春水一旦被吹皱，就难以再抚平了。

继皮尔·卡丹之后，1980 年，日本和美国的时装表演队相继登陆上海。在见识了几场外国时装秀之后，上海服装总公司决定成立自己的时装表演队。后来被称为"中国模特之父"的张舰说："民族文化宫的这场时装表演，让我萌发了组建时装表演队的想法，这件事，一干就是 35 年。"

初代模特

走秀遭遇暗礁，皮尔·卡丹进军中国的计划也暂时搁浅。他知道，自己需要一个得力的中国帮手，冥冥之中，又是一张艺术壁毯让他找对了人。

1980 年，在法国大皇宫举行的世界现代艺术博览会上，皮尔·卡丹先是倾心于作品，而后结交了作品的主人，保加利亚功勋艺术家、世界知名壁挂艺术家万曼。他的妻子，就是来自中国的宋怀桂。两人没聊两句，皮尔·卡丹就说："宋，为我去中国吧。"

这是卡丹王国的一贯作风，从不开董事会，事无巨细都是他一个人说了算。这种家族式管理，让他总能慧眼识珠。

宋怀桂也的确是最佳人选，她曾是不折不扣的"京城名媛"，爸爸宋荔泉，抗战胜利后在中央银行北平分行做总经理；妈妈李镜芳，听说相亲对象是何应钦，立刻拍桌子走人。

宋怀桂女士。

在美院，宋怀桂与保加利亚留学生万曼相恋，并在总理的首肯下，成就了新中国第一例涉外婚姻。1956 年，她随夫定居欧洲，成了一名艺术家。新中国成立 25 周年时，周总理还邀请她回国看看。

"扔到沙漠里，她也能学会仙人掌的语言。" 皮尔·卡丹看中的就是这一点，宋怀桂成为品牌的亚太区首席代表，到中国开拓市场。

1980 年，全国平均每人用于购买穿着的金额为 42 元。就是靠这 42 元，年轻人穿戴上了蛤蟆镜、喇叭裤。那时，穿着这些"奇装异服"出街，不仅会被蹲守在院门口的大妈用剪刀剪坏，还可能在"严打"时被视为"扰乱社会治安"。

在这种氛围中，宋怀桂开始挑选中国人做自己的模特，并准备在北京饭店搞一个面向大众的时装秀。

宋怀桂的女儿宋小虹说，虽然人脉甚广，但最初到中国时，母亲也只能打电话、写信，骑着自行车到轻工部、纺织部挨个儿拜访，"别人不明白她要做什么事，觉得她是不是有点毛病"。

挑选模特时，宋怀桂像"星探"一样，看见漂亮的姑娘小伙儿，就问人家能不能过来试试，得到的回答往往是"要回家问问父母"。

青年演员贡海斌、张铁林、方舒都曾被带到皮尔·卡丹身边，但张铁林和方舒拒绝了，只有贡海斌留下，成了第一代男模。得知贡海斌除了兼职当演员，还在染坊工作，皮尔·卡丹惊奇不已："衣服为什么要染呢？穿旧扔了不就得了。"贡海斌无言以对。

后来被称为中国"第一名模"的石凯，15岁时坐在北京饭店咖啡厅一个谁也看不见的角落里，从卫生间返回时，被告知："法国著名服装设计师皮尔·卡丹先生看上了你，说你很适合做他的服装模特。"

最终挑出来的28个人，有染衣服的、卖蔬菜的、织地毯的、卖水果的，还有不少纺织女工。他们大多对家人和单位隐瞒了真相，偷偷跑来训练。

石凯经常在训练中被军人父亲拉走，并被警告，"如果敢登台表演，就打断你的腿"。贡海斌因为"追求资产阶级生活方式"，被工厂从市区"发配"到郊区搬砖。

他每天凌晨四点出发去蓝靛厂，穿着破棉袄在北风中和泥、制坯，九个小时后再坐一个半小时的公共汽车到鼓楼训练。鼓楼那阴森森的门洞里搭起了T台，法国电子合成乐《氧气》《潮汐》在这昔日只有鼓声的城堡中回荡。

因为母亲与宋怀桂是好友，曾经是全国跳高冠军的郑思褆也被选中。"当时我刚考完大学，还是学校的团委书记，学校让我在当模特和上大学之间二选一，我自然选择了大学。"

28 个受训模特坚持到最后的一半都不到。不过，郑思禔并没有和皮尔·卡丹失之交臂，1987 年她到巴黎的第二天，就被皮尔·卡丹留在身边工作，现在是马克西姆品牌大中华区首席代表。

1981 年 10 月，经过几个月专业训练，新中国第一批模特在北京饭店登台了。

组织者挖空心思地在其中加入了京剧猴戏。戏剧评论家霍大寿帮忙从中国京剧院找来了串场的演员，他回忆说，当时对服装的审查非常严格，很多"暴露"的服装都没有获得展示机会。

然而，模特们在后台一致表示，她们穿起露肩膀时装时感到尴尬和害羞。一位少女说："我们事前不知道要穿这些服装。"面对着无比紧张的模特，宋怀桂对他们说："我们中国人，不能永远站在世界文明的外围。"

被推上舞台的姑娘，穿着金色高跟鞋，步履不稳，还有一个女孩羞得面色绯红，中途打退堂鼓。在后台，因为换衣服时的尴尬，很多女孩"就那样抱着，不敢动"，僵在那儿。最后，所有的模特儿都穿上黑色紧身内衣。

被美国记者嘲笑的中国模特，在皮尔·卡丹眼里却满是惊喜："当时的中国，根本无法分清男女。每个人都一样的发型，一样的服装，一样的颜色；大衣里面是棉袄，棉袄里面是毛衣，毛衣里面是另外一件毛衣，三四条裤子叠着穿。当宋女士把她找来的姑娘小伙们带到我面前第一次试装时，我都惊了。原来他们都这么瘦！太适合我的服装了，他们太美了，简直让我欣

中国初代模特与宋怀桂。

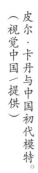

皮尔·卡丹与中国初代模特。
（视觉中国／提供）

喜若狂！"

这场表演，只是皮尔·卡丹时装业务的一部分。当天，美联社记者从北京发出消息：他已在中国定制了十万条"皮尔·卡丹"牌头巾，销往美国和法国。

1983 年 4 月，上海时装表演队接到中南海邀请，进行汇报演出。13 位党和国家领导人观看了演出。至此，时装表演在中国获得认可。

堪称空前绝后的一次，是 1985 年 5 月，皮尔·卡丹在工人体育馆举办的服装表演，模特们面对的是一万多名观众。

因为当年发生了"5·19"球迷骚乱，这场表演险些搁浅。但 200 套皮尔·卡丹时装已经在飞往北京的路上，保险金额高达几百万法郎。最终，北京市副市长陈昊苏批示："皮尔·卡丹先生是中国人民的老朋友。"表演这才被放行。

表演开始前，皮尔·卡丹曾忐忑不安，咬着嘴唇。最终，观众的掌声证明了他的成功。不过，由于观众过分热情，主办方不得不提前结束时装表演。在台上"忘情"摇晃身体的流行歌手张行，也被公安机关当场"请"下台带走了。

那天，郑思褆作为《中外妇女》杂志社记者，第一次跟皮尔·卡丹面对面。几个不太常见的问题，让他记住了这位与众不同的姑娘。为卡丹王国工作后，郑思褆愈发觉得，当年问到了点子上：

"您睁开双眼想到的第一件事会是什么？他说：'我想到的第一件事就是今天会开出多少钱的支票，我会给多少人付账。'"

"您每年的假期都在干什么？他说，我没有假期。如果有一天我不工作了，那就是我的末日。"

工体表演后，皮尔·卡丹给中国的一位部长支着儿，让中国模特走向国际舞台。

1985 年，中国模特在巴黎，被外媒广泛报道。

这年 7 月，12 位穿旗袍的中国女孩登上了《费加罗报》等 8 家欧洲大报的头版。中国模特的这次法国之行，被形容为一次"征服"。

中国姑娘们，乘着一辆红色敞篷车穿过了凯旋门，她们簇拥在宋怀桂身边，自豪地举起五星红旗，激起路边行人阵阵热烈的欢呼。这一幕被法国媒体拍下来，成为 20 世纪 80 年代经典的历史记忆之一。那些说中国人是"蓝蚂蚁"的法国报纸，不得不惊呼"毛的女儿穿上了时装"，她们真美。

"在那个人们都穿着中山装的时代，我把中国模特们带到了巴黎、纽约，在那时我推介中国，就如同中国是世界的未来。"当年的话，让人不得不佩服皮尔·卡丹的远见。

马克西姆

中国人只用短短几年，就对时装从惊讶、好奇，到接受、

1983 年马克西姆餐厅的开业吸引了成群结队的好奇围观者。
（视觉中国/提供）

喜爱，这让皮尔·卡丹又做了一个令人目瞪口呆的决定——把
象征着法兰西文化的百年老店马克西姆餐厅带到北京。

　　1893 年开业的马克西姆，曾经是"全世界最有名的法国餐
厅"，是 19 世纪末的巴黎上流俱乐部，是毕加索等艺术家的据
点。1981 年，皮尔·卡丹以 150 万美元买下即将破产的马克西
姆，装饰一新，让它起死回生。

　　马克西姆重生后的第二家分店在纽约，还是伦敦？人们都
猜错了，是北京。法国驻华大使在一次酒会上，听皮尔·卡丹
说，要把马克西姆开到北京，惊得差点把手里的香槟都摔了，
他一脸严肃地劝他"不要做傻事"。

　　"如果我能在北京开马克西姆，那我也能在月亮上开马克西
姆！"他不仅要开，还要把巴黎老店的一切，原样复制。北京

马克西姆的店址，选在了崇文门饭店二楼，"仅装修就耗资350万美元"，郑思褆说装修工人都是从离中国最近的日本分部调来的，有上百名。

饭店里目之所及的装修设备和电器均由外国进口，并由日本工程队负责安装。直到现在，还能在沙发后的墙面发现昔日留下的日文施工记号。

展现品位的软装，则是从法国和意大利进口的，包括镜子、壁灯、顶灯、地毯，尤其是当时在中国罕见的彩绘玻璃，以及法国19世纪末的巨幅油画等。

银器、瓷器、酒器倒是在中国采购的，但也大费周折。第一批陶瓷餐具在湖南醴陵制成，酒杯由承德玻璃杯厂生产，镀银刀叉是特批了3吨镍白铜，在上海做的。

无论哪家厂拿下马克西姆的单子，都能成为改革开放弄潮儿。承德那家厂子原本要倒闭，接了这一单，不仅活下来，现在仍是知名厂商。

餐厅不仅聘用多位法国大厨，还请巴黎的某位伯爵担任经理。大厨手下的中国厨师，也是从崇文门饭店选出的中餐精英。为了学习地道西餐，他们被派到巴黎总店，经过了三个月的魔鬼训练。

一水儿的男服务生，个个英俊潇洒，皮尔·卡丹曾对宋怀桂说："在智能和美貌之间，如果不能并存，一定要选美貌。"

当年从卢浮宫复制来的壁画，少女贵妇皆为裸体。开业前，为了过审，油画中的一些裸女被建议用窗帘布遮挡。据传，最后是一位副总理拍板，才决定原样保留。

作为北京乃至全国出现的第一家中外合资餐厅，它在 1983 年 9 月 26 日开业当晚，就登上了《新闻联播》。

20 世纪 80 年代初，在马克西姆用餐的单人花费至少是 150 元人民币。而北京市居民的平均月工资只有 40 元左右，像贡海斌那样的学徒工只有 16 元 5 角，就连成名的刘晓庆都说自己吃不起，经常靠宋怀桂请客。七成客人都是外国人，拿着外汇券来消费，用今天的工资水平换算，相当于，花几万块请人吃一顿饭。

不过，贵有贵的道理，所有的肉类、蔬菜，甚至一棵生菜，都是经香港再转北京的，成本自然比本部都高。

贵，也不妨碍这里高朋满座。除了装修，这里还复刻了法国黄金时期的文化体验：两本菜单，有价格的给男士，没有价格的给女士；进门最好穿西装，门口有衣帽间可以借；刀叉不按照西餐礼仪摆放，不给服务员信号，就不传菜；鹅肝的原材料经过 72 小时的精心烹制才上桌儿……这里的精致给人一种幻觉，恍如巴黎。

皮尔·卡丹常说"马克西姆是我在北京的家"，到了餐厅，他总要跟每个员工握手、拥抱，连打扫厕所卫生的员工也不会漏掉。

他把这里作为文化传播的平台，压根儿就没有考虑盈利。虽然钱打水漂了，但这里正如他预期的，与巴黎老店一样，成为各界名流尤其是文艺界人士经常出入的场所。

挂满墙的照片，使这里如同一座"歌唱 80 年代"的博物馆：

　　崔健掀起地毯，在小舞台上第一次演唱了《一无所有》；黑豹乐队的窦唯太兴奋，当着女朋友姜昕砸坏吉他；阿兰·德龙在这儿办 50 岁的生日聚会；贝托鲁奇筹拍《末代皇帝》时在这里吃工作餐；姜文捧着刚刚获得的金球奖站在吧台……所有这些照片中，沙龙女主人宋怀桂，穿着颜色艳丽的皮尔·卡丹礼服，仪态万千。

　　2006 年，69 岁的宋怀桂于北京逝世，皮尔·卡丹为她在马克西姆举办了一个鲜艳纪念会。那一日，崔健重新在台上吼出热烈的摇滚，人们身着艳丽的服饰，在酒杯碰撞声里起舞。这让人想起海明威的话，"假如你有幸年轻时在巴黎待过，那么不管你一生中后来去过哪里，巴黎都与你在一起，因为巴黎是个流动的盛宴"。

　　"几何状桃花心木贴板、鎏金藤条图案的墙壁、枫栗树叶状的吊灯和壁灯、似乎望不到尽头的水晶玻璃墙、临摹自卢浮宫的古典壁画、绚丽的彩绘天花板、缤纷的彩色玻璃窗、深褐色的家具……" 40 年了，在这个日日更新的城市里，马克西姆仍保持着当年出道时的风韵、样式与设计，经过岁月积淀，更添了点浮生若梦的怅惘。

皮尔·卡丹

　　1983 年，时任中央书记处书记的郝建秀致信轻工业部部长杨波，提出要"提倡穿西装、两用衫、裙子、旗袍"。随后，中国掀起西服热。到 20 世纪 80 年代中后期，农民工穿着西装

1990 年皮尔·卡丹先生在太庙发布会现场。

砌墙刮浆，成了中国改革开放的一道风景。

1988 年，皮尔·卡丹与意大利 GFT 公司签署了他在中国的第一个代理合同，并成立天津津达制衣有限公司，生产男装。

这是他进入中国的第十年，之前"烧钱"，现在终于开始有回报了。

在全国平均月工资不过一百多元的 20 世纪 80 至 90 年代，一件皮尔·卡丹羊绒衫要 600 元，一套西装的价格更是高达 2000 元，仍追捧者众。

"那可是皮尔·卡丹啊。" 1994 年，在赵本山和范伟的小品《儿子大了》里面，范伟提起皮尔·卡丹的口气，如同今人说起爱马仕。就连万里委员长在会见客人的时候，也常穿"皮尔·卡丹"。

品牌垄断奢侈品市场后，皮尔·卡丹来得更勤了，不仅召开新品发布会，还接受政府各种邀请。

1990 年，北京举办亚运会，他在故宫太庙举办大型时装表演。1993 年初，首届"中国国际服装服饰博览会"在北京举办，皮尔·卡丹、瓦伦蒂诺、费雷三位设计大师被请到中南海。他们回国后，将在中国的所见所闻制作了一套光盘，并在美国CNN 电视台反复播放，向世界传递出一个声音，"中国真的改革开放了"。

一些随行人员私下称他为"老头"。别看岁数越来越大，但皮尔·卡丹始终用行动表明，"老头"是前卫的。

《时装》咨询部主任曾丹曾经请他讲课。他讲的是时尚业、房地产业、快餐业的经营模式。讲完后，学生们愤愤不平，问为什么讲这些，没能给他们解决技术问题。其实皮尔·卡丹讲的，是他的成功秘诀，"如果这一千多人里有一个人真正理解并效仿的话，他很可能早已是亿万富翁了"。

1959 年，皮尔·卡丹第一次将自己名字的缩写字母"PC"印在服装上，惹来一片非议："真俗气！怎么能把自己的名字印到服装上！"

后来，皮尔·卡丹成了一个"出售名字的人"，品牌授权模式为其带来了丰厚的利润。从 1988 年开始，一年近千万美元的品牌使用费，让皮尔·卡丹的产品在中国无处不在，从高级时装到锅碗瓢盆。

频繁进行品牌授权，也成了产品良莠不齐，屡遭山寨的祸根。尽管皮尔·卡丹在 2001 年访问中国时，愤然将在一场服装博览会上看到的冒牌货告上了香港法院，并最终胜诉，但盗版愈演愈烈。

山寨品牌群起而攻之，其他国际大牌也开始逐鹿中国，皮尔·卡丹渐渐没落，退居至如今的中国二、三线市场。

不过，到 2020 年品牌 70 周年庆典时，皮尔·卡丹法国公司估值仍有 4 亿美元。虽然不及 20 世纪 70 年代估值的 1/3，但还算是个庞大的王国。

作为世界级富豪，谈到金钱时，他说，"我从不梦想金钱，可是，我在做梦的时候，钱就来了"。卖给中国人纽扣，是他"钱就来了"的梦中，最被珍视的一个。

皮尔·卡丹出生在意大利威尼斯，作为闯入中国时装界的第一个外国人，他说自己的经历就像马可·波罗一样。2008 年北京奥运会时，他把音乐剧《马可·波罗》作为送给中国的礼物，用来印证他和中国难以割舍的情结。

"他最后一次到中国已是 90 岁高龄，2012 年，走访了北京、合肥、海口，目睹了中国天翻地覆的变化。"郑思禔陪同皮尔·卡丹一路走来，"卡丹先生可以说是中国改革开放的见证者，也是受益人"。

在 2020 年的倒数第三天，皮尔·卡丹去世，享年 98 岁。这一年，中国时尚品类销售总额为 2843 亿美元，超过了美国、英国、日本和德国的总和。

曾与皮尔·卡丹有深度合作的君和传媒 CEO 李军，记起他曾讲过这么一段话："我以我的力量保卫中国，因为我认为是中国人教会了我们很多东西，总之我热爱中国，对她有信心，对这个国家要尊重，尊重她的人道价值，她的实力以及勤劳。"

第十一章

结缘五环：
萨马兰奇为何如此偏爱中国？

张小英／文

在中国，几乎人人都知道萨马兰奇。

2001年7月13日，时任国际奥林匹克委员会（以下简称国际奥委会）主席的萨马兰奇在莫斯科宣布：获得2008年第29届奥运会主办权的城市是——北京。那一刻，长城内外热血沸腾，成为几代中国人最难忘的记忆之一。

萨马兰奇与中国的交往与情谊，远不止于此。早在1978年，他就以国际奥委会第一副主席的身份首次访华。此后30年，他29次到访中国，不遗余力地帮助中国重返奥运大家庭，为许海峰颁发中国首枚奥运金牌，协助北京两次申办奥运会……他是中国人口中的"萨翁"，是"中国人民的好朋友"，见证了新中国体育的一步步崛起。

"不可思议的事情"

汤铭新是国内最早结识胡安·安东尼奥·萨马兰奇的人之一。提起这段往事，今年85岁的他喜欢用两个字形容——缘分。

那是1978年，春暖花开的时节。时任中国人民对外友好协会拉美处处长的汤铭新，接到一项重要任务：一周后，有位国际要客访华，国家体委（今国家体育总局）邀请他去担任翻译。

汤铭新是"见过大世面"的西班牙语翻译。自1960年从外交学院毕业后，他被分配到外交部工作，曾为毛泽东、周恩来、邓小平等国家领导人担任过翻译，也曾陪同中国各种代表团遍访拉美地区。由于当时国内西班牙语翻译短缺，他也时不时被借调到国家体委工作。

到国家体委报到后，汤铭新才知道，这次要接待的是国际奥委会第一副主席萨马兰奇。时任国家体委副主任的路金栋、国际司负责人何振梁特意强调："目前是斗争的关键时刻。"

所谓"斗争"是指新中国在世界最大、最权威体育组织——国际奥委会内争取合法席位的斗争。新中国成立后，国际奥委会在少数保守势力的把持下，制造"两个中国"的局面。经过多次交涉无效后，中国不得不于1958年宣布中断与国际奥委会的关系，并陆续退出十几个国际单项体育组织。从此，中国离开国际体育组织长达二十年。

1974年，时任国务院副总理的邓小平主管体育工作。他对国家体委领导人说："国际体育组织怎么能离开我们这么一个大国呢？现在进去了，比赛也可能打败仗，但是可以团结一批朋友嘛。"

于是，1975年，中国主动申请恢复在国际奥委会的合法席位，前提是——驱逐台湾。但国际奥委会部分委员不接受这一条件，他们承认，台湾是中国的一部分，但同时主张体育是体育，政治问题留待政府解决。体育界关心的是，所有运动员都有机会参加比赛。

　　僵局持续了几年。"萨马兰奇就是为解决中国的问题而来"，汤铭新意识到，此访关系重大，他身上的担子不轻。为了做好接待，他开始"恶补"国际奥委会和奥运会的知识，整整一周时间都泡在国家体委图书馆和国家档案馆里，查阅相关档案和文献资料。

　　1978 年 4 月 21 日，萨马兰奇偕夫人碧蔚丝，飞抵北京。这是时年 58 岁的他第一次踏上中国，千篇一律的服饰，让他印象深刻。多年后，他对中国乒乓球大满贯得主邓亚萍回忆说，"那时的中国，只有三种颜色"。

1978 年 4 月，汤铭新（右二）陪同萨马兰奇（右四）及其夫人（右五）登上北京八达岭长城。

　　萨马兰奇穿着做工考究的西装，熨烫得一丝不苟。他身材不高，气度不凡，与前来迎接的路金栋、何振梁等简单寒暄后，就开门见山地说，这次访华目的是全面了解中国的情况，可以一直在北京会谈。如果有游山玩水的安排，可以由夫人碧蔚丝代表他去。

　　"一心扑在工作上"是汤铭新对萨马兰奇的第一印象。当时他并不知道，萨翁是出了名的"工作狂"，常年以办公室为家，每天工作 13 个小时，出差下了飞机就工作，办完事就走，向来雷厉风行。

　　到北京饭店下榻后，萨马兰奇直接跟路金栋、何振梁等到国家体委去开会。会谈一开始，他直奔主题说："中国有十亿人口，却不属于奥林匹克大家庭，这是不可思议的事情。中国理应在其中占有她的位置，奥林匹克运动没有中国的参与是不完整的。"

　　"他说话铿锵有力，显然是深思熟虑的肺腑之言。"汤铭新明显感觉到萨马兰奇的亲切友好。翻译过程中，有一些专业体育术语他拿不准，萨马兰奇安慰说："汤，你的西班牙语讲得已经很好了，再好的翻译也会遇到困难，这不是问题。"

　　会谈的焦点在于如何处理台湾问题。何振梁给萨马兰奇介绍了台湾的历史，1971 年联合国恢复中国合法席位的决议，以及中国加入国际奥委会的期望和条件。

　　萨马兰奇听后，眉头紧锁。他认为，"驱逐台湾"的解决方案存在失败风险。"国际奥委会有 85 位委员，虽然只有 8 位委员来自同台湾有"外交"关系的国家，他们显然不会同意驱逐台湾。其他委员是否都同他们的政府持一致的立场就更不好说了。因为国际奥委会委员绝大部分持独立立场，不受政府政策的影响。因此，对表决结果没有把握。"

何振梁试着问萨马兰奇："我们有二十年没有和国际奥委会打过交道了，怎样才能对中国加入国际奥委会有利？"

前前后后经过九轮会谈讨论，萨马兰奇提出一个方案："可以要求台湾改名，去除'中华民国'的称号，估计台湾不会接受。这样，国际奥委会可以顺理成章地把台湾除名或者停止其会籍。"

但当时在座的路金栋和何振梁等对这一方案不置可否。汤铭新记得，他们只是礼节性地说了一句："相信国际奥委会会找到合适的办法，解决台湾问题。"

萨马兰奇怅然若失。他私下问汤铭新："汤，你的西班牙语讲得很好，我相信在整个会谈中，您不会漏译或误译。但会谈给我的印象是，中国似乎不急于回到国际奥委会来。"

汤铭新一时不知如何作答，于是把问题转告何振梁。何振梁一听，觉得此事非同小可。"他就利用一切机会，委婉地给萨马兰奇做工作，真诚感谢他对中国做出的努力。这样，萨马兰奇才对中方的立场有了一些理解，气氛逐渐变得融洽。"汤铭新回忆说。

会谈进展顺利，因此在何振梁等人的陪同下，萨马兰奇参观了国家体委的干部培训中心、北京工人体育场，还在天坛公园看了放风筝、打太极。汤铭新说："萨马兰奇对中国各式各样古老且独特的运动项目备感新奇，他称赞中国人很热爱运动，真应该在奥运会上一展身手！"

一周时间转瞬即逝。访华结束时，萨马兰奇心中油然生出依依惜别之意。在首都国际机场贵宾厅，他握着何振梁的双手说："现在，我更加清楚中国被排除在外的历史真相，一定尽快促成中国回归奥林匹克大家庭。"

奥林匹克模式

其实，在萨马兰奇来中国之前，1977 年 9 月，时任国际奥委会主席的迈克尔·莫里斯·基拉宁勋爵已先期受邀访华。

基拉宁是爱尔兰人，曾在英国剑桥大学和法国巴黎索邦大学攻读文学。1937 年，作为英国《每日邮报》的记者，他来到中国上海和南京，采访过日本大规模入侵中国的情况。因此，多年以来，他对中国怀有深切同情。从 1972 年担任国际奥委会主席那天起，他就下定决心要解决中国的合法席位问题。

那次访华过程中，基拉宁诚恳地表示，欢迎中国回到奥林匹克运动中来。但言行谨慎的他强调："既然问题是经过多年历史形成的，要改变只能采取渐进办法，不能采取激进办法来解决，需要几年时间做大量工作。"

基拉宁认为"驱逐台湾"是激进的，提出让台湾体育组织改名的办法，并建议海峡两岸体育界相互谈一谈。然而，"当时我们的工作思路仍停留在'驱蒋纳我'上，所以双方只是各抒己见"。时任国家体委国际司干部的张清曾回忆说。

萨马兰奇访华的时候，国家体委的工作思路已发生微妙变化。再加上，萨马兰奇年轻时担任过多年议员，后来也组织过政党，当过西班牙驻苏联、蒙古大使，在政治问题上有独到见解和过人的胆略。

回到国际奥委会总部所在地瑞士洛桑后，他开始积极斡旋。他向欧洲国际奥委会委员介绍在中国的所见所闻，一方面劝说委员们支持恢复中国在国际奥委会的合法席位，另一方面推进中国台湾的体育组织改名。一些委员的立场有所转变。

1979年，突破的契机终于来到。

这一年元旦，中美两国正式建交。美国承认中华人民共和国是中国的唯一合法政府，同时宣布结束同中国台湾的一切"外交"关系。同一天，全国人大常委会发表《告台湾同胞书》，明确提出了和平统一祖国的方针，倡议通过商谈结束两岸的对峙状况。

于是，国家体委和外交部很快调整策略，向中央上报了新的方案：在坚持一个中国的前提下，台湾体育组织可以通过改名、改会旗和会徽、改歌的方式，作为中国的一个地区性体育组织，留在国际奥委会内。

邓小平在这一方案的文件上，用红笔画了一个大大的圈。这个大大的圈，给中国体育界指明了方向，也给基拉宁、萨马兰奇等为中国主持正义的国际友人，提供了更多运作空间。

1979年10月25日，在日本名古屋，国际奥委会执委会一致通过决议：中华人民共和国的奥委会称为中国奥委会，使用中华人民共和国国旗和国歌；台湾体育组织为中国台北奥委会，使用有别于以往使用的歌曲、旗帜和会徽，并须得到国际奥委会的批准。这就是后来广为人知的"奥林匹克模式"。

"奥林匹克模式"最终由国际奥委会委员通讯表决通过，新中国名正言顺地恢复了在国际奥委会中的合法席位。从1951年准备参加赫尔辛基奥运会算起，中国为这一天斗争了28年，期盼了28年。

当时台湾方面不接受。来自台湾的国际奥委会委员徐亨，向洛桑地方法院控告国际奥委会违反章程。这是自国际奥委会1894年成立以来，头一次出现委员向法院起诉自己组织的情况。洛桑法院审理后，驳回了台湾的上诉。

台湾方面不服，要求重新审议，同时又安排一名运动员在美国发起诉讼。这一连串的做法，激怒了一贯平静的萨马兰奇。他奉劝徐亨不要幻想："国际奥委会绝对不能容许委员起诉自己的组织，同时也绝对不会改变已经板上钉钉的决议。如果你一意孤行，坚持要起诉国际奥委会，等待你的只有一条出路——离开这个组织。"

台湾方面在百般无奈的情况下，最终于1981年接受了《名古屋决议》。刚刚就任主席的萨马兰奇代表国际奥委会，与中国台北奥委会主席沈家铭签订协议，双方在旗帜和图案上面都签署了自己的名字，保证在今后所有的国际比赛中无条件遵守。

为了进一步解决台湾问题，萨马兰奇意识到，当务之急是推选一名新中国的国际奥委会委员。在他的力荐下，1981年，何振梁顺利当选国际奥委会委员。萨马兰奇把自己的一枚奥林匹克五环金质别针，别在何振梁的衣襟上，祝贺说："国际奥委会与中国奥委会之间的合作，将会由于你而大大加强，并且将进入一个新的阶段。"

后来，何振梁又担任了国际奥委会执委、副主席，十年内连续"三级跳"，成为新中国在国际体育组织中担任重要职务的第一人。在何振梁看来，这份荣幸，不仅是因为彼此在工作中合作愉快，更是因为萨马兰奇对中国的重视和了解。

国际奥委会前市场总监麦克尔·佩恩也曾说："萨马兰奇与其他国际体育领袖相比，非常不同的一点在于，他总在试图开辟新的疆界，获取新的突破。因此，在他当选主席后不久，就把战略的眼光投向了中国，这个拥有全世界五分之一人口和最大发展潜力的国家。尽管她当时在一些方面还远远落后于西方发达国家。"

"患难之交"

萨马兰奇的高瞻远瞩是与生俱来的。

他出生于西班牙巴塞罗那一个经营纺织业的富裕家庭。父亲佛朗西斯科，曾希望儿子成年后能继承家族产业，踏实经商，他一再劝告萨马兰奇：一不要参与政治，二不要涉足银行业。

但踌躇满志的萨马兰奇，一句也没听。他从小酷爱拳击和足球，高中毕业后，当过轻量级业余拳击手，是皇家马德里、巴萨足球俱乐部会员。22 岁那一年，他组建了西班牙第一支旱冰球队，并自任守门员、领队和教练。1951 年，他率领球队参加了旱冰球世界锦标赛，拿到西班牙内战以来的第一个体育世界冠军，从此名声大噪。

1942 年，萨马兰奇组建了一支旱冰球队。这支球队很快成为西班牙的首席队伍，并在他的带领下于 1951 年夺得世界冠军。

年富力强的萨马兰奇很快走上仕途。1954 年，他进入巴塞罗那市政府工作，主管体育，并成为西班牙国家奥委会成员。他的人生目标非常明确：以体育为阶梯，一步步进入世界体育的最高组织。

父亲去世一年后，时年 38 岁的萨马兰奇卖掉了在家族产业中的所有股份，同合伙人一起创立了马德里银行，成为银行的第二大股东。

巴塞罗那高级商业研究院毕业的他在金融界如鱼得水，银行的利润像滚雪球一样，越滚越大。他把积累的大量财富，投资了多处产业，并用来发展体育事业。

1966 年，萨马兰奇当选国际奥委会委员。在兼顾西班牙本国工作的同时，他把全部的热情和精力都献给了国际奥委会。60 岁生日的前一天，他终于实现多年以来的梦想——成为国际奥委会主席。

任何成功都来之不易，他称自己是"汗水浸透了运动衫的国际奥委会主席"。但不幸的是，彼时的国际奥委会已今不如昔。

　　经济上，国际奥委会的储备资金只剩 20 万美元，几乎到了难以为继的地步。1976 年加拿大蒙特利尔举办奥运会，亏空超 10 亿加元，让很多国家对奥运会望而却步。申办 1984 年奥运会的城市，只有美国洛杉矶一个，而且不提供财政支持。

　　政治上，奥运会陷入抵制风波。1976 年蒙特利尔奥运会，28 个非洲国家因种族隔离制度而拒绝出席。1980 年莫斯科奥运会，美国、加拿大等 60 多个国家，为抗议苏联出兵阿富汗，联合抵制了这届奥运会。

　　很多人认为，国际奥委会时日不多了，萨马兰奇坐上的是"即将崩溃的城堡里最脆弱的一把交椅"。不少媒体预言："奥运会将在 21 世纪彻底消失！"

　　意志坚定的萨马兰奇没有退却。他打破奥运会只限业余运动员参加的传统，允许职业运动员参赛；大胆进行商业化经营，一方面出售奥运会的电视转播权，另一方面向大公司出售奥运会的标志以争取赞助。

　　如何消弭抵制？深谙外交之道的萨马兰奇相信，奥运会注定要和政治力量相互理解，"改善关系比严格制裁更能防止将来的抵制行为"。到瑞士洛桑国际奥委会总部上任后，他就宣布：在任期间要访遍每个成员国和地区。从此，他满世界奔波，任期内乘坐航班 2700 多次，行程达 480 万公里，相当于绕地球 114 圈。

　　1982 年 3 月底，萨马兰奇第二次来到中国。彼时，改革开放的春风，正在这片百废待兴的大地上劲吹。首都北京不再像四年前一样单调，到处都是一片欣欣向荣。

萨马兰奇已经是中国人民熟悉的朋友了。这次的欢迎晚宴上，不断有人给他敬酒。原本滴酒不沾的他据说开了"戒"，连饮几杯茅台酒。随行他多年的秘书见状，惊呼："少见，实在少见！"

邓小平在人民大会堂亲切会见了萨马兰奇。这是新中国成立以来，中国领导人第一次与国际奥委会主席接触。萨马兰奇对邓小平说，国际奥委会有 150 个成员国和地区，中国是他上任 20 个月以来，访问的第 50 个国家。

年近八旬的邓小平听后，称赞萨马兰奇精力充沛，并诙谐地说："我是跑不动了啊！"萨马兰奇摇摇头说："不，全世界都知道您身体健康，工作繁忙。"两人谈笑风生。

接着，萨马兰奇提出，中国应该把过去在国际体育组织中失去的东西赢回来，在国际奥林匹克运动中发挥更大的作用。他问邓小平，中美关系会不会影响中国参加两年后的洛杉矶奥运会？

邓小平回答道："中美关系处在微妙的时刻，如果搞不好，出现我们不希望出现的情况，那不是一件好事，但对奥林匹克运动不会有大影响，除非美国把台湾当作一个国家接待。只要不出现这种特殊情况，我们参加没有问题。"

患难见真情。中国深明大义的态度，让身处逆境的萨马兰奇备感欣慰。后来，他一直把与中国的情谊视为"患难之交"。"中国人民是一个拥有超强记忆力的民族，他们懂得珍惜患难之交，不会忘记患难时期与自己站在一边的人。"

告别北京前夕，萨马兰奇对中国体育界的朋友说，1978年他首次访问中国时的愿望已经实现。接下来，他还有一个新的愿望。

"中国首枚金牌是我颁发的"

1984年洛杉矶奥运会，是萨马兰奇主持的第一届夏季奥运会。

开幕前，苏联为了报复美国，组织保加利亚、民主德国等十多个国家和地区，以美国政府不能提供安全保证为借口，抵制这届奥运会。萨马兰奇为此十分痛心，"运动员永远是政治博弈的牺牲品"。

但中国兑现了承诺，毅然派出有史以来规模最大的体育代表团，全面登上洛杉矶奥运会的竞技台。这对萨马兰奇和洛杉矶奥运会组委会来说，无疑是巨大的支持和鼓舞。

开幕式上，美国观众对中国代表团报以雷鸣般的掌声。坐在主席台上的萨马兰奇问身边的何振梁："美国人的掌声，是不是发泄着对苏联抵制这届奥运会的不满？"

那一刻，何振梁的心情是复杂的。他答道："52年前，在这个城市，中国只有一个运动员参加洛杉矶奥运会。历史竟会有如此奇妙的巧合。美国人可能把52年来的掌声，都集中到这一刻了。"

憋了半个多世纪的中国运动员，早就想在奥运会上一显身手了。开赛首日，男子自选手枪射击比赛，许海峰的一声枪响，打破了中国在奥运会史上金牌零的纪录，一雪百余年来"东亚病夫"的耻辱。

《义勇军进行曲》第一次奏响在奥运赛场，萨马兰奇亲自把金光闪闪的奖牌挂在许海峰的胸前。两年前许下的愿望顺利实现，作为国际奥委会主席、中国人民的老朋友，这意味着欣慰，也意味着荣誉。他曾回忆说："这是中国体育史上伟大的一天，中国获得的第一枚金牌是我颁发的。我借此感谢中国能来参加洛杉矶奥运会。"

洛杉矶奥运会，中国最终斩获 15 枚金牌、8 枚银牌和 9 枚铜牌，金牌总数中排名第四。在世界体育中受尽窝囊气的中国人，终于扬眉吐气了。亿万中国人民沉浸在巨大的喜悦之中。

一个多月后，又迎来新的喜悦，新中国成立 35 周年庆典在天安门广场举行。这是继 1960 年起中止国庆庆典活动后，二十多年来首次举行的阅兵式和群众庆祝游行。萨马兰奇和夫人受邀来中国参观庆典。

邓小平再次接见了萨马兰奇。两人握手叙旧，谈起刚结束不久的洛杉矶奥运会，邓小平充满感激地说："中国

1984 年 7 月 29 日，时任国际奥委会主席的萨马兰奇亲自为夺金的许海峰颁奖。

能参与奥运会、世界锦标赛这样的世界性体育大赛，大大提升了中国人的尊严。"

萨马兰奇深有体会。他说："中国运动员在洛杉矶奥运会的辉煌成绩足以证明，中国在国际体育事业中占有重要地位。我为中国人感到高兴和自豪。"

那一天，上万名官兵和各式武器装备，组成一个个方队，在雄壮的乐曲声中，迈着整齐的步伐；穿着节日盛装的群众游行队伍，以及各式各样的彩车、模型，意气风发地通过天安门广场……

从天安门城楼上下来后，萨马兰奇心情激动。"你们中国人的组织才能太了不起了！"他对何振梁感慨，"你们能组织这么大的群众游行，也完全有条件办一场出色的奥运会。"

事实上，中国要办奥运会，是 20 世纪 70 年代邓小平分管体育时就有的想法。洛杉矶奥运会时，作为"体育迷"，他从电视上看了比赛转播，几乎场场不落。他颇有感触地对几位中央领导人说："现在看来，体育运动搞得好不好，影响太大了，是一个国家经济、文明的表现，它鼓舞了这么多人，吸引了这么多观众、听众，我们要把体育搞起来！"

作为中国改革开放的总设计师，邓小平深知办一场国际性的体育盛会，是让世界认识中国的绝好机会。但当时的中国，还不具备申办的条件。萨马兰奇曾回忆说："邓小平是一个充满智慧的人，也是务实的人。他认为当时中国举办奥运会并不适合，但我们探讨了将来的可能性，他表示愿意等待。"

"北京的申办是我的申办"

1990 年盛夏，86 岁高龄的邓小平在国家体委和北京市领导的陪同下，考察北京亚运会的准备工作。他站在体育场的高架桥上，兴致勃勃地环视宏伟的建筑群，高兴地说："我看这些工程建设都挺好，办个奥运会也差不多了。"

接着，邓小平问："你们敢不敢申办一次奥运会？"

这一句发问，超出了大家的预想。当时在场的所有人都没有应答。

两个多月后，北京亚运会成功举办，点燃了无数人心中的激情。当时电车公司 110 路的售票员任玉琢记得，每天在公交车上，大家都在讨论中国队取得的成绩。"那阵子，开车的高兴、卖票的高兴、坐车的也高兴。大家的心气儿就是不一样，都说亚运会办得——值！"

闭幕式上，亚运圣火缓缓熄灭之际，观众席上突然有人撑起一条大字横幅：亚运成功，众盼奥运。这是亿万中国人民的心声。

1991 年 12 月，中国正式向萨马兰奇提交北京承办 2000 年奥运会的申请书。萨马兰奇明确表示支持北京，甚至私下对何振梁说，"北京的申办是我的申办""我可以为北京取得 15 票到16 票"。

北京申奥期间，他多次来中国出席体育活动。当时热播的家庭情景喜剧《我爱我家》因此多次提及萨马兰奇。"咱家今天气象万千呐，萨马兰奇又要来北京了？""萨马兰奇刚走，又飞回来了？"

1993 年 5 月 9 日，萨马兰奇应邀参加上海举行的第一届东亚运动会。这次随行的国际奥委会成员，有 3 名副主席、9 名委员、2 名名誉委员及其夫人，再加上秘书等工作人员，一共 50 多人，阵容空前。很显然，他想利用这次中国之行，向世界体育界表明：坚决支持北京申办奥运。因为 4 个月后，2000 年奥运会举办城市就要揭晓。

然而，当时中国面对的实际困难，超出所有人的想象。掌握国际话语权的西方主流媒体，连篇累牍地联手攻击中国。英国《泰晤士报》发表了一篇《北京不应该主办千禧年奥运会》的文章，称即使曼彻斯特失败，北京也不应该成功。美国国会甚至通过决议表示反对中国申奥。

1993 年 9 月 24 日，在摩纳哥蒙特卡洛，国际奥委会的投票结果出来了。当萨马兰奇发表感谢五座申办城市的讲话时，由于第一个念出的是北京，当时在现场和守在电视机前的中国人都欢声雷动。然而，这份快乐仅仅持续了几分钟，人们才缓过神来，"错了，错了，是悉尼，不是北京"。北京以两票之差败给了悉尼，无数中国人掩面痛哭，悲痛万分。

始终支持中国的萨翁也遗憾不已。按照惯例，国际奥委会委员应该在 75 岁退休，那一年他已经 73 岁，原则上不能寻求连任。如果北京申办 2004 年奥运会，他就有可能在卸任前亲自宣布中国北京的名字。因此，他鼓励中国再次申办。

但失败的伤痛一时难以释怀，北京没有申办 2004 年奥运会。而 1997 年，国际奥委会执委会通过一轮无记名投票，请求萨马兰奇再连任一届主席。他欣然应允，这样，才有机会弥补遗憾。

两年后，萨马兰奇收到中国提交的北京申办 2008 年夏季奥运会的申请。他兴奋异常，下定决心要在担任主席的最后一次全会上，帮助北京申办成功。

他一改以往的含蓄，不止一次在公开场合说，在离开这个组织之前，最大的心愿就是能让中国举办一届奥运会。他认为，"让世界上

2001 年 7 月 13 日，萨马兰奇在莫斯科举行的国际奥委会第 112 次全会上，宣布北京获得 2008 年奥运会主办权。

最大的体育盛会在人口最多的国家举办，本身就是对奥林匹克精神最好的传播"。

何振梁生前对一段插曲念念不忘。据他回忆，投票前，萨马兰奇突然造访他，说他的中文发音不够准确，希望何振梁传真经。熟悉多国语言的何振梁，立即用西班牙文按"北京"的发音标明字母，并当场给他示范。萨马兰奇跟读几次，果然读得字正腔圆。

2001 年 7 月 13 日，在莫斯科大剧院，国际奥委会第 112 次全会上，萨马兰奇用刚学不久的发音郑重宣布：2008 年夏季奥运会的举办城市是——北京。

　　顷刻间，在场的中国代表团欢腾雀跃。神州大地一片狂喜。数十万群众自发涌向天安门广场，挥舞着彩旗高呼："北京赢啦！""中国胜利啦！"历史的瞬间，变成了永恒的欢乐。

　　萨马兰奇的欣喜，毫不亚于中国人。在接受媒体采访时，他不禁感慨，没有人比他更了解，为了办好一届奥运会，中国人付出了多大的努力和心血。

　　在宣布北京获得 2008 年奥运会主办权三天后，萨马兰奇卸下担任了 21 年的国际奥委会主席职务。中国人没有忘记他，始终感激他。北京奥运会盛大开幕前，时年 88 岁的萨马兰奇再次来到北京，受到最高规格的礼遇和全国人民的敬重。

　　萨马兰奇亲眼见证了 2008 年北京奥运会的华彩乐章，他激动地说："北京的成功，也是我的成功！"在他看来，中国人把奥林匹克的展示提升到一个令人难以置信的高度，盛赞北京奥运会"赢得了全世界的敬佩"。

　　中国翻天覆地的变化也让萨马兰奇大吃一惊。"北京简直是一个梦，一个令人眼花缭乱的梦！"他曾回忆说，在世界各国，每当有人问他中国的情况时，他的回答总是一样："中国人的生活比以前好得多，未来他们会过得更好！"

　　北京奥运会结束后，萨马兰奇在西班牙《先锋报》上发表了一篇题为《我为什么爱中国，尊重中国？》的文章，深情讲述他与中国的深厚情谊。其中写道："30 年来我 29 次访问中国，我从中国收获了爱和友谊，也学会了爱与尊重中国人民。"

2008 年北京奥运会期间，萨马兰奇和何振梁作为颁奖嘉宾，正准备为中国男子体操队颁奖。

"中国人民的好朋友"

萨马兰奇在中国收获的友谊，最广为人知的是他与邓亚萍的忘年之交。

1991 年世界乒乓球锦标赛，邓亚萍荣获女单冠军。看台上的萨翁走下赛场，亲自为这个球风泼辣的小个子姑娘颁奖。之后，萨翁还邀请邓亚萍到瑞士洛桑做客。宴请时，他对邓亚萍说："你是全世界第一个被我正式邀请来国际奥委会总部做客的运动员。"

中国运动员都称萨马兰奇是邓亚萍的"洋外公"。1996 年，亚特兰大奥运会乒乓球女单决赛中，邓亚萍再次夺冠。萨马兰奇除了上台颁奖之外，还给她一个特殊的"奖赏"——在全世界亿万双眼睛的注视下，轻抚了一下她的双颊。这一举动，后来成为体育史上的经典瞬间。

邓亚萍多次重大比赛，萨马兰奇都在现场助威，先后五次为夺冠后的邓亚萍颁奖。邓亚萍退役后，在萨马兰奇的推荐下，当选国际奥委会委员，成为第一位进入国际奥委会的中国运动员。

吴经国是萨马兰奇的另一位中国朋友。1980年的莫斯科奥运会期间，他与萨马兰奇第一次见面，彼此都留下了深刻的印象。"我们从小都喜欢运动，学的都是与体育无关的专业，对竞技体育运动都无限热爱，对奥林匹克收藏品无比痴迷。"吴经国说，诸多的共同之处，让两人私交甚笃，彼此的家庭也成为至交。

1988年，萨马兰奇亲自选拔吴经国为国际奥委会委员。后

1992年巴塞罗那奥运会，邓亚萍夺冠，萨马兰奇为其颁奖时，轻抚了她的脸颊。

来，吴经国投身奥林匹克运动 30 余年，担任了国际奥委会执委、国际拳击联合会主席，见证了萨马兰奇带领奥林匹克走向辉煌的历程。

2009 年 9 月，萨马兰奇邀请吴经国到西班牙巴塞罗那做客。在他的办公室，他给吴经国看了毕生的收藏品。整个地下室都是收藏柜，他打开柜子，里面琳琅满目，摆满了各种各样与奥运相关的纪念品。

接着，他转头对吴经国说："有一天，等我走了以后，这些收藏品统统都送给你。你想建博物馆也好，把它们卖了也好，一切由你自己决定。"吴经国听后非常吃惊，连忙回应："主席，我们还要在一起工作很多年啊。"

"我时间差不多了。"萨马兰奇顿了顿，语重心长地说，"人死后没有一样东西能带走。所以，在我走之前，一定要把这件事情告诉你。"吴经国心中五味杂陈。

2010 年 4 月，萨马兰奇在巴塞罗那病逝。按照他生前的遗愿，他的私人用品及个人收藏，包括各国领导人赠送的礼物、各种勋章、奥运纪念品等共计 16000 余件，全部由其家人赠给吴经国。

"我带了 10 个人去巴塞罗那，把这些收藏品拍照留影后，一件件装在纸箱里，20 多天一共装了 361 个纸箱。然后，我们把这些纸箱搬到一个 20 米的集装箱里，通过海运到中国，前后大概用了两个月时间。"吴经国回忆说。

如何处理这些珍贵的收藏品？在厦门和天津大港已经建了两座奥林匹克博物馆的吴经国，萌生再建一座萨马兰奇纪念馆的想法。

在吴经国看来，萨翁生前一直关心和支持中国的体育事业，并致力于推动两岸的体育交流，是中国人不能忘记的"好朋友"。建一座纪念馆，"不仅仅是为了感谢他对自己的知遇提携之恩，也让中国人对这位奥林匹克巨人有一个怀念及敬仰的地方"。

想法公开后，天津、苏州、重庆等城市，纷纷向吴经国抛来橄榄枝。天津是西方近代体育运动传入中国最早的城市之一。百余年前，张伯苓老先生就从天津提出"奥运三问"，激励一代代中国健儿奋起直追。

除此之外，"我是天津姑爷，对天津有特殊的感情"。吴经国和夫人希望通过创建萨马兰奇纪念馆，推动家乡的发展。于是，在多个城市的竞逐之下，吴经国决定把萨马兰奇纪念馆选址天津静海团泊新城，"得到外交部、国家体育总局、天津市政府及静海区政府的很多支持"。

为了不负萨翁重托，曾在中国台湾东海大学、英国牛津大学及利物浦大学学习建筑的吴经国，邀请丹麦 RRA 建筑师事务所和新加坡筑土国际共同参与设计。纪念馆主体建筑被设计成两个交合的圆形，"一是以 8 的形状，纪念 2008 年北京奥运会；二是以 S 的形状，代表萨马兰奇名字的第一个字母"。

吴经国还精心在纪念馆的湖中央设计了一处喷泉，可以喷出 27 米多高的水柱，换算成国际尺寸就是 89 英尺，代表萨马兰奇 89 年的辉煌人生。纪念馆前，由小石子砌成的一条水流喷泉，宛如一条潺潺的小溪，寓意"饮水思源"。

2013 年 4 月 21 日，萨马兰奇去世三周年纪念日，这座全球唯一的萨马兰奇纪念馆正式开馆。游客步入其中，不仅能看到萨翁一生收藏的各种藏品，他的衣服、鞋子、袜子、手机和钱包，甚至他办公室的一桌一椅都一目了然。

"纪念馆还原了萨翁的日常生活状态。"吴经国举例说，"其中一件黑色手提箱，多年来伴随着他繁忙的公务差旅，上面贴着来自韩国、瑞士等各国的贴纸，中间是'我爱奥林匹克'的红心贴纸，昭示他从不喊累的原因；他生前亲自设计的墓碑小样，上面从左至右分别是西班牙奥委会、巴塞罗那议会、西班牙国旗、巴塞罗那储蓄银行、西班牙侯爵爵位的标志，显示他传奇的一生。"

到 2023 年 4 月，萨马兰奇纪念馆已开馆十年。该馆副馆长张秀丽说，十年来，有近 70 万国内外观众来此缅怀这位奥林匹克巨人。纪念馆通过各类主题展览和社会教育活动，讲述萨马兰奇与中国的不解情缘，把奥林匹克文化传播给更多人。

萨马兰奇的儿子小萨马兰奇，仍在续写与中国的友好篇章。他与儿子萨马兰奇三世，每年都有大量时间在中国生活。2012 年，他们在中国发起并成立了萨马兰奇体育发展基金会，推动中国体育文化事业的发展，并促进中国与西班牙的长期友好发展。

比父亲更幸运的是，小萨马兰奇见证了北京——世界上首座"双奥之城"的高光时刻。2018 年，他出任国际奥委会北京冬奥会协调委员会主席，全程参与了 2022 年北京冬奥会的筹办工作。他满怀自信地说："奥林匹克精神已经融入北京的血液里，成为这座城市的 DNA。"

萨马兰奇纪念馆前 89 英尺高的喷泉，代表萨马兰奇 89 年的辉煌人生。

北京的 DNA，也融入了小萨马兰奇的血液里。他已经数不清来过北京多少次，但可以肯定的是，"北京就像是他的第二故乡"。他深深体会到，"中国人民的好朋友"为何是父亲一生中最珍视的称号。这也是他正在努力的人生目标。

国际奥委会副主席、北京冬奥会协调委员会主席小萨马兰奇。

第十二章

琴声响起：斯特恩访华成就奥斯卡最佳纪录片

杨丽娟／文

一部奥斯卡获奖纪录片《从毛泽东到莫扎特》，让美国小提琴大师斯特恩成功"破圈"。在中国，许多音乐圈外人士也听说过他的名字。

　　斯特恩堪称"全世界最忙的音乐家"，自15岁成为职业演奏家，到81岁告别人生，他的演奏生涯持续了66年，每年演出最多达200场。他不仅是小提琴大师，还是发掘小提琴"明星"帕尔曼、朱克曼、华裔大提琴"顶流"马友友的教父式人物；又是一位交游广泛的社会活动家，从房地产开发商的拆房大锤下挽救了卡内基音乐厅；他的朋友圈不仅有乐坛大咖，还有肯尼迪、基辛格、卓别林等诸多名人。

　　正是这些不同于大多数音乐家的人格魅力，让他成了"非官方的音乐大使"，与改革开放之初的中国相遇，发现了大提琴神童王健等"天才"，让他的中国之行拥有了一支专业拍摄团队，并诞生了风靡全球的奥斯卡获奖影片。

　　1979年，斯特恩的琴声响起，中国重新听到了"莫扎特"，世界也久违地看到了开放的中国。

"他可以和任何人交朋友"

与艾萨克·斯特恩先生的传奇相遇，被大提琴家王健称为"人生中最有幸的一件事情"。

1979 年夏天，10 岁的小男孩王健刚和同学踢完足球，穿着短裤，一身大汗，拎着一把跟自己差不多高的大提琴，走进了上海音乐学院的一个会客厅。大厅里全是人，除了校领导、老师，还有市领导和一群外国人。

小男孩常常"接待"外宾，有时一周要演出两三次，日本指挥大师小泽征尔、西哈努克亲王都听过他的演奏。见惯大世面，小男孩对会客厅的阵容没当回事，让他感到新鲜的是那个身穿橘红色上衣的外国人，他的眼镜架在头上，脸色红扑扑的，坐在穿着黑灰白色调的中国人之间，格外显眼。

10 岁的王健不知道，那就是 20 世纪美国音乐界的教父式人物斯特恩，一位大师级的小提琴家。他和老师们更熟悉的是奥伊斯特拉赫这样的苏联小提琴家。当然，他更不知道，来中国之前，斯特恩已经听说上海有个"拉大提琴的男孩"。

缘分是从美籍华裔作曲家周文中开始的。周文中是斯特恩的好朋友，是第一位在西方获得认可的华人作曲家，还是一位中美文化交流的使者。在他的推荐下，中国古琴曲全本《流水》跟随美国"旅行者号"宇宙飞船飞向太空，成为第一批传向太空的人类音乐文化之一。1978 年，周文中在哥伦比亚大学创办了"美中艺术交流中心"，中心成立不久，就参与组织了斯特恩访华的巡回演出。

周文中曾在上海聆听王健的演奏，回到美国后，他提醒斯特恩，到了中国，一定要想办法听听这个小孩拉琴，很有意思。

斯特恩果然被王健打动了。男孩开始拉琴不到一分钟，斯特恩突然说话了，摄影师把灯光打开，镜头架起，一群人冲到王健面前拍了起来。男孩这才有点紧张，不过，他还是继续拉了下去。

一曲终了，男孩起立，举起右手，敬了一个标准的少先队礼，拉琴时紧抿的嘴角露出了笑意。一片掌声中，斯特恩身体前倾，一边鼓掌一边兴奋地大喊"Bravo，Bravo（好极了）"。斯特恩的热情，又一次让小小的王健感到惊奇，"一般外宾会鼓鼓掌，但像斯特恩先生这样当场就大叫起来，这个是没有见过的"。

这支没有从开头完整拍摄的亨利·艾格尔斯（Henry Eccles）《G大调大提琴奏鸣曲》，在奥斯卡最佳纪录片《从毛泽东到莫扎特》的片尾"压轴"登场。

从纪录片中走出的大提琴男孩王健，如今已成为比肩马友友的世界级大提琴家，也成了斯特恩一家的好友。再次谈及斯特恩，他说，斯特恩不仅是一个伟大的演奏家，还是一个伟大的演说家，"只要愿意，他可以和任何人交朋友"。

斯特恩的确是一位交游广泛的社会活动家。除了伯恩斯坦、奥伊斯特拉赫等享誉世界的乐坛大咖，他的朋友圈还有美国总统肯尼迪、"中国人民的老朋友"基辛格、英国喜剧大师卓别林、白俄罗斯画家马克·夏加尔等诸多名人。

在美国，他有一个众所周知的身份，"将卡内基音乐厅从房地产开发商的拆房大锤下挽救下来的人士"。20世纪50年代末，卡内基音乐厅面临被拆除的命运，一座摩天写字楼将代替它，美国《生活》周刊已经刊出了这座写字楼的透视图。然而，斯特恩周旋在音乐家、政治家、商界人士之间，大力游说、四处筹款，最终成功地保护了卡内基音乐厅。作为对他的回报，卡内基音乐厅主厅被永久命名为"艾萨克·斯特恩观众厅"。

这样一个具备"广交朋友的意愿和能力"的人，成为改革开放后第一位访问中国的西方小提琴家，毫不意外。

"非官方的音乐大使"

令人惊讶的是，作为小提琴家的斯特恩，竟然早在20世纪60年代初，就颇有预见性地谈到了中国的发展。1961年秋天，BRAVO杂志刊登了他的访谈文章，文章中写道："中国尤其会取得巨大的进步。在两三年之内，它或许会研制出自己的原子弹……"

或许，斯特恩那时已经对中国产生了兴趣。毕竟，他一贯热衷于"音乐外交"。1956年冷战期间，他飞去苏联演出，成为"二战"后第一位访问苏联的美国演艺家。两年后，美苏双方才正式签订了《文化、技术和教育领域的交流协议》。1954年，他接受美国国务院的"拜托"，客串"文化大使"前往冰岛演出。1949年，犹太人出身的他飞到建国不久的以色列进行演出。"二战"爆发时，他还曾组织演出队，搭乘军用飞机，开赴硝烟未尽的太平洋战场，用巴赫的音乐慰问前线士兵。

斯特恩是犹太人后裔，这是他 1961 年访问以色列期间的照片。

1971 年夏天，基辛格秘密飞往北京，尼克松总统即将访华的消息传遍了世界。正在法国科西嘉岛度假的斯特恩跃跃欲试，写信给基辛格："不知能否帮助我实现一个长久以来的热切愿望，去中国大陆访问并在可能的情况下在那里演出。多年来我一直向往着那个国家和那里的人民，但由于没有外交关系，无法得到直接的邀请……"

他坦言："对于在我们与中国新建立的关系中，我能扮演一个什么样的重要角色，我并没有抱任何幻想，我只是想在事情开始时就成为其中的一部分。"可惜，基辛格回复他，"我们与中国建立关系为时尚早"。

斯特恩错过了中美"破冰"的最初时刻，却遇到了中国改革开放的春风。1978 年 3 月，来自中国外交部部长黄华的邀请信寄到了斯特恩手中，中国官方建议他那年晚些时候访问中国。斯特恩赶紧查看日程安排，结果发现 1978 年的日程一年前已经排满。最终，行程定在了 1979 年 6 月的后半个月。

斯特恩与黄华的相识，仍要从一位朋友——阿特拉斯博士说起。这位化学博士与斯特恩同住一栋公寓大楼，他是中国塑料工业的顾问。得知斯特恩对中国感兴趣，便邀请他们夫妇参加一次晚宴，宴会的客人是时任中国驻联合国大使黄华和夫人。

晚宴上，斯特恩热情地向黄华表达对中国的向往。黄华夫人问他是做什么的，他说是小提琴家。夫人又问："噢，那你是职业的吗？"斯特恩回答："是的，我在一些音乐会上演出。"

斯特恩的愿望成真。1979 年 6 月 18 日，他与妻子维拉、女儿希拉、两个儿子迈克和大卫，还有钢琴伴奏大卫·格鲁伯，一起乘飞机降落在了首都机场。

那一年是中国古典乐迷们至今津津乐道的一年：从年初小泽征尔率领的波士顿交响乐团到小提琴大师斯特恩，从卡拉扬指挥的柏林爱乐乐团到另一位小提琴大师梅纽因，再到年底的多伦多交响乐团，接踵而至的世界级音乐家在国门初开的中国掀起阵阵热浪。

"其中社会影响最大的，当数美国小提琴家艾萨克·斯特恩，这个名字从此与中国古典音乐发展结下了不解之缘。"卜大炜是《斯特恩回忆录——我的前 79 年》的译者，他亲历了1979 年星光熠熠的"涉外演出"。

因为斯特恩不仅带来了西方古典音乐，还带来了一个专业的拍摄团队。拍摄团队全程记录了斯特恩一家在中国的旅行和演出，回到美国后，剪辑制作成纪录片《从毛泽东到莫扎特》。后来，这部电影获得了 1981 年第 53 届奥斯卡最佳纪录片奖。

一个小提琴演奏家的中国之行，为什么会带一个拍摄团队？斯特恩的儿子大卫曾透露，是母亲提出用电影来展现这次旅行。不过，这与斯特恩在回忆录中的说法有点出入，他说，这是一位亲密朋友瓦尔特·邵耶尔的主意。邵耶尔是华尔街的一位投资商，在斯特恩挽救卡内基音乐厅的活动中，他响应号召成了音乐厅的主要赞助人，两人的友谊从此开始。他建议斯特恩带一个小型的摄影小组，记录下这次旅行。

起初，斯特恩的家人非常反对这个主意："哪有人会看这样的电影？"但最终，一切在餐桌上投票决定了。斯特恩回忆："弄不清邵耶尔哪儿来的这么大决心，完全是自掏腰包，带来的不仅仅是一个电影摄制组，还有一位导演默里·莱尔纳。"而在邵耶尔的遗孀玛吉的记忆里，邵耶尔对这部电影的热情简直是走火入魔，为了获得进入中国拍摄的许可，他努力游说每一个可能帮得上忙的人，花了三四个月才获得拍摄许可。

斯特恩曾多次应邀到美国白宫演出，有一次，在白宫准备的节目单个人简历上，他被称为"非官方的音乐大使"。1979年的中国之行中，他恰如一个"非官方的音乐大使"，为中国打开了一扇通向世界的音乐之窗，而那部纪录片则向世界呈现了中国改革开放之初的一抹亮丽春色。

红塔礼堂"满台生辉"

与小男孩王健的后知后觉不同，提前半年，中央音乐学院就开始了迎接斯特恩到访的准备工作。一些成绩优秀的学生被挑选出来为斯特恩演奏，中央音乐学院管弦系1977级学生徐惟聆就是其中之一。在学校门口，徐惟聆站在欢迎的人群中，小心翼翼地帮斯特恩提着琴盒，感觉身边的大师仿佛"神一样的人物"。

斯特恩在北京最重要的行程是在红塔礼堂的两场演出。唱片上的人物出现在现场，全国各地的专业小提琴家、青年学生云集北京，有人就像过节一样兴奋。卜大炜当时是中央歌剧院交响乐团的中提琴手，回忆那时坐在观众席上的感觉，他用了一个词——"朝圣"。

斯特恩没有辜负中国观众的热情。第一场与李德伦指挥的中央乐团合作的协奏曲音乐会，上半场演奏莫扎特的《G大调第三小提琴协奏曲》，下半场是勃拉姆斯的协奏曲。第二场个人独奏音乐会，曲目有贝多芬的第五"春天"奏鸣曲和弗兰克的奏鸣曲，还有德彪西《亚麻色头发的姑娘》。年轻的卜大炜第一次在现场观看世界级大师演奏小提琴，他说，用"满台生辉"形容真不为过，"斯特恩一登台，我眼睛都不敢眨，就想把他的一举一动都捕捉下来"。

比起正式音乐会，更让卜大炜感到"振聋发聩"的，是演出前的大师课。第一次进入排练场，斯特恩就发现，座无虚席的观众都懂音乐，只是，"无论是指挥还是乐队，对西方的音乐都接触得很少，他们不善于用各种色彩和情绪来演奏"。于是，正式演出前，他手把手地为中国朋友上了一堂大师课。

中国青年小提琴家中的佼佼者唐韵很早就从上海赶来了，她肩负着一个特殊任务：作为斯特恩的替身，提前与中央乐团排练。正式演出前，身着花衬衫的唐韵，为斯特恩演奏了排练曲目之——勃拉姆斯小提琴协奏曲第一乐章。斯特恩满面笑容地聆听着，指出的意见却一针见血：演奏和弦时弓子压得太厉害了，应该横向拉的动作多一点。大师一点拨，唐韵的演奏

1979年斯特恩与中央乐团在排练。

效果立竿见影。

在中央音乐学院礼堂的另一堂大师课上，大二学生马晓明演奏了一曲西贝柳斯《d小调协奏曲》。为了提醒他注意运弓动作的延续性，斯特恩幽默地打了个比方，就像打乒乓球那样，整个胳膊要顺势拉开连续地运动，如果你运弓到中途突然停下来，球就飞到天上去了。

用脑和用心去演奏，是斯特恩带给中国学子们最重要的一课。徐惟聆也在那次大师课上，从当年的音乐学院学生成长为中国最杰出的小提琴家之一，她始终忘不了斯特恩带来的震撼，"我们第一次知道，原来琴还可以这么拉。除了苦练技术，音乐还是会呼吸的，还有这么多层次的音色和变化"。

徐惟聆还记得，有人问斯特恩："您拉琴的时候是想着上弓先开始，还是下弓先开始？"他马上风趣地答道："我问你，你是先用左鼻孔呼吸，还是先用右鼻孔呼吸？"

那时，中国演奏家习惯使用肩垫，来保持琴的稳固性，斯特恩对这种工业化制成品深恶痛绝。他从来不用肩垫，而是用自己的"秘密武器"——一块简单的海绵垫。在红塔礼堂，他当众掏出衬在 T 恤和肩膀之间的海绵垫，引得全场哄堂大笑。斯特恩相信，相比肩垫，海绵垫能让演奏者更好地感受到音乐的震动，让小提琴更好地成为身体的一部分，就像另一条胳膊。第二天，他甚至送给演奏的学生们每人一个海绵垫。

红塔礼堂的大师课起初由一位英语翻译作口译。这名年轻的男翻译可能对音乐术语不熟悉，当斯特恩用 "big ball" 讲解一个乐句时，翻译感到有些迷茫："大……球，这是什么意思？"幸好，中央乐团指挥李德伦先生解了围，说是"舞会"的意思，就是说，演奏这个乐句时，情绪要像参加舞会那样欢快。李德伦嗓门大，声音直接传到了剧场最后排，台下观众一致要求李德伦来翻译。于是，正式舞台上的协奏之前，李德伦先与斯特恩合作了一堂大师课。

很少有人知道，1956 年，在莫斯科学习的李德伦与首访苏联的斯特恩曾有过一面之缘。斯特恩是犹太人后裔，出生在苏联的乌克兰加盟共和国（现乌克兰），未满一岁即随父母移居美国，俄语是他熟练掌握的语言之一。前往中国的飞机上，他提醒妻子，到了中国，"不要像我们过去那样用俄语交谈"，这可能不太适宜。没想到，在机场等待的李德伦一见面，就用俄语向他们问好，令他备感亲切。

时隔 20 多年，李德伦与斯特恩在北京再次相遇，无论台上演出，还是幕后闲谈，都非常契合，除了关于莫扎特的探讨。斯特恩说莫扎特是个天才。李德伦说，莫扎特出生时正好是西方世界从封建社会变成资本主义工业化国家的时期。言外之意，莫扎特是由时代造就的。坐在一旁的中国人民对外友协英语翻译吕宛如如今已经 93 岁，她的儿子说，当时场面其实有点"不和谐"，纪录片只播出了两人交谈的一小段。不过，斯特恩聪明地转移了话题。

1999 年，79 岁的斯特恩重返中国，与坐在轮椅上的李德伦合奏了一场"世纪绝唱"。在世纪剧院，有记者问到 20 年前的那次谈话，李德伦笑言："当时不能只讲天才……其实我是同意斯特恩的观点的——莫扎特是天才的，因为那个时代的背景对每个人都是一样的，为什么只有莫扎特这么出名呢？"

"每一个窗口都有一个天才"

卜大炜说："对于真正的天才，斯特恩似乎从来没有看走过眼。"蜚声国际的小提琴家帕尔曼、朱克曼，国内观众更熟悉的华裔大提琴家马友友，都是斯特恩发掘的"明星"。

1979 年的北京，一个拉小提琴的小女孩令斯特恩念念不忘。纪录片《从毛泽东到莫扎特》拍下了那一幕：小女孩大约 10 岁，一条湖蓝色连衣裙，颈上系一条红领巾，她站在斯特恩面前演奏塔蒂尼的《g 小调奏鸣曲》。斯特恩突然喊停，让她把开头的旋律唱出来。小女孩有点害羞，犹豫了几秒钟，斯特恩笑着拍拍她的肩膀，鼓励她不要害怕。小女孩也笑了，用甜美而充满感情的声音唱出了那个乐段。刚刚唱完，斯特恩赞美道："好听极了！"然后问她："你为什么不像唱歌那样去拉琴呢？"小女孩再次演奏，魔法发生了，带着心声流淌出的旋律，立马生动起来，观众席爆发出一片掌声。

一切都很完美，但人们不知道，纪录片幕后，大师其实很担心自己"因欠思考而贸然行事"，把小女孩惹哭了。他在回忆录中写道："假如她不愿意唱，假如她哭了起来，我就得去抱抱她，然后请她做点什么别的事。总会有办法来应付这种局面的。"

这个小女孩，就是后来在香港拥有了自己乐团的何红英。1977 年底，中央音乐学院附中恢复招生后，她是考进附中的第一批少年音乐人才之一。在斯特恩的眼中，"她是一位可爱的孩子，而且她有天赋"。

另一位打动斯特恩的天才，是后来被誉为"东方帕格尼尼"的小提琴家吕思清。他当时只有 9 岁，斯特恩两次听了他的演奏。一次大师课后，

斯特恩指点何红英像唱歌那样把旋律拉出来。

斯特恩主动找到吕思清的老师王振山，要与他谈一下如何培养天才儿童的问题。

一个世界级大师主动找到初次谋面的中国琴童的老师，为未来指点方向，这太出乎王振山的意料了。以至于多年之后，他还清楚地记得当年斯特恩的话："这个孩子很有天赋，但也很危险，主要是周围的人经常称赞他，应该让他不要感觉自己很特殊、过分表现自己。老师和父亲可以对他更严格，他经受得住。"

当王振山问到关于专业教育方面的意见时，斯特恩建议要把基础打好，按常规的训练方法训练他，要稳一些，不要急，并一再叮嘱要让他学习全面的知识，多听交响乐、四重奏等。

有意思的是，当时上海电影制片厂正在为影片《琴童》物色小演员，看中了吕思清。他还到上海试过镜，基本敲定由他担任片中主角。谁知斯特恩听说他要去拍电影，连连摇头，对他的老师说："不行，不行，得让他专心练琴，演电影就分心了。"一句话断送了吕思清的电影"明星梦"，却成就了"东方帕格尼尼"的音乐之路。

纪录片《从毛泽东到莫扎特》中，有一个镜头格外动人。电影镜头扫过上海音乐学院附小琴房的一排窗户，每扇窗户里都有一个认真练习的琴童，或弹钢琴，或拉小提琴，或弹琵琶，或拉二胡。参观完一间间琴房，斯特恩兴奋地竖起拇指，留下了一句后来广为流传的话："这里每一个窗口都有一个天才！"

上海音乐学院附小的琴童中，最让斯特恩惊艳的莫过于10岁的王健。

　　那时，刚刚走过"文革"的封闭时期，中国古典音乐教育最重视的是不要拉错，一定要准确。用斯特恩的话说，演奏者们"都能以令人吃惊的灵巧将音符演奏出来，但他们不理解音乐"。

　　王健是个例外。3 岁那年，从西安音乐学院毕业的父亲被分配到上海样板团，母亲吹长笛，留在了西安。父亲一人带着小王健搬到了上海。在上海样板团的宿舍里，为了给王健找点事儿做，拉大提琴的父亲送了他一把老旧的中提琴。以这个"小号大提琴"为起点，父亲告诉他：演奏就是要抒发情感，要讲故事，要找到音乐中美好和让人感动的东西。与同龄人相比，王健学琴的进度非常缓慢，他拉的曲子数量和难度都不如别的同学。没想到，恰恰是这种抒发情感的演奏，感动了斯特恩。

　　曾经，美国的音乐杂志记者问斯特恩："你是个小提琴家，在中国看了那么多小提琴演奏，为什么纪录片结尾放的不是小提琴家的演奏，也不是你自己的演奏，反而放了一个小朋友拉大提琴的镜头？"

斯特恩回答："这个孩子打动了我。"

　　一旦被打动，斯特恩总是忍不住将自己年轻时得到的帮助给予后辈。王健说，斯特恩离开中国后，时常给

10 岁的王健正在拉大提琴

自己写信，关心他在做什么，有什么计划。有一次，他请一位专业制作琴弓的美国朋友，专门为小王健做了一把琴弓，琴弓漂洋过海，通过美国驻华大使馆送到了王健手中。

这只是美国大师与中国琴童缘分的开始。几年后，中国香港华人企业家林寿荣偶然看到《从毛泽东到莫扎特》，记住了纪录片中拉大提琴的男孩。他直接找到王健的家人，资助他前往美国深造。16岁的王健就这样来到了耶鲁大学。

初到美国，王健出入境常被刁难，好几次被关到小黑屋。斯特恩干脆在家庭聚会上请来了基辛格，王健太紧张，与基辛格握手时一不小心碰翻了红酒，洒了对方一身。没想到，斯特恩却安慰他，没关系，他现在不会忘记你了。后来，小黑屋的问题果然解决了。

学习之余，斯特恩依然时不时请王健到家里去玩儿，给他上课，在演奏会上带着他，把他介绍给美国古典音乐圈的大人物。从那以后，王健堪称传奇的音乐生涯开始起飞。

"无可替代、巨大无比"，王健这样形容斯特恩对他音乐事业的帮助。

登门拜访《梁祝》作者

在作曲家陈钢眼中，斯特恩却是一个童心未泯的"老顽童"。

陈钢常年工作生活在上海音乐学院，他最广为人知的身份是小提琴协奏曲《梁祝》的作者之一。《梁祝》孕育于"大跃进"时期，1958 年，为向国庆十周年献礼，上海音乐学院"小提琴民族化实验小组"决定搞一个小提琴协奏曲。学生们最初的备选题大多时代感十足，有《大炼钢铁》，有《女民兵》，唯独熟悉越剧的组长何占豪报了个《梁祝》，心里也没底气。想不到，学院党委书记孟波没有随大流，大胆地圈了一个表现爱情的《梁祝》。

第二年，何占豪、陈钢等合作的《梁祝》诞生。不久，小提琴奏出的"两只蝴蝶"飞出国门。外国人不知梁山伯与祝英台是何许人，却能听懂曲中催人泪下的情感，并且，早在 1954 年，他们就听说过"中国的罗密欧与朱丽叶"的故事。那是日内瓦会议期间，为了让外国记者更好地了解新中国，周恩来总理让代表团举行电影招待会，放映彩色戏曲片《梁祝哀史》。负责新闻办公室工作的熊向晖担心外国记者看不懂，请工作人员准备了一本十五六页的外文说明书，却招来总理的批评：十几页的说明书，谁看？我要是记者，我就不看。总理说："只要你在请柬上写一句话，'请你欣赏一部彩色歌剧电影——中国的《罗密欧与朱丽叶》'。"放映结束，外国观众果然被感动得久久不肯离去。

斯特恩应该是被蝴蝶的爱情打动了，访问上海时，主动提出要到陈钢家里做客。这着实让陈钢吃了一惊，"我们从未见过面"，而且当时的外宾"不太会到一个音乐家家里来"。

陈钢记得，斯特恩来家里那天是 7 月 1 日，一个大热天。浩浩荡荡的摄影团队先来，过了半个小时，斯特恩乘着一辆红旗轿车也到了。这样的阵势多少让他有点紧张，谁知，斯特恩走进客厅倒是"宾至如归"。

他一边扇着蒲扇，一边品尝杨梅，突然对陈钢说："昨天晚上宾馆的空调坏了，没睡好，我先在这儿睡一会儿。"于是，一行人把小客厅留给斯特恩。大师横在沙发上睡了二十分钟，休息过后，兴致上来，聆听了《梁祝》，连连称赞，欣赏了陈钢的另一首代表作《阳光照耀着塔什库尔干》后，还在小提琴上试奏了这首作品的片段。

两年后，陈钢去美国访问时，再次见到斯特恩。在纽约的家里，斯特恩得意地向陈钢展示一个小玩偶，那是朋友们为庆祝他六十大寿送的礼物。小玩偶看起来像个乌龟头，一拉一缩，伸出来的头像画的正是斯特恩，看得陈钢忍俊不禁：真是童心未泯呀！

令人啼笑皆非的是，斯特恩中国之行的一大遗憾竟然是错过了北京烤鸭。北京的宴会当然为客人们提供了烤鸭，可是，当鸭子快要到嘴时，斯特恩突然接到美国大使馆的一个电话。那时"涉外"演出的门票都是组织内部分配，不对外出售，因此，美国大使馆的官员们没有拿到一张斯特恩音乐会的门票。机会难得，他们干脆打电话问斯特恩：能不能到大使馆至少演奏一个小时？斯特恩表示没问题，去演奏了一个半小时再回来，斯特恩发现，他错过了此行最渴望的美食——北京烤鸭。

这对于斯特恩来说可太遗憾了，毕竟，他是一个"好吃好喝"的美食达人。晚年时，斯特恩反思自己的职业生涯："如果我生活得更健康一些，练习得更多一些，吃得更少一些，我会做得好得多。"但是，他马上又推翻了这个假设："我好吃好喝，喜欢满足口腹之欲。我热爱生活，这是我演奏的动力。"

　　他自知"五英尺六英寸的矮胖形象"不够有魅力。美国音乐界流传一个段子，在一场观众爆满的音乐会上，前后台都坐满了人，圆圆胖胖的斯特恩走上舞台，对着后台的观众说："请原谅我的后背不雅。"然后转过身，诙谐地对前面的观众说："请原谅我的前面不雅。"

　　幽默的魅力足以让人们忽略大师的外在，而他对音乐的专注和演奏的热情，更让1979年中国的音乐界人士如闻仙乐。陈钢去现场听完斯特恩的音乐会，不由感慨"舞台上的他完全变了一个人"，"演出时，他神情严肃，全神贯注，活像个圣坛上的艺术之神。当第一个音符从他弓端流出时，他那魔幻般的手指，顿时将我们带入一个诗与梦的世界……"

莫扎特的余音

　　斯特恩一家在中国度过了大约三周的时光，摄影团队几乎记录了他们的全部行程，除了在西安的兵马俑考古现场，那里禁止拍摄。在西安没有演奏计划，斯特恩一

斯特恩与夫人准备品尝中国菜肴。

家只是纯粹地旅行，但大师来访的消息还是不胫而走，有人追到酒店，问斯特恩能不能去听一听当地演奏者的演奏。

于是，在酒店附近的一家电影院，斯特恩聆听了三四位年轻人的演奏，发现其中一名青年男子相当有天分。相比之下，当年的西安奇缺训练有素的教师，斯特恩不由得冒出一个想法：如果我这次旅行期间遇到的每一位年轻人，都能到国外学习音乐，那该有多好啊！

在一次次短暂的大师课上，他总是可惜时间不够用，但在即将发生巨变的中国，斯特恩的担心似乎是多余的。

1979 年，时任上海音乐学院副院长的谭抒真教授接待了斯特恩一行，他记得，斯特恩那时提出了一个问题：你们的小学水平很高，每个学生都很有才能。可是，到了中学就差一些，到了 18 岁就不行了，这是什么原因？教师们的回答各不相同。不过，短短三年后的 1982 年，上海音乐学院的小提琴教学事业已经突飞猛进，"有些外国小提琴名家、名教授来，说我国小提琴（甚至整个弦乐）已经超过欧洲所有的音乐学院"。

外国客人或许有夸奖的成分，但斯特恩的到来的确让中国学子听到了久违的"莫扎特"，为中国古典音乐界"打开了一扇可以看到芬芳艺术花园的大门"。

20 世纪 80 年代，纪录片拍下的那些懵懵懂懂的孩子，纷纷走出国门深造。四十多年后的今天，他们几乎都成了活跃在国内外乐坛和音乐教育界的大家。除了前文介绍过的王健、徐惟聆、何红英、唐韵、吕思清，这份长长的名单里还有中央音乐学院钢琴系副主任潘淳、上海四重奏创立者之一李伟纲、匹兹堡交响乐团原副首席贾红光、瑞典马尔默交响乐团原首席马晓明……

拍摄纪录片《从毛泽东到莫扎特》，斯特恩一行赶上了最好的时机。幸运的摄影团队被允许全程抓拍，足足拍摄了60个小时的素材。寄回美国的胶卷完好无损，谁知，拍下素材的导演莱尔纳却与投资人邵耶尔吵了一架，扬长而去。珍贵的素材差点被闲置，幸好斯特恩向邵耶尔介绍了艾伦·米勒。

米勒既是音乐家，又是电影制作人，他没有随斯特恩到访中国，花了一年时间观看素材、思考主线，终于用他的生花妙手制作出了大约88分钟的纪录片。米勒没有把外国人访问中国的那些"标配"行程当作重点，比如在北京欣赏京剧排练、民乐演奏，攀登长城、参观故宫，在桂林荡舟漓江，观看杂技、口技表演，在上海参观街景，近观孩子们的武术和体操训练等，而是把音乐的碰撞作为主线，从正在学习音乐的中国年轻人与美国小提琴大师的互动中，展现正在发生变化的中国。

斯特恩看完纪录片后，剪去了4分多钟。那是在上海市政府礼堂演奏前试琴的片段。斯特恩和钢琴伴奏大卫·格鲁伯发现，由于受潮，键盘变形，礼堂的那架钢琴简直无法弹奏。但礼堂经理告诉他们，那是全上海最好的钢琴。斯特恩十分恼火，他说北京有一架好钢琴，要打电话给北京的官员，看他们能不能派军用飞机或卡车把那架钢琴连夜运到上海。

这应该是斯特恩中国之行的唯一一次发火，平静之后，他不想让中国朋友的感情受到一点点可能的伤害，主张删掉了这段镜头。因此，人们后来看到的纪录片只有84分钟，钢琴的波折仍在，只是斯特恩闹情绪、发脾气的画面被剪掉，直接跳到了皆大欢喜的结局，在上海电台找到了另一架替代的斯坦威钢琴，演出顺利进行。

米勒不愧是音乐家，音乐贯穿始终的纪录片充满了诗意，各种文化背景的人都能被影片打动。美中不足的是，由于米勒本人并未参与中国之行，他打乱素材的剪辑方式有时让观众感到小小的困扰。比如，潘淳在北京演奏钢琴的画面与王健在上海拉大提琴的片段剪辑在一起，导致很多人误以为潘淳当年是上海的小学生。斯特恩上海音乐会的演奏片段之后，紧接着出现了小潘淳献花、宋庆龄上台合影的镜头，这一幕其实发生在红塔礼堂的北京音乐会上。

不过，小小的瑕疵并没有掩盖纪录片跨越国界的魅力。在美国年轻人逐渐对古典乐失去兴趣的年代，这部影片在美国、加拿大、法国等多家影院放映，引起轰动。影片的预算大约是21万美元，而截至1981年底，收入竟达到了120万美元。当初为影片慷慨解囊的邵耶尔，赚到了比成本多5倍的钱。这笔意料之外的收入，最终又用在了邵耶尔与斯特恩合力挽救下来的卡内基音乐厅事业中。

及至影片获得1981年度奥斯卡最佳纪录片奖，并在戛纳电影节得到放映，斯特恩和他的访华之旅更是人气空前，用他的话说，"40多年的旅行、工作和思考，与这部84分钟的影片相比都微不足道了"。

斯特恩重回中国

"音乐可以比语言表达出更多的东西"，在中国，斯特恩留下的"遗产"也已远远超出音乐的范围。1979 年，大师的中国之行播下了一颗音乐的种子。20 年后，79 岁的他受邀重回中国，参加第二届北京国际音乐节，他惊讶地发现："其他地方播下种子，长出来的是花朵、蘑菇和树木，而在中国生长出来的却是 30 层的高楼。"

这一次，将 60 小时素材变成 84 分钟纪录片的艾伦·米勒，作为导演随斯特恩来到北京，拍摄了另一部纪录片《音乐的交会：斯特恩重回中国》。

时光流转，斯特恩的琴声再次响起，与 20 年前的影片相比，北京太不一样了，川流不息的汽车代替了满街的自行车，发型各异、衣着时髦的人们代替了"黑蓝灰"色调的人群。记者会上，兴奋的斯特恩反客为主，向记者们发问："我能否问一问你们记者，20 年前，你能想象到北京举办如此盛大的国际音乐节吗？"

无论城市发展，还是古典音乐，北京变化的速度都超出了斯特恩的想象。音乐节闭幕式上，《从毛泽东到莫扎特》中的"小天才"王健、徐惟聆、潘淳变成了青年演奏家，他们在斯特恩次子大卫·斯特恩的指挥下，联袂演奏了一曲贝多芬的《C大调钢琴、小提琴、大提琴三重协奏曲》。随后，满头华发的斯特恩与坐在轮椅上的李德伦，再度携手合作演奏了莫扎特的《G 大调第三小提琴协奏曲》。

彼时，82 岁的李德伦已患肺炎，在协和医院住院治疗了许久，家人都担心他的病体再次感染，但为了这次世纪末的约定，他还是坐着轮椅出现在了世纪剧院的舞台。这次"世纪绝响"后不久，2001 年，81 岁的斯特恩和 84 岁的李德伦相继离世，前后相差不到一个月。

一代大师驾鹤西去，这些年来，斯特恩的名字在中国却愈发熠熠生辉。2016 年，以艾萨克·斯特恩为名的国际小提琴比赛在上海启动，至 2023 年已举办三届。

大卫·斯特恩与徐惟聆续写了 1979 年的故事，担任比赛评审委员会联合主席。如今，上海艾萨克·斯特恩国际小提琴比赛在全球的影响力和美誉度不断提升，参赛选手的国籍越来越多元。

为了让中国文化更多地被看见、被演绎、被理解，比赛自创办起就立下一条特别的规则，进入决赛的选手，除了常规的古典小提琴协奏曲外，还要演绎一首必选的中国曲目。

在大卫·斯特恩的印象里，初次随父亲到访中国，如同去到了"另一个星球"。在那个截然不同的世界里，斯特恩一家感受到了巨大的热情，感受到了人类共同的语言——充满人情的音乐。那时，斯特恩一定无法想象，有一天，来自世界各国的年轻音乐学子们会聚在中国的大地上，诠释中国味道的小提琴协奏曲《梁祝》《悲喜同源》和《夜途》。

1999 年 11 月 19 日，斯特恩与李德伦在世纪剧院激动相拥。
（张风／摄）

在大卫·斯特恩的指挥下，徐惟聆、王健、潘淳
联袂演奏了贝多芬的三重协奏曲。

第十三章

卡拉扬『交响』：
『指挥帝王』未竟的北京遗憾

张小英／文

在 20 世纪后半叶，赫伯特·冯·卡拉扬无疑是乐坛"顶流"。

这位贵族气派的指挥大师，曾带领过欧洲众多一流交响乐团，并执棒世界顶级交响乐团——柏林爱乐乐团长达 34 年，全盛时期被誉为"欧洲音乐总指导"。他生前录制唱片近 900 种，全球销量超 2 亿张，至今仍是古典音乐界的"销量王"。

1979 年国门初开，人气堪比天王巨星的卡拉扬，应邀率柏林爱乐乐团访华，在北京连演三场音乐会。这是卡拉扬的首次访华，也是唯一的一次，前后只有一周时间，此间发生的种种故事，如同一首交响曲，跌宕起伏。卡拉扬和柏林爱乐乐团又似一股旋风，在中国掀起西方交响乐热潮，深深影响了一代音乐家和古典乐迷……

迟迟要不来贵宾房

1979 年 10 月，北京和平里，文化部外联局译审洪善楠的家里门庭若市。

来访者都是同一小区的邻居，有中央乐团（今中国交响乐团）指挥李德伦、严良堃、秋里，小提琴演奏家司徒华城……他们手里都拿着一张节目单，走的时候都不忘嘱托一句："无论如何帮个忙，请卡拉扬签个名！"

这一年，中国与联邦德国签订文化交流协定，邀请指挥大师卡拉扬率柏林爱乐乐团访华演出。文化部外联局安排洪善楠，担任卡拉扬的随行翻译。

对中央乐团的音乐家们来说，真是多重惊喜——既能在家门口一睹大师风采、欣赏世界顶级交响乐团的演出，又可能通过老街坊的"特殊关系"，要到卡拉扬的亲笔签名。以前，音乐界人士早有耳闻，大师从不随意签名。

几家欢喜几家愁。负责卡拉扬访华具体事宜的接待组，却因为搞不到贵宾房急得团团转。

文化部外联局译审洪善楠（左一）旧照。

　　按照文化部接待计划，卡拉扬、乐团行政经理彼得·吉尔特和其他 8 名主要成员，入住北京饭店，每人或者每对夫妇一个单间；其余 200 多人均安排住前门饭店双人间，如有乐师带家属，需自掏腰包付一张床位费。

　　前门饭店照单落实，但北京饭店却迟迟不肯给这 10 间房。

　　当时，北京可接待外宾的涉外饭店只有 11 家，客房不到 4000 间。坐落于长安街边的北京饭店是规模最大、名气最高的高档酒店，曾接待过不少国家元首和政府首脑。随着国际交往日益频繁，这里的客房一度非常紧张。

　　时任中国对外演出公司副经理的党允武，作为接待组组长，三番五次跑到北京饭店要贵宾房。他苦口婆心地解释说："卡拉扬在欧洲的地位和威望，不比一个普通国家的总统或总理低。"接待部门还给卡拉扬配了一辆红旗轿车，这在当时属于部长以上的待遇。

1979 年，卡拉扬访华，政府为其配了一辆红旗轿车。

但北京饭店首先要保障的是国家外交的接待需求，工作人员无法理解：一个乐团的指挥，怎么能与一国元首相提并论？

卡拉扬出

生于莫扎特的故乡——奥地利萨尔茨堡。他的父系先祖原籍希腊，是纺织品商人，移居奥地利后，因有功于神圣罗马帝国而受封为爵士。卡拉扬全名中的"冯"（Von）字，就是其贵族出身的标志。

他的父亲是一名医生，爱好吹奏单簧管，母亲是理查德·瓦格纳的乐迷。他从小受家庭熏陶，4岁开始弹钢琴，10岁可以开钢琴独奏会。据卡拉扬生前自述，他曾因在钢琴方面的天赋，被世人称为"神童"，但他从没有为这一称号去耗费力气。

大学时代，卡拉扬在维也纳工业学院学的是机械制造。因为在他务实的父亲看来，音乐只能是爱好，要学一门实用的技术来糊口。而他无法抵挡音乐的强大诱惑，于是又在维也纳音乐学院研修音乐，并取得了指挥资格。

毕业后，卡拉扬毅然踏上音乐之路，在乌尔姆歌剧院开启了指挥生涯。这是一个不起眼的小剧场，舞台只有一间客厅大小，乐队人数不超过26人，并不能满足他的鸿鹄之志。1938年，羽翼丰满的卡拉扬进军柏林，首次指挥了柏林爱乐乐团的演出，之后又与柏林国家歌剧院乐队合作演出了瓦格纳的《特里斯坦与伊索尔德》，引起轰动。

"一颗新星终于出现了！"欧洲音乐评论家埃德温范·德·努尔在媒体面前，对卡拉扬不吝赞美之词，称其为"神奇的卡拉扬""伟大的指挥家"，并吹毛求疵地评论道："一些老指挥家"应该向这位年轻人学习点什么。

所谓"老指挥家"，针对的是时任柏林爱乐乐团总指挥的富特文格勒。他以不拘一格、浪漫、即兴的指挥风格，在欧洲乐坛享有崇高声誉。看到这样的评论，他自然不高兴，并对这颗崛起的新星心怀戒备，"一心想让卡拉扬离他的乐团远点"。

卡拉扬却对柏林爱乐乐团念念不忘。成立于1882年的柏林爱乐乐团，是全世界首屈一指的交响乐团之一，乐团成员的素质令他着迷。他曾立志："我一定要得到这支乐团……而且我知道，和这支乐团一起我将有什么样的成就。"直到1954年，富特文格勒不幸去世，卡拉扬才如愿以偿，在第二年成为柏林爱乐乐团的终身首席指挥。

此后，"神奇的卡拉扬"逐渐走向巅峰。从20世纪50年代到70年代，他同时兼任伦敦爱乐乐团、维也纳爱乐乐团、米兰斯卡拉歌剧院、维也纳歌剧院、巴黎歌剧院和纽约大都会歌剧院的指挥，并包揽萨尔茨堡音乐节、卢塞恩音乐节等音乐节的艺术指导，被誉为"欧洲音乐总指导"。

只要他的名字出现在海报上，不论是指挥歌剧还是音乐会，售票处门前都会排起长队，演出场场爆满。20世纪70年代末，卡拉扬原定在维也纳金色大厅指挥海顿的《创世纪》，后来因故取消，让另一名年轻的指挥家代替，结果整个大厅仅坐了一半。有评论家直言："人们不是去听海顿的曲子，而是去看卡拉扬。"

有一次，英国前首相撒切尔夫人到奥地利访问，造访了卡拉扬在萨尔茨堡的家。她与卡拉扬共进午餐，并开玩笑说："我羡慕你的地位，在指挥台上，你要人们做什么，他们总恭敬听命。"卡拉扬连忙回应："事情并不总是这样！"

西方交响乐在中国起步较晚。卡拉扬在欧洲乐坛如日中天时,中国国家交响乐团——中央乐团刚刚于 1956 年正式成立。之后不久,乐团就经历了接连不断的政治运动。"一会儿批'白专'不能练琴,一会儿'民族潮'交响乐队要改民乐队,拉提琴的要改成拉二胡的。'文革'一来,西方交响乐便同所有西方文化一块儿消失了……"

"四人帮"倒台后,西方交响乐在中国恢复公开演出,但很多人没听过音乐会。李德伦在 1981 年中国音乐家协会的讲话中提到,中国像样的交响乐团只有两个,北京、上海各一个,比较完整。广州和西安的乐团因条件受到限制,还需要大力发展。也就是说,十亿人口有四个乐团,两大两小,五亿人口分一个大的、一个小的。

所以,对音乐"门外汉"来说,卡拉扬是一个陌生的名字。北京饭店的工作人员没听过这个名字,当然也无法想象他能与国家元首相提并论。

最后经文化部反复协调,北京饭店总算答应给十间贵宾房。彼时,距离柏林爱乐乐团抵京,仅剩三个小时。

机场"空降"意外

柏林爱乐乐团抵京前,首都国际机场的工作人员也遇到了难题。

因为柏林爱乐乐团这次乘坐的是德国汉莎航空公司的第一架大型喷气式客机。首都国际机场还没有降落过如此庞大的客机，原有的舷梯高度不够。怎么办？

时间紧迫，机场有关部门会商后，让工作人员在原有的舷梯上，临时接了两块木条，再钉上几块木板。这样，舷梯总算够得着机舱口。

1979 年 10 月 27 日，夜幕笼罩下，柏林爱乐乐团的飞机降落于首都国际机场。机舱门缓缓打开，卡拉扬第一个走下飞机。随后，他被引领到机场贵宾室。

文化部、中央乐团一行人，正在那里迎候他。双方坐定后，时任文化部副部长的姚仲明致欢迎词："请允许我代表中华人民共和国政府文化部和中国音乐界同仁，向尊敬的、远道而来的卡拉扬先生及其率领下的柏林爱乐乐团表示热烈的欢迎！"

"当天，洪善楠不巧生病了，就由我来担任卡拉扬的翻译。"时任文化部外联局译审的张德生说，为了做好这次接待任务，他提前研读了十多万字的德语材料。然而，刚开口翻译了一句，他就看见一位德国人行色匆匆地闯了进来。

"那位德国人径直走向卡拉扬，凑上去与他'咬耳朵'。"张德生还没有反应过来，卡拉扬噌的一下站起来，说了一句："我的乐师从飞机上掉下来了！"他没跟任何人打招呼，头也不回地离开贵宾室。

柏林爱乐乐团大提琴演奏家亚历山大·韦多夫作为当事人，曾在《柏林爱乐——我们的故事》影片中回忆了事情的经过——

飞机降落后，大概下来了五六个人，韦多夫和舞台监督海因茨·巴特洛格一起下飞机时，巴特洛格突然在停机坪中央晕倒。

　　于是，韦多夫转头跑了回去，站在舷梯最边沿的位置，朝飞机里面大喊："请先让一位医生出来，巴特洛格心脏病发作晕厥了！"谁也没想到，就在他喊这句话的那一刻，舷梯突然塌了。

　　韦多夫和站在他身边的首席双簧管洛塔尔·科赫猝不及防，一起从6米多高的舷梯摔了下去。"另一名曾参过军的乐师反应很快，徒手爬回了机舱。"韦多夫的两只脚跟被摔伤，科赫则摔断了肋骨。

　　卡拉扬赶到时，现场一片混乱。柏林爱乐乐团第一首席托马斯·布兰迪斯记得，卡拉扬给晕厥的巴特洛格做了人工呼吸，"把他从鬼门关拉了回来"。

　　救护车很快开了过来。双方经过协商，三名伤员被送到位于东单的协和医院。

　　中央音乐学院民乐系的学生姜建华，原本怀着激动的心情，和几位同学拿着小旗在机场迎接"教科书偶像"，却目睹了这起事故的发生。她至今仍记得，"那天，卡拉扬的脸色铁青，非常可怕"。

　　第二天，卡拉扬去医院看望受伤的音乐家。他问："我能帮你们做点什么？"韦多夫回答道："我摔下来的时候眼镜碎了，没办法读东西了。"卡拉扬从口袋里掏出自己的眼镜说："你试试这副？"韦多夫戴上眼镜四下看了看，满意地说："它刚好合适。"

　　第三天，柏林爱乐乐团两位受伤的音乐家，后来只在协和医院做了紧急处理，没有动手术。张德生告诉记者："因为卡拉扬不相信中国的医疗技术，要把他们送到瑞士苏黎世，接受他认为最好的治疗。"

第四天，张德生于1980年被派往我国驻瑞士使馆工作。"这其实是一个错误的选择。"他说，"中国医生一天要做多台手术，早已练就一手'绣花针'功夫，而苏黎世的医院，几天都不见得有一台手术，医生的经验远没有中国的丰富。"

第五天，10月29日上午，中方派波音707专机，护送两位重伤音乐家直飞瑞士苏黎世。当天，张德生也被派往首都国际机场。

"我看见飞机头等舱的机罩被打开，里面被改造成两张'空中吊床'。机场铲车先将两位躺在行军床上的音乐家缓缓铲起，再稳稳地放到机内'吊床'上，最后放下头等舱的机罩。"张德生目送两位重伤音乐家离开中国，但没想到，这远远不是结束。

此后20多年，文化部外联局一直在处理和协商这两位音乐家与中国民航之间的赔偿问题。"双方来来回回，不知打了多少笔墨官司。"今年84岁的张德生回首往事，"仍觉得不寒而栗"。

"他们的准确性让我很惊奇"

机场发生意外后，所有人隐隐有些担忧：会不会影响演出？

对此，柏林爱乐乐团的经理很有礼貌地回应："这是不幸的事，到哪儿都会有意外。"受伤的两名音乐家，只能找人替补。其他一切按原计划进行。

演出前一天，柏林爱乐乐团在演出场地——北京体育馆进行排练。早在半年前，乐团就派先遣队来华挑选场地。北京当时没有大型的专业音乐厅，"文化部考虑，既然世界一流乐团来了，总得让更多如饥似渴的音乐工作者开开眼界。柏林爱乐乐团也希望扩大自己的影响力，在大一点的场地演出"。张德生说，乐团测试了很多场馆，最后选中了北京体育馆。

体育馆比较空旷，拢不住音。乐团提出，在体育馆内竖一套反音板，以增强音效。北京体育馆找人用几块大木板，制作成一套反音板，形似一面弧形的墙。"乐团的成员看了之后都笑了，因为跟他们在卡拉扬家乡萨尔茨堡演出时用的反音板一模一样。"

卡拉扬还从柏林带了几个音响喇叭，安装在体育馆的不同位置。"他拿了一把梯子，站在上面，亲自调整每个喇叭的朝向。每调整一个方向，就让站在不同位置的七八个同事听听效果，调了整整 40 分钟。"看着这位 71 岁的老人爬上爬下，洪善楠扶着梯子不敢松手，心一直悬着，同时又被他的认真严谨所感动。

一切就绪后，卡拉扬安排他的保加利亚籍助理，指挥中央乐团演奏贝多芬的《第七交响曲》。这是柏林爱乐乐团将要演出的作品。在此之前，中央乐团的乐师就听说，"可能"要与柏林爱乐乐团合演这部作品。之所以"可能"，是因为卡拉扬要亲自听一遍，才决定是否合作。

卡拉扬治乐极严。他不但要求自己做到精确，同时也要求每个乐队成员都做到准确无误：带附点的音符就是带附点，既不能长一点，也不能短一点。如果乐队成员不能做到一丝不苟，就无法配合得天衣无缝，这是他无法忍受的。

中央乐团的乐师们已提前排练，再加上，1978年年底他们和法国里昂交响乐团音乐总监鲍多合作过这部作品，因此演奏效果不俗。卡拉扬听后，对李德伦说："这个乐队训练有素，演奏得很好！"

随即，卡拉扬表示同意合作，建议中央乐团选部分弦乐师及管乐成员，在最后一场音乐会，与柏林爱乐乐团联袂演出。同时，他还邀请中央乐团小号演奏家陈嘉敏和打击乐演奏家马家骏，在穆索尔斯基的《图画展览会》中客串。

卡拉扬后来在接受采访时说："他们的准确性让我很惊奇。所有柏林爱乐的乐师们，都对他们适应得那么好而表示惊讶。从中国演奏员的脸上，我也感到他们与我们一起演出的兴奋。"

音乐家要做到精确，离不开日复一日的练习。令卡拉扬尤为不解的是，这些年轻的乐师，平均年龄不到三十多岁。也就是说，他们大部分的职业演奏生涯，是在西方古典音乐被视为资产阶级作品而遭禁的年月中度过的。他们是如何做到的？

对于这一疑问，中央乐团另一名常任指挥韩中杰向卡拉扬透露："不少队员不顾禁令在家中偷听西洋音乐，甚至把乐器调至哑音进行练习。"

排练的过程，并非一帆风顺。

卡拉扬访华的消息刚一传出，就在文艺界引起轰动。大家

1979 年，卡拉扬与中央乐团常任指挥李德伦握手。

为一睹大师风采，纷纷托关系、找门路抢演出门票，或是争取观摩排练的机会。当时，音乐会门票由文化部统一分配给全国各地艺术院校和文艺工作者，没有"卖票"一说。

柏林爱乐乐团对观摩排练有要求：不得超过100人，不能出声，不许走动。因为卡拉扬讨厌任何不和谐的声音，他和乐团录制影片时，现场往往安插一些纸做的观众——假观众不会动，不会影响注意力。

在北京体育馆排练当天，由于一些人对音乐会观演礼仪不了解，现场咳嗽声不断，旁听者起立、坐下时，座椅的异响此起彼伏。这让卡拉扬很恼火。他转过身来，双手交叉抱在胸前，一言不发地看着台下的旁听者。

"这一招很灵！大家很快安静下来。"坐在台下的张德生，终于也松了一口气。

卡拉扬转过身去指挥。在乐章间停顿的片刻，一阵阵咳嗽声又不断传来。之后，他高举着指挥棒，迟迟不肯将它挥下去。

张德生记得，中间休息时，卡拉扬生气地问："谁让这些人来看排练的？有的人还来回走动，这里又不是咖啡厅！"接待组的人解释说："卡拉扬先生，这是按照双方签署的协议执行的。"之后，卡拉扬才没再吭声。

卡拉扬有严格的纪律。与他共事过多年的世界著名男高音歌唱家何塞·卡雷拉斯曾说："他总是第一个到，最后一个走。我从未见他在排练时迟到过一分钟。可想而知，一个这么自律严格的人，对他人的要求也会很高。他最痛恨的，就是没有纪律。"

柏林爱乐乐团前首席小提琴家赫尔穆特·斯特恩了解中国人的秉性。他是犹太人，20世纪30年代曾随父母一起流亡中国，在哈尔滨、北京等地生活了11年。中国是他的"第二故乡"，他曾对李德伦说："我非常喜欢中国，是中国救了我的命。要不是中国的话，我会死在集中营里。"

不管怎样，从这一刻起，中国乐迷开始认识卡拉扬。

历史性联演

首场演出前，洪善楠对卡拉扬说："首演当晚，会有一位中国的国家领导人接见您，请您务必出席。"

卡拉扬问："为什么要接见我？他懂音乐吗？"洪善楠答："接见是礼节性的。"卡拉扬接着说："演出之前我会很忙，到时候再说吧。"

这个不确切的回复，让洪善楠心急如焚。他找到乐团行政经理彼得·吉尔特说："请您一定跟卡拉扬说，务必出席。"

吉尔特却解释说："在西方，艺术决策由艺术总监说了算，行政领导无权干预。我们任何人都命令不了卡拉扬，我只能转告他。"

10月29日，首场演出当晚，卡拉扬最终接受了中国领导人的接见。

彼时，北京体育馆内，"蓝领绿领慢慢塞满大堂"。随行记者夏洛蒂·科尔在《南德意志报》上这样描述：绿领是军方派来的人，蓝领则是刚下班的人，或是步行过来，或是骑车过来，疲惫而又满身尘土，其中一些人已经赶了两天的路……

演出时间原本是 19 时 30 分，但直到 19 时 40 分才正式开始。据当时在场的观众回忆："现场老是静不下来，有人走进走出。当卡拉扬举起指挥棒准备下拍时，一个人脚步声很响地走进来，卡拉扬怒不可遏地转过身来，用指挥棒狠狠地指着那人，吓得那人就地蹲下。"全场立刻安静。

卡拉扬转过身，微微低下头，闭上眼睛，高举的指挥棒刚一下拍，仿佛抛向干柴堆的一支火把，柏林爱乐乐团瞬间"燃烧"。莫扎特的《第三十九交响曲》在体育馆内回响。

时任上海交响乐团常任指挥的曹鹏，是现场五千多名观众之一。最令他印象深刻的是，卡拉扬在指挥台上"站如钟"，从乐章的第一小节起到乐曲终止，几乎未移动半分。上海交响乐团另一名指挥黄贻钧也坐在体育馆的后座，"遥感卡拉扬出神入化的形象，并对其高超的指挥艺术叹为观止"。

李德伦却认为，这部作品虽然准确地演奏下来了，"但很平庸，速度控制得也不好"。他推测可能是因为乐队还没有进入最佳状态，抑或别的什么原因。接下来，乐队演奏勃拉姆斯的作品时，他"顿时就被折服了"。

卡拉扬热爱勃拉姆斯。据他自己估算，曾把勃拉姆斯的每一首乐曲都演过 100 多遍。在北京体育馆指挥勃拉姆斯的《第一交响曲》时，"他非常清楚、强烈地将这部作品诠释给我们。特别是第四乐章，往往许多人因为处理得平淡而显得冗长，但他的处理是一气呵成的"。李德伦感慨，"真是非常精彩"，"给了我少有的震撼"。

当时兼任中央乐团和上海交响乐团客座指挥的姚关荣，听后深受启发。"乐队的弱奏弱不下来，这是我国交响乐队、管弦乐队的普遍性问题。"柏林爱乐乐团弱奏人数虽然超过了莫扎特时代的编制，但在卡拉扬呕心沥血的训练之下，音量却很纤细、入微，音色甚至比小型乐队更美、更协调、更柔和，"应使我们有所教益"。

演出结束后，雷鸣般的掌声经久不息。所有人都希望柏林爱乐乐团能够加演，但卡拉扬只谢了一次幕，就再也没有出现。接待组为卡拉扬准备的大花篮搬上台时，他已经在回北京饭店的路上了。

第二场音乐会演出曲目是德沃夏克的《第八交响曲》和穆索尔斯基的《图画展览会》。

音乐评论家卜大炜当时在中央歌剧院交响乐团任职，有幸看了这场"神话级"演出。他清楚地记得，在《图画展览会》"基辅大门"一段，乐团弦乐低音声部充满了厚重质感，铜管低音声部威力巨大，汇合为排山倒海的音响巨浪，非常震撼："不愧是交响乐'天团'"。

但"天团"也不是没有瑕疵。

第三场音乐会，柏林爱乐乐团演奏了贝多芬的《第四交响曲》。"乐团第一巴松在其中第四乐章的一处，快速音阶经过句上'拌了蒜'，险些翻车。"同为音乐人，卜大炜切身体会到，"天团"的大师级演奏家也会遇到"滑铁卢"，可见演艺事业的残酷性。

音乐会的最高潮，是中央乐团部分乐师与柏林爱乐乐团在卡拉扬的指挥下联手演奏贝多芬的《第七交响曲》。其中，中央乐团首席大提琴司徒志文是唯一的一位女性。这突破了柏林爱乐乐团近百年的传统，即全部由男性演奏员组成的惯例，尽管她是客串的。

现场气氛很热烈。"卡拉扬以令人难以屏息的速度，成功地将终曲一鼓作气演奏完毕，几乎使人领略到音乐乃是舞蹈的神化，简直是醉醺醺的天神或是疯癫癫的巨人的舞姿。"张德生至今历历在目。

终曲结束后，全场五千多名观众激动地站起来，鼓掌持续十几分钟。两个乐团的音乐家们也很兴奋，拥抱在一起，互相握手祝贺。这次联演，对他们来说，是历史上绝无仅有的一次。十年后，卡拉扬辞世，联演成为绝响。

"卡拉扬都被你感动了"

首场演出前一晚，文化部在北京饭店宴会厅，宴请远道而来的客人。柏林爱乐乐团全体音乐家与中国音乐界代表，五百多人欢聚一堂。

按照中国习俗，宴会主桌上的主人是时任文化部副部长的周巍峙，卡拉扬是主宾。张德生坐在两者中间当翻译。他记得，卡拉扬兴致勃勃地向周巍峙介绍说："柏林爱乐乐团不经排练可演奏 30 多套曲目，而稍加排练，则能上演 40 至 50 套乐曲。"卡拉扬还补充说，"正当我团在北京演出的时候，贵国领导人也正在西欧访问。这是命运的安排。"

宴会中，上海音乐学院的老院长、76岁的贺绿汀举着酒杯，颤颤悠悠地走到主桌边，向卡拉扬敬酒："我谨代表上海音乐界朋友，向尊敬的卡拉扬先生敬酒！衷心预祝贵团访华演出成功！"

张德生译完这句话，特别向卡拉扬介绍："贺先生是中国著名的作曲家，创作了很多作品。"但他没想到，"卡拉扬听后只是微微颔首，连屁股都没抬一下"。

"卡拉扬也太傲慢了！"对此，张德生久久不能释怀。直到多年后，他才慢慢理解。"大师也是年过七旬的老人了，况且他脊柱做过手术，腿不好，劳累了一天，又不知贺绿汀的底细，不清楚中国敬酒的礼仪。所以，他表现出了爱搭不理的态度。"

宴会当晚，文化部邀请中央音乐学院民乐系的几名学生，为卡拉扬和柏林爱乐乐团演奏几首民族器乐曲。

姜建华用二胡独奏了一首西班牙名曲《流浪者之歌》，一首中国传统乐曲《江河水》。一年前，卡拉扬的得意门生、日本著名指挥大师小泽征尔访华时，她曾用一首《二泉映月》使其落泪。

这一次，姜建华拉完二胡，卡拉扬第一个站了起来。他走到姜建华面前，拥抱了她，激动地说："你不仅能用二胡表演中国音乐，还把西方音乐演绎得那么好。听得出来，你的每一个乐句都是真正用心来演奏的。"

姜建华大吃一惊。"他好像完全变了一个人，和在机场的时候判若两人。"她记得，"宴会上，卡拉扬面带笑容，看起来和蔼可亲"。

1979 年，北京饭店宴会厅，卡拉扬与中国音乐家欢聚，中间戴眼镜者为文化部外联局译审张德生。

接着，柏林爱乐乐团的另一位首席小提琴米歇尔·施瓦尔贝也跑了过来。他拉着姜建华的双手反复看，问："你今年多少岁？"姜建华答："18 岁。"

"你还很年轻，手这么棒，跟我改学小提琴吧？"施瓦尔贝对姜建华说："我教过很多优秀的学生，他们现在都是一流的演奏家。我愿意当你的导师，带你去德国学习。今后，你一定会成为一名出色的小提琴家。"

姜建华听后，不敢相信这是真的，兴奋到"爆炸"，稀里糊涂回了一句："我学不会小提琴吧？"施瓦尔贝安慰她说："小提琴和二胡都是弦乐器，我会慢慢教你的。你回去好好考虑一下。"

回到学校后，姜建华原以为，"事情就这么过去了，人家只是客气客气"。没想到，第二天一早，文化部、教育部都给中央音乐学院校领导打电话，进一步交流此事。

时任中央音乐学院院长的吴祖强把姜建华叫到办公室，笑着说："小姜，你可了不得！昨晚拉二胡，卡拉扬都被你感动了。首席小提琴施瓦尔贝非要把你带走，如果你愿意跟他去德国，还可以带一个翻译、一个保姆，费用都由他来出……"

姜建华这才意识到，施瓦尔贝不是一时冲动，是动真格儿的！"这不是天上掉馅儿饼吗？当时，刚刚改革开放，多少人挤破头想出国留学。而且，这可是柏林爱乐的大师。"她有些心动。

可是，一想到二胡，姜建华又陷入纠结。她从小就拉二胡，14 岁时被中央音乐学院附中录取，15 岁时就担任二胡独奏演员与上海交响乐团赴澳大利亚、新西兰和中国香港等地巡演。对她来说，二胡不仅仅是一件乐器，更是她生命的一部分。

如何选择？同学们看姜建华犹豫不决，纷纷劝说："柏林爱乐还用纠结？一定要去！""有大师教你，你担心什么，你不去我去！"与此同时，文化部给吴院长又打了几次电话，催问结果。

"施瓦尔贝先生是很典型的艺术家，非常热情，心情也很迫切。"姜建华斟酌再三，因为实在割舍不下二胡，最终婉拒了他。这件事让她至今难忘，"虽然有一点遗憾，但从没有后悔过"。

多年后，在小泽征尔的邀请下，姜建华东渡日本，传播二胡文化。一次演出结束后，她和小泽征尔一起吃烤鸭。小泽征尔对她说："卡拉扬先生邀请你去柏林，参加柏林爱乐乐团定期音乐会。"

"时隔这么多年，卡拉扬仍然记得我，而且还邀请我去参加音乐会。"姜建华很受触动。1989 年 7 月 16 日，由小泽征尔执棒，姜建华在柏林爱乐乐团的定期音乐会上，演奏了一首二胡协奏曲《风影》。

但她怎么也没想到，卡拉扬当天因突发心脏病去世。每当提及此事，她总遗憾地说："我都没看到大师最后一面。"

未竟的心愿

卡拉扬访华前，曾向接待组提出："这次演出行程很紧张，但我对中国文化很感兴趣，希望在最短的时间了解中国。"于是，接待组在他们的行程中，安排了游览故宫、天坛和长城等名胜古迹。

漫步故宫时，壮丽的皇家殿宇、数不尽的朱门绣阁、精美的国宝级文物……让卡拉扬深感中国古代文化的博大精深。当他听到故宫展陈的中国古乐器的声音时，"竟感动得流泪"。

一路上，洪善楠给卡拉扬又翻译又讲解，卡拉扬好奇地问："你德语讲得好，为什么对音乐、历史和文化都很了解？"洪善楠是 1956 年北京大学西语系毕业生，他对卡拉扬说："我在北大读书时，我的老师是朱光潜、冯至、马寅初、季羡林……他们都是中国的大师。"

卡拉扬和洪善楠相谈甚欢，回到酒店后，仍意犹未尽，在卡拉扬的房间又聊了 15 分钟。临别时，卡拉扬让秘书把他刚在日本录制的柴可夫斯基的交响乐唱片拿出来，亲笔签上名，送给洪善楠。

洪善楠又惊又喜，趁着卡拉扬高兴，又赶紧把随身携带的、音乐家街坊们委托的 21 张节目单拿了出来，让卡拉扬签上名。

他很痛快就签了。后来，洪善楠把这些签名给李德伦等人时，"大家都高兴坏了"。

从故宫回来后，卡拉扬向中方提出，希望一到两年后再来中国，由他指导，在故宫摄制意大利歌剧作曲家普契尼的《图兰朵公主》。这部以"中国古代"为背景的传奇性歌剧，被认为是"中国题材"，在欧洲流传甚广。

卡拉扬酷爱歌剧，且没有哪位指挥家比他在歌剧上更有名气。在他看来，对指挥家而言，交响乐与歌剧就像自行车的两个轮子，少一个，车就动不了。据说，他至少熟悉 50 部歌剧的每一处细节，能在从熟睡中被唤醒的情况下，立即从 50 部歌剧的任何一处开始指挥，尤其是普契尼和威尔第的歌剧名作。

当时，国外歌剧界盛行"在故事发生原地"演出之风。譬

卡拉扬在故宫。

1979 年 10 月，柏林爱乐乐团演出节目单，封面左上角是卡拉扬的亲笔签名。

如，在埃及狮身人面像和金字塔前，表演威尔第的《阿依达》；在罗马的古城堡上，演出普契尼的《托斯卡》……

但事实上，《图兰朵公主》这部歌剧与真正的中国历史或神话传说并无关系，只因为普契尼在创作该剧的音乐时，引用了《茉莉花》等中国民谣，故事的背景都是想象虚构的中国。

中国人的思想尚未完全放开。1979 年，中央歌剧院恢复原建制准备重新上演歌剧《茶花女》时，还有群众在院内贴出大字报反对，认为不应该歌颂外国妓女。还有人说，原文学作者小仲马曾有过不利于巴黎公社的言论，是反对无产阶级革命的……卡拉扬的心愿，当时并没有得到中方的积极回应。

但卡拉扬没有放弃。他回去以后，曾邀请中国著名导演胡金铨到他的豪华游艇上，谈歌剧《图兰朵公主》的拍摄计划。他还联络时任中国驻奥地利大使的王殊，请他把这部歌剧的音像资料代转交中方。事情酝酿了好几年，可惜他的健康每况愈下，不久便离世。

20 世纪 80 年代，世界著名男高音歌唱家帕瓦罗蒂、美国波士顿歌剧院的艺术指导考德威尔等先后来到中国,商讨在故宫上演歌剧《图兰朵公主》事宜,均未获批准。直到1998年,由印度裔指挥大师祖宾·梅塔执棒,张艺谋导演,中、意两国多名演员共同出演,这部歌剧才终于得以在太庙前上演。

除了在故宫摄制《图兰朵公主》,张德生说,卡拉扬离京前,还向中方提出了三点希望:希望中国民乐团访问柏林,希望中国在1980年能派乐团去参加萨尔茨堡音乐节,希望选派三至五名中国学生去奥地利音乐学院学习西洋乐器。

据李德伦回忆,1979年年底,他收到柏林爱乐乐团经理彼得·吉尔特的一封邀请信。信中写道:"经卡拉扬先生建议,我想邀请您在1980年或1981年的音乐季期间,来指挥柏林爱乐乐团的两场音乐会,我很想知道您最喜欢指挥哪些作品及您指挥过的作品的概况……"

李德伦读后,大喜过望。他把这封邀请信,上报给上级主管部门,但主管部门权衡再三,最后决定派遣上海交响乐团指挥黄贻钧出访。

黄贻钧有些为难。作为李德伦几十年的老友,他打算推却邀请,以示精神支持。但李德伦几番力劝,黄贻钧这才打消了顾虑。

1981年1月下旬,黄贻钧与琵琶演奏家刘德海同赴柏林做客。黄贻钧在柏林爱乐厅见到卡拉扬,"向他问好,感谢他的盛情邀请。卡拉扬拉着我的手走上演奏台,介绍我和乐队演奏家们见面并致欢迎,十分友好"。

几天后,黄贻钧在柏林爱乐大厅,一连指挥了柏林爱乐三场音乐会。其中一首曲目，是刘德海演奏的琵琶协奏曲《草原小姐妹》。黄贻钧因此成为第一位指挥柏林爱乐的中国指挥，刘德海则成为第一位在柏林爱乐奏响中国作品的琵琶演奏家。

在柏林期间，黄贻钧还观摩了卡拉扬和柏林爱乐乐团如何录制唱片。他曾回忆："卡拉扬应约第三次录制贝多芬九部交响曲唱片，每部交响曲他都要试奏二三十遍后才初录，之后几个月时间，他不断收集反响和反复琢磨，然后在这个基础上再重新排练重新录音，一直到他本人、乐队、听众和唱片商均满意为止。他录制这九部交响曲唱片共花了一年半时间。"

卡拉扬热衷于录制唱片。从1939年起，他的录音生涯就开始了。他的第一个录音，是指挥柏林国立歌剧院管弦乐团演绎莫扎特的《魔笛》序曲。此后多年，他无休止地灌制唱片，一生留下近900种唱片，其中"红卡""白卡""金卡"等深受古典乐迷追捧。

卡拉扬访华之后，他所录制的唱片开始在中国热销。很多年轻人省吃俭用也要在家里配置一套高档音响，并以收集交响乐唱片为爱好，尤其是卡拉扬的唱片。一时间，欣赏西方古典音乐成为一种时尚。

西方音乐界也掀起一股"中国热"。这一年，在卡拉扬前后，波士顿交响乐团、里昂交响乐团、小提琴大师耶胡迪·梅纽因等先后来华演出。卜大炜说："卡拉扬等作为西方古典音乐领军人物，对中国古典音乐界的'入世'也起到了无形的推进作用。随着改革开放的深入，国外来的古典音乐演出团体和个人也越来越多，进入了常态化。"

第十四章

霍金『中国简史』：『宇宙之王』为登长城威胁自杀

杨丽娟 文

关于史蒂芬·霍金的一切都是新闻。

他不仅是身处果壳之中的"宇宙之王",用物理学研究为理解宇宙添砖加瓦,还是一名冒险家,上天体验零重力,下海乘坐潜水艇,去过南极洲,预订过太空飞行;是一个跨界传奇,献声摇滚,玩转微博,参演美剧,自编自演纪录片;是一个有时喜欢恶作剧的"常人",说过"女人比宇宙更难理解"。

然而,他最初与中国的相遇,却鲜为人知。那时,霍金在西方学术界已是冉冉升起的学术明星,好奇心带着他来到了国门初开的中国,登上了宁死也要去的长城,在从"小地方"合肥北上的火车上,他还在撰写《时间简史》书稿。

3次中国之行,跨越二十余载,霍金领略了中华文化的精华,而他和《时间简史》则在中国掀起了一波又一波"无边界"的热度。

黑洞蒸发闪耀学界

吴忠超也许是最了解霍金的中国人。

1979年负笈剑桥,成为霍金的中国弟子,先后翻译《时间简史》《果壳中的宇宙》等霍金几乎所有的科普著作，陪伴霍金泛舟西子湖、漫步颐和园，在雨燕轻飞的天坛祈年殿前为霍金拍下"国际旅行无数照片中的最爱"……他与霍金保持了近40年的友谊。

"最初的行程计划中，他并没有计划访问北京的学术机构，因为他对它们不了解。是中科大建议他访问北师大的兄弟研究部门，他立即同意了。"1985年，在吴忠超与母校中国科技大学的牵线搭桥之下，霍金第一次坐火车游览了中国，来到了北京。"不过，即便他不访问北京的任何学术机构，他也要到北京来，看看长城。"吴忠超说。

那一年的5月2日，从合肥到北京的火车上，霍金还在抓紧时间写他的第一本科普著作——也就是后来在机场书店随处可见的《时间简史》。火车穿越大半个中国，一路北上，在北京火车站，时为北京师范大学物理系教授的刘辽和梁灿彬第一次见到了这位物理学术界的"明星"。

国门初开，中国的普通大众并不了解霍金是何方神圣，但刘辽、梁灿彬、吴忠超这样的物理"圈内人"不同。吴忠超第一次听到霍金的名字是在1975年，那时，霍金的名字"在中国还是作为受批判的科学家被提及的"，而在西方学术界他已是冉冉升起的学术明星。

20世纪60年代后期，他和后来的诺贝尔物理学奖得主彭罗斯一同证明了奇点定理，即如果爱因斯坦的广义相对论是正确的，那么在非常合理的物理条件下，宇宙必然起源于时空奇点，在那里，物理定律将崩溃。

1971 年，他提出黑洞面积定理（也称黑洞力学第二定律），该定理揭示，一个经典黑洞的总视界面积不随时间减少。他还预言当两个黑洞相撞时，总视界面积在合并后并未减少。这个理论描述的对象太过遥远，普通人或许难以理解，我们可以理解的是，直到 2015 年人类首次探测到黑洞相撞的标志产物引力波，霍金超前的预言才被实践证实。

1974 年，霍金的新发现成了划时代的贡献——黑洞热辐射（也叫黑洞蒸发）。这是很多人眼中他一生最大的贡献，被命名为"霍金辐射"。过去人们认为，黑洞表面是一个只进不出的单向膜，任何误入黑洞的物体再也不可能逃出，但霍金将量子效应引入黑洞研究，发现黑洞表面会蒸发出粒子，他认为随着粒子蒸发，黑洞质量降低，温度升高，最终将以大爆发而告终。

粒子会从黑洞中逃出，这个石破天惊的发现一开始没人敢相信。1974 年 2 月，当霍金第一次在牛津以南的卢瑟福实验室公布这个发现时，没有惯例的掌声，全场一片沉寂，然后研讨会主席站了起来："这个理论相当荒谬，我从未听过如此荒唐的理论！"事实上，起初就连霍金自己也不敢相信黑洞会蒸发出粒子，他在 1978 年的一次采访中回忆："我根本就没有在找它们，我只是被它们绊了一跤。"

但反复推导验证后，越来越多的物理学家开始接受霍金的理论，霍金成为闪耀学界的一颗明星。

20 世纪 80 年代初，这颗学术之星的光芒辐射到了中国学术界。"中国科技大学物理系天体物理小组、中国科学院理论物理研究所和北师大物理系广义相对论组，是'文革'后国内三个搞广义相对论的主要研究机构。"2023年已经80岁高龄的北师大退休教授赵峥，当年以物理系助教的身份与霍金相遇。他说，1980年左右，他的导师刘辽教授领导的北师大物理系广义相对论组，已经进行了霍金辐射的相关研究。1980年年底，刘辽和北京大学许殿彦合作的论文《Dirac粒子的Hawking蒸发》，发表在《物理学报》，引起学界关注。得知霍金要来北京，业内人士都很激动，尤其是负责接待的北师大物理系广义相对论组。

当时，包括小组创始人刘辽教授在内，组里一共只有四位老师，另三位分别是梁灿彬、王永成和赵峥，他们带着四名研究生负责接待霍金一行。多年后，梁灿彬仍忘不了当初的"如履薄冰"："大家都知道霍金的身体情况，万一他在北京出点事，我们怎么向全世界的学术界交代？"

霍金一行被安排住在北京友谊宾馆。除了他的专门食品——即食土豆粉在北京无处可买不得不从英国空运而来，霍金大部分时间吃宾馆餐厅的大锅饭，胃口还不错。有一次，北师大宴请上了一道红烧海参，他反而只尝了一筷。

他在北师大500座教室（现敬文讲堂）作了一场学术讲座。赵峥对讲座的具体内容已经记忆模糊，但他记得，会场挤得满满的，后排还有一些站着的人。彼时的霍金还能自己发声，不需要借助语音合成器，只是吐字不清，只有和他长期相处的亲人、学生以及医生才能听懂。因此，讲座现场先由他的助手翻译成普通人可以听清的英语，再由刘辽教授翻译成中文。"那场讲座在中国广义相对论研究领域里评价很高，业内人士很受鼓

霍金（中）在大西洋上空的飞机中体验失重飞行。

舞。"赵峥回忆道，霍金还提出欢迎我们的学生到他那儿去读研究生，可惜因为种种原因没能成行。

　　改革开放之初，条件可想而知，负责接待的北师大老师没有能力做太多的物质准备，只能处处做到小心翼翼。但霍金却是一个冒险家，在自传《我的简史》中，他写道："我去了除澳大利亚外的每一个大陆，包括南极洲……我曾经乘潜水艇下到海里，也曾乘气球和零重力飞行器上到天上，而且我还向'维珍银河'预订了太空飞行。"

　　更早的时候，霍金的身体还好，足以操控汽车，他开车的方式把约会的女孩简·怀尔德——后来成了霍金的夫人——吓坏了。简的家位于一个陡峭的山坡上，霍金把女孩送回家后准备离开，还没发动引擎，就松开了刹车，在他摸索着找钥匙时，汽车已经顺着山坡往下溜。目睹这一幕的简很庆幸此时自己没有坐在车里，而霍金仿佛不知道什么是恐惧。

那是 1963 年，21 岁的他正在剑桥大学攻读博士学位，已经被确诊患了肌萎缩侧索硬化（ALS）——一种运动神经元进行性恶化的疾病，俗称"渐冻症"。他的病从腿上开始，往上蔓延，几年后，他的生活再也离不开轮椅。现在，坐在轮椅上的他坚持要登长城。

宁愿死在中国，也要去长城

2008 年北京奥运会前夕，八达岭长城新建了 180 米无障碍通道和两个专为残疾人准备的升降平台。往前倒推 23 年，霍金要上长城，实在是个难题。

考虑到霍金的身体状态，北师大安排了颐和园、十三陵等景点的游览行程。刘辽教授向他解释，长城没有能力接待残疾人，在历史上，长城的基本功能就是设置障碍，它不适合行动不便者游览。英国方面的陪同人员也担心他的身体状况，但霍金不为所动，也许他听说过"不到长城非好汉"，表示宁愿死在中国，也要去长城。

霍金的决心如此坚定，最终，梁灿彬教授和北师大的两名学生朱宗宏、徐锋，陪他实现了登上长城的梦想。当时霍金还能用手控制电动轮椅，因此，在长城相对平坦的路面上，他都坚持自己"走"。遇到轮椅实在无法攀登的台阶，才请年轻力壮的朱宗宏、徐锋帮忙，连人带椅将他抬上去。爬到一半，梁

1985 年霍金在长城，穿白色上衣背朝镜头的是梁灿彬教授。

灿彬建议霍金适可而止，可霍金意犹未尽，一直到接近顶峰，一览众山小，方尽兴而归。梁灿彬不由感叹："仅从这点看，霍金就真的很不简单，是很令人肃然起敬的。"

实际上，以霍金的健康状况，如果不是他本人坚持，也许这次波折的中国之旅根本无法成行。

1978 年，作为改革开放后中国首批向国外派遣的访问学者之一，吴忠超选择了最感兴趣的地方——霍金领导的广义相对论小组。办理手续和语言准备花掉了一年时间，1979 年，吴忠超从中科大远赴剑桥，尽管有心理准备，第一次在系里见到霍金时，他还是大吃一惊：霍金斜坐在轮椅上，绝大多数时间都低垂着头，要用很大的努力才能把头举起，时时需要别人为之调整一下轮椅上的姿势。霍金反而淡定得多，他应该已经习惯了别人的"惊讶"。第二年，吴忠超开始在霍金的指导下从事极早期宇宙学的研究，以完成博士论文。

他说："是好奇心吸引霍金要来中国访问，但他对中国的大学和科研机关毫无了解。20 世纪 80 年代初期，锐意进取的中科大吸引了最优秀的年轻学子，学术气氛最浓厚，所以我建议他访问中科大。"

中科大是吴忠超的母校，也是国内最早研究黑洞的学术机构之一。1981年，为黑洞命名的黑洞"祖师爷"约翰·惠勒，就受邀来到中科大讲学。同一年，中科大着手邀请霍金。没有全球互联网的年代，国际邮件都慢，吴忠超记得，直到1982年，中科大自合肥发出的邀请函才经他交到霍金手里，"那时的邀请信是用航空信寄来的，信纸也很粗陋"。霍金对此似乎并不介意，他让吴忠超帮忙联系中国驻伦敦使馆办理签证，"原本计划1982年夏天参加在上海举行的格罗斯曼国际引力学会议，同时访问中科大"。

但霍金的计划没有成行，主要是因为英国驻中国大使馆不同意。他们认为合肥是个小地方，交通不便，不适合"大不列颠国宝"霍金访问。若是北京还可以，合肥就算了。

中科大并未就此作罢，更要紧的是，霍金本人很想来华，他曾说过，只要能保证他在合肥"存活"，他就会来。于是，中科大先邀请了另一位研究黑洞的学者卡尔，卡尔是霍金早年的学生，他访问合肥，除了学术交流，还有一个目的，看看合肥这个"小地方"是不是足以让霍金"存活"三四天。1983年6月26日至30日，卡尔来到合肥，他在中科大做了《人择原理》的学术演讲，通俗地讲，也就是人只能研究人可生存的宇宙。然后，他将实地考察的结论带回了英国——合肥不能算个小地方，它在霍金可生存的宇宙中。

第二年，中科大再度邀请霍金时，英国驻中国大使馆果然没有再反对。就这样，1985 年 4 月 27 日晚上大约 10 点多钟，霍金一行的飞机终于抵达上海。除了护士，卡尔也陪在他身边。前往机场迎接霍金的中科大教授程富华曾回忆："等到我们接到人并赶到上海住的宾馆，已经过了午夜 12 点。当时众人都在前台登记办住宿手续，我忽然听到轮椅快速旋转的声音，回头一看，霍金正操纵着电动轮椅在原地飞速地打转。"程富华又惊奇又担心，忙问霍金的护士是怎么回事，对方告诉他，他是高兴、激动，"他经常这样的，高兴起来就像孩子一样"。

在上海短暂休息一宿，28 日一大早，一行人乘坐火车，哐当哐当十几个小时，抵达了此行的第一站合肥。霍金在合肥逗留了四天，住在毛泽东曾下榻的稻香楼宾馆，逛了只对外国人开放的友谊商店，买下一对雕工精美的花瓶，为中科大带来了两场报告：《黑洞形成的理论》和《时间为什么总是向前》。

事实上，仅仅是霍金出现在中科大校园，就让年轻的学子们兴奋不已。当年还是中科大大三学生的朱力远后来撰文："同学们都有些不敢相信，像霍金这么带有传奇色彩的人物，怎么说来就来了呢？而且来到了偏居一隅的合肥'裤子大'（在合肥方言中，"科技"的发音与"裤子"很接近）！"

《时间简史》出版前后

"你是第一位采访我的中国记者，希望能通过《北京晚报》转达我对中国人民的友好情意！"这是霍金对黄天祥说的第一句话。黄天祥是《北京晚报》记者，1985 年，霍金从合肥到北京，在两个城市大约一周的行程中，他是唯一对霍金进行专访的媒体记者。

1985 年黄天祥采访霍金时，留下了一张珍贵的合影。

采访时，黄天祥多次感叹："这是一种缘分，也是一种幸运。"

因主编《北京晚报》《科学长廊》栏目，他结识了一批科学界人物。正是从他们口中，1984 年他听说英国剑桥有一位传奇的天体物理学家霍金先生。后来，也是一位物理学者提醒他：霍金要来北京，你要不要做一篇专访？

于是，电话联络之后，黄天祥蹬着自行车，一个人奔去北师大。穿过一间大教室，采访就在旁边的一个小房间进行，房间里有黑板，没有太多办公用品，甚至没什么桌椅，当然也没有围观的人群。

半个多小时的采访，霍金每次回答要经过两次翻译。黄天祥提问："你是怎样工作的？"霍金回答："我不能拿书翻页，但我设计了一个装有翻页器的书架；我无法打字，就使用一套复杂的电子装置，靠按钮把信息储存在一个微电脑里；我发音不清，就靠我的妻子或亲友翻译给打字员，写出论文……"负责翻译的刘辽教授已经与霍金直接接触过，他对黄天祥介绍："霍金的大脑简直是超大型的电脑，我们提出的问题，他都能立即语出惊人地一一回答。"

短短的采访，令黄天祥印象最深刻的是霍金先生对中国的友好和探索欲望。他记得，霍金多么坚持来中国、登长城，并一再表示他在中国的时间里非常愉快。很多年后，面对洛阳纸贵的《时间简史》，黄天祥多少有点遗憾，他开玩笑说："当年应该请霍金先生为《北京晚报》题个词。"

同样遗憾的，还有最早一睹《时间简史》中文版的赵峥教授。《时间简史》简体中文版尚未出版时，他就看到了中国台湾地区出版的繁体中文版书。他和吴忠超是中科大的老同学，而吴忠超是《时间简史》的中文译者。

吴忠超说："1983年我还在剑桥时，霍金就跟我说，希望我把它翻译成中文。在这之前，他已经在撰写此书了，但书名一直没定下来。"1988年2月24日，霍金致信吴忠超，告知书已写好并立即出版，同年愚人节将会发行，会尽快寄给吴忠超一本，由他译成中文。很快，吴忠超就收到赠书，书内还附有霍金的卢卡斯数学教授名片。他立即着手翻译，两三个月后即完稿。

吴忠超把繁体中文版《时间简史》寄给赵峥，询问是否能在北师大出版社出版简体中文版。作为研究广义相对论的专业学者，赵峥阅读后，很快意识到这是一本好书，只是他没有十足把握，普通读者会怎样看这本科普图书？他找到北师大出版社推荐了此书，彼时，他的工作经验不足，或许态度不够坚决，北师大出版社与《时间简史》失之交臂。

几经辗转,最终,湖南科学技术出版社以 300 美元的价格,购买了《时间简史》中文版版权。当时,中国尚未加入保护著作版权的《伯尔尼公约》。1992 年,湖南科技出版社推出系列科普读物"第一推动丛书",《时间简史》就在第一辑的五本之中。

霍金与湖南科技出版社长达几十年的合作情谊由此开始。2006 年,在霍金邀请下,湖南科学技术出版社同仁访问剑桥,交谈期间,霍金突然说道,他决定让湖南科技出版社出版他的所有中文版著作。2017 年,霍金 75 岁生日时,湖南科技出版社请长沙的五位湘绣大师,为霍金绣了一幅肖像双面绣,作为生日礼物转送到剑桥。

现在,湖南科技出版社的《时间简史》已经成为公认的销售神话,但它一开始的销量并不好。1992 年年底,《时间简史》初任编辑李永平是所有同事中唯一没有领到奖金的,不得已,单位还借给他 800 元过年。直到一两年后,《时间简史》先在知识界和文学界流行,后来口碑逐渐发酵,直至家喻户晓。

事实上,"霍金本人在写这书时,亦完全不知它能否畅销"。吴忠超说道。1982 年,为了给女儿攒学费,更为了向人们解释,我们已经在何等程度上理解了宇宙,霍金第一次想写一本关于宇宙的普及著作。他对著作代理人艾尔·朱克曼解释:"我希望它成为在机场书店就能买到的那类书。"朱克曼熟悉纽约出版界,他的作家之家(Writers House)是一家文学出版中介机构,他当时对霍金的回答是"绝不可能"。

2017 年，湖南科学技术出版社送给霍金的生日礼物，是由五位湘绣大师绣成的一幅肖像双面绣。

　　但他还是拟了一份出版选题报告，寄给几家出版商，策划了一场竞标战。最终，班坦图书公司胜出。这家公司原本只是一家平装本小说出版商，就像它的公司标识——一只矮脚鸡一样，平平无奇，被称为"矮脚鸡公司"。几年后，以《时间简史》的出版为起点，它迅速转变为一家受人尊敬的出版业巨头。

　　矮脚鸡公司必须感谢计算机技术，因为若不是计算机程序的协助，霍金很可能完不成这部书，至少会更艰难。1985 年访问中国后，霍金去访问瑞士日内瓦的欧洲核子研究组织期间，感染了严重的肺炎。为了保住生命，医生为他做了气管切开术，其代价是，霍金再也无法开口说话。此后的一段时间，霍金只能通过拼字卡片与外界交流。对方一手拿着一张字母卡，另一只手指着卡片上的不同字母，当指到霍金想要的字母时，他会扬一下眉毛，这样慢慢地拼出词汇和句子。幸好，电脑专家华特·沃特斯送给他一个计算机程序，利用这个程序，他可以用几根手指，操控鼠标在屏幕上选择字词，再通过内置的语音合成器"说话"。这个程序被安装在霍金的轮椅上，在它的帮助下，霍金几乎完全重写了新的一稿《时间简史》。

1988 年，《时间简史》英文版横空出世，荣登《纽约时报》最畅销书榜 53 周之久，在英国《星期日泰晤士报》畅销书排行榜列名共计 237 周，甚至因此被收入《吉尼斯世界纪录》。自 1988 年首版以来，它被翻译成 40 种文字，累计销量超过 2500 万册，成为国际出版史上的奇观。尽管经常有人表示读不懂，但吴忠超认为"这很正常，霍金自己说过，如果能读懂本书的每一句话，就足以成为剑桥大学的引力物理的博士生候选人"。在他看来，"即便读不懂具体的科学，也能从中汲取创作的激情"。

《时间简史》的确影响了几代人，它也改变了霍金的物理学人生。自此，他的名字迅速"出圈"，成为家喻户晓的科学巨星和大众人物。

杭州、北京演讲引起轰动

2002 年，应美籍华裔数学家丘成桐之邀，霍金二次访华，参加"国际弦理论会议"。这一次，铺天盖地的媒体报道和热情追捧的"粉丝"们，共同见证了他在中国的一切。

霍金和丘成桐在杭州记者招待会上，吴忠超是招待会翻译。

　　8月9日中午，霍金乘坐的飞机晚点两个小时，抵达上海浦东机场，机场出口处，记者们早已蜂拥而至，快门声不绝于耳。随后，他乘坐一辆可以运载电动轮椅的中型车辆——浙江大学从全省找出的唯一一辆——到上海的宾馆休息、接受护理。夜晚，专车开到杭州，霍金一行入住香格里拉酒店，他的房间是正对西湖的631号套间。因为酒店正门已被记者围堵，一行人只能从后门进入，但还是被记者用长焦镜头拍到了。

　　8月11日，霍金在香格里拉酒店二楼举行记者招待会，回答了预先收到的8个问题。其中一个问题是："你认为下个世纪最伟大的发现是什么？"霍金回答："如果我知道的话，我就已经把它做出来了。"随后的自由提问环节，有记者发问："对照你1985年来华，中国在这17年里发生了什么变化？"霍金回答："1985年满街自行车，而现在是交通堵塞。"

8月14日，霍金和第二任夫人伊莱恩等乘坐画舫，欣赏了西湖的空蒙山色。正值夕阳映照雷峰塔顶，丘成桐娓娓道来白蛇传的传说。随后，他们逛了河坊街，好奇地在臭豆腐店、鼻烟壶店逗留，在"钱塘人家"吃炒粉，所到之处，妇孺围观，人人热情。

8月15日，霍金在浙大体育馆做了题为《膜的新奇世界》的演讲。浙大体育馆可容纳3000人，当天座无虚席，甚至有人爬到了屋顶上，还有学生从上海赶来，主办方只凭火车票也让他们进场了。据吴忠超回忆：霍金演讲的出场费一般为5万英镑，在日本的演讲费更高，但霍金这次在浙大的演讲是不收费的，从这一点上可以看出他对中国的友好情谊。尽管如此，在会场外面，一张演讲票仍然被炒到了四五百元。

8月16日，霍金一行从杭州飞抵北京。中国科学院院士、数学家杨乐负责接待。他曾回忆，从访问日程、学术演讲的安排到霍金的特殊需求，以至于轮椅的尺寸，都要考虑到；对于霍金将入住的翠宫饭店，他们也在住、食方面做出了特殊安排。与第一次访华相比，霍金受到的待遇确实今非昔比，8月19日，他还受到了时任国家主席江泽民的接见。

他在北京国际会议中心演讲了《膜的新奇世界》，更引发了如同追星般的热潮。演讲时间预定是18日下午3点，不到2点，会议中心前已经排起了长长的队伍。弯弯曲曲的队伍中，有朝气蓬勃的青年，有白发苍苍的老者，还有几个小不点儿。有记者问一位来自河北石家庄的10岁小男孩，这样的演讲能听得懂吗？他的家人回答，听不懂没关系，熏陶一下也好。

或许，2500 余名观众中能够真正理解演讲内容的为数不多，但正如丘成桐在演讲后所讲的那样，全社会应形成一种景仰伟大科学家的风气，"霍金的来访引起全国性的轰动，特别是受到年轻人的关注，这表明我们开始关注科学、关注科学家"。

八达岭长城也见证了普通国人对科学家态度的转变。17 年前，陪伴霍金登上长城的只有北师大三名师生，17 年后，他尚未抵京，八达岭特区办事处已经主动联络中国科学院数学研究所，邀请霍金再登长城。

8 月 21 日一大早，工作人员在瓮城内悬挂起了中英双语的条幅，上面写着"八达岭长城欢迎霍金"，还为霍金准备了

2002 年 8 月，霍金再上北京的八达岭长城。

"长城登城证书"。时任八达岭特区办事处宣传中心主任的谢久忠回忆道，他特意找了六位身强力壮的武警战士，准备接力把霍金抬上长城。

然而，17 年的时光中，霍金的身体状况发生了巨大变化，以前他的轮椅只是现在看来非常简单的电动轮椅，现在，他必须乘坐带有语音合成器的全世界最先进的智能化轮椅。他的夫人伊莱恩担心抬上长城不够安

全,霍金也希望乘坐缆车登顶,但他的轮椅尺寸太大,不能直接抬进缆车,并且,负责缆车运营的经理担心发生意外。大家都劝霍金放弃,霍金拒绝,与 17 年前相似的僵局再次出现。

谢久忠记得,足足僵持了半个小时,最终,霍金的意志力再次战胜了大家。陪同人员先将霍金的轮椅拆开,放进缆车,再组装起来,最后霍金被抱进缆车放在轮椅上,连人带椅固定在缆车内。沿着悬空索道,缆车缓缓爬升,霍金终于登上了长城最高峰北八楼。轮椅停在最高点,霍金请所有工作人员暂时与他保持距离,独自俯瞰,停留许久。

没有人知道霍金那一刻的心情,就像在杭州"钱塘人家"的喧嚣热闹中,很少有人知道,饮下一杯米酒的霍金忽然在电脑屏幕上打出一行字:"1985 年我首次访华,那时候我并不出名,和这次一样,人们总是围观我,那是因为我坐在轮椅上。"坐在旁边的吴忠超不禁感慨万千,他在《霍金的杭州七日》一文中写道:"在如此的热闹之中,坐在轮椅上的霍金备显孤独……这位被锁在轮椅上的'无限空间之王'的孤独一定是超越时空的。"而在觥筹交错的那一刻,他只能回应说:"史蒂芬,1985 年你已经在学术界非常著名了,《时间简史》的出版使你成为大众人物。"

天坛圜丘成了 K2

霍金自传《我的简史》中有一张照片,始建于 1420 年的天坛祈年殿前,64 岁的霍金坐在轮椅上,露出孩子般的笑容。为

2006 年，霍金在天坛留影，这张照片后来被选进他的自传《我的简史》。（吴忠超 / 摄）

霍金拍下这张照片的吴忠超说："这是他国际旅行无数照片中的最爱。"天坛为古人提供思考宇宙的最佳氛围，或许，这就是与宇宙对话的霍金钟情此地的缘由。

2006 年 6 月 18 日，霍金第一次游览了世界上最大的祭天建筑群天坛。这是他的第三次中国之行，此行之前，霍金单独邀请吴忠超在剑桥他所在的龚维尔 - 基斯学院共进晚餐，讨论访问北京的细节，并希望他与夫人此行全程陪同。为此，吴忠超夫妇专程从美国飞回北京。

在剑桥会面期间，吴忠超曾问霍金对中国的印象如何。霍金回答，他只去过合肥、杭州和北京，看到的地方太少了。他说，他最想去中国看的另一个地方是西藏。可惜，他的身体和年龄都不允许他跋涉到那么高海拔的地方，但在北京，他"攀登"上了自己的 K2。

K2，即喀喇昆仑山脉的乔戈里峰，这座山峰是世界第二高峰，西方登山者称之为 K2，其高度仅次于中国西藏与尼泊尔交界处的珠穆朗玛峰。吴忠超解释说，对于霍金而言，天坛圜丘的 27 级台阶犹如 K2 一样高。

圜丘一共 3 层，每层有 9 级台阶，轮椅无法行走，只好由来自中国科学院物理所的 4 个年轻小伙儿把霍金和轮椅一起抬上去。与 1985 年被抬上长城的电动轮椅相比，霍金 2006 年使用的轮椅更智能，也更重，接近 140 公斤。下了圜丘，一行人走到祈年殿前，这时，霍金请吴忠超为他拍下了那张经典的照片。霍金对登上圜丘念念不忘，晚饭时还问道："Where is my photo of ascent of K2？（我攀登乔戈里峰的照片在哪里？）"

2006 年，霍金和他的私人助理朱迪以及吴忠超在颐和园。

　　霍金还参观了故宫和颐和园。或许是因 1985 年他曾自己控制轮椅，在颐和园四处走动，这一次，他在路途中一直用语音合成器念叨"颐和园"。只是，鉴于他的身体情形，颐和园接待人员只能引导着他的轮椅，在昆明湖东岸漫步几百米，行至十七孔桥。

　　6 月的北京已是暑气难耐，霍金的兴致似乎并未受到影响。在天坛前往祈年殿时，导游吴颖在他耳畔说："前面就是祈年殿，意思就是天上的宫殿，马上就要进入'天宫'了，您有什么想法？"霍金轮椅上的显示屏开始闪烁，绿色光标在一个个词汇间跳动，记者们都知道他在打字，准备说话。那时，霍金的手指已经无法控制鼠标，只能通过脸颊肌肉的运动控制眼镜上的传感器，用这种方式在计算机屏幕列表中选择字母、单词或短语,每分钟大约可以输出一个字。就在记者们拿着笔准备记录时,语音合成器发出了带有金属质感的声音:"I like you (我喜欢你)。"笑声顿时响起,久久回荡在祈年殿前。

"我是一个乐观、浪漫,而且顽固不化的人。我想做很多事情。如果一个人没有梦想,无异于死掉。"几天后,在友谊宾馆的记者招待会上,霍金这样评价自己。那天,他还说出了一句被各家媒体频频引用的话:"我喜欢中国文化、中国食物,最欣赏中国女性。她们非常漂亮。"

科学奇才幽默风趣的一面,占据了各家媒体的头条。吴忠超对此并不惊讶,在他眼中,很多合作者对霍金非常敬畏,有人和他讨论学术时感到非常紧张,必须预先和过后各休息一天。与此同时,霍金也"有常人的喜怒哀乐,有时很恶作剧,得逞之后也很得意。在他的办公室中很显眼的地方,长年摆放着玛丽莲·梦露的照片"。他说过,大意是女人比宇宙更难理解。吴忠超特意强调,但愿人类的一半——尤其是女权主义者不要生气,这毕竟是霍金"中性的调侃,绝无负面或不敬的意思"。

"无边界"的霍金热

宇宙的起源是什么?我们从何而来?2006年,在容纳了6300多名听众的人民大会堂,霍金做了一场题为《宇宙的起源》的科普报告,回答这些终极问题。

关于宇宙起源的问题,也是霍金的《时间简史》一书试图回答的。为了帮助读者更好地理解霍金的宇宙模型,吴忠超早

2006 年 6 月 19 日，霍金在人民大会堂为 6300 多名听众讲解宇宙的起源。（孙戊 / 摄）

年撰写了《无中生有——霍金和〈时间简史〉》等多篇文章。他在文章中解释：

"人们经常要问的问题是，在大爆炸之前宇宙是什么样子的？他（霍金）讲在临近大爆炸奇点处量子引力的效应非常显著，时间变成虚的，从而和空间不可区分。可以说宇宙成为既没有开初也没有终结的四维球面。如果要问在此之前发生了什么，正如同有人要问在地球表面上比南极更南一百公里处在什么地方一样，是没有意义的。"

"霍金的宇宙模型是一个封闭的无边界的有限的四维时空。由于量子引力效应使得大爆炸奇点变得模糊，可以说宇宙正是从这儿诞生出来的。他的宇宙正如地球的表面那样，有限但是没有边界，只不过地球表面是二维的，而宇宙是四维的而已。"

对于普罗大众而言，理解霍金的理论也许有困难。但毋庸置疑的是，他在中国掀起的一波又一波"霍金热"，是"无边界"的。从来没有一个名人像霍金一样，"在中国受欢迎的程度，超过所有的影视和体育明星"。

2006 年的中国之行后，霍金再也未曾踏上中国的土地。然而，随着互联网的飞速发展和中国的更加开放，中国大众认识的霍金，反而更加活跃。

2008 年，霍金与女儿合作完成的科幻新作《乔治开启宇宙的秘密钥匙》，由湖南科学技术出版社出版。此后，写给孩子们的宇宙冒险故事不断更新，《乔治的宇宙》系列书籍共出版 6 册。

2010 年，耗时三年多制作的纪录片《与霍金一起了解宇宙》推出。作为编剧，霍金把剧本大刀阔斧地修改了好几次。他在纪录片中关于外星生物的思考——"如果外星生物真的接触我们，其结果会像哥伦布发现美洲新大陆一样，对于美洲土著并不是一件好事"，因为外星生物或许已经消耗殆尽自己星球的资源，为了获得新资源，他们乘坐大型航天器，像游牧民族一般到处迁徙，让人们不禁想起科幻小说《三体》中的那句"不要回答"。

2012 年，在美剧《生活大爆炸》第五季中，霍金跑起了龙套，与剧中智商爆棚、情商为零的科学家"谢耳朵"展开舌战。

2013 年，霍金自编自演的同名纪录片《霍金》制作完成，向世人讲述了他的童年、疾病、婚姻以及如何成长为物理学大师的故事。

2014 年，他用语音合成器发声，在英国老牌摇滚乐队平克·弗洛伊德（Pink Floyd）的新专辑中献上一曲《滔滔不绝的霍金》。

2016 年，他在中文社交网站开通微博，向中国朋友问好，并提到 1985 年"坐火车游历了你们雄伟的国度"。微博开通后仅仅两天，粉丝已突破 300 万。他的最后一条微博停留在 2017 年 11 月 24 日，回答了演员王俊凯关于"人类探索地外适宜生存的星球和延续人类传统文化"的问题。

2017 年，在腾讯 WE 大会上，霍金进行了远程视频演讲，展示了他为太空探索带来的杰出贡献与最新成果。这也是霍金在中国的最后一次演讲。

2018 年 3 月 14 日，霍金去世，享年 76 岁。这一天，是爱因斯坦诞辰 139 周年的日子。而他出生的 1942 年 1 月 8 日，是伽利略去世 300 周年的忌日。尽管霍金自称"我估计这一天出生的大约有二十万个婴儿"，但人们还是愿意将他的名字与不同时空的物理巨人放在一起。

吴忠超说，3 次中国之行，中华民族的热情好客、中国年轻一代对科学的热爱，都给霍金留下了美好的印象，他看到了中华文化最精华的东西。

而霍金和《时间简史》带给中国——尤其是中国年轻人的更多。"我不知哪部科学书在近三十年，比《时间简史》更有影响力。美国物理学家惠勒说过，读霍金的论文就好像口中含有糖果似的。我不知道多少年轻人有同样的感觉。实际上，70 岁以下的科学人几乎无人没读过这部书，哪怕其他专业的。因为读了这部书而立志从事科学事业的年轻人数不胜数，当然最终从事物理学、理论物理学，极而言之宇宙学研究的人毕竟还是少数。但他的生平至少使年轻人知道，人生在世短短几十年，除了存活和世俗的追求外，还有更高层次的形而上的追求，那就是对真理和美的追求。"